全国高等法律职业教育系列教材

司法笔录训练

（第四版）

司法部法学教材编辑部　审定

周郁昌　孙春增◎编　著

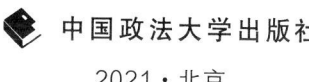

中国政法大学出版社

2021·北京

图书在版编目（CIP）数据

司法笔录训练/周郁昌，孙春增编著. —4版. —北京：中国政法大学出版社，2021.7
（2024.8重印）
ISBN 978-7-5620-9351-0

Ⅰ.①司… Ⅱ.①周… ②孙… Ⅲ.①法律文书—中国 Ⅳ.①D926.13

中国版本图书馆CIP数据核字(2019)第274006号

出 版 者　中国政法大学出版社

地　　址　北京市海淀区西土城路 25 号

邮　　箱　fadapress@163.com

网　　址　http://www.cuplpress.com (网络实名：中国政法大学出版社)

电　　话　010-58908435(第一编辑部) 58908334(邮购部)

承　　印　保定市中画美凯印刷有限公司

开　　本　720mm×960mm　1/16

印　　张　22

字　　数　411 千字

版　　次　2021 年 7 月第 4 版

印　　次　2024 年 8 月第 2 次印刷

印　　数　5001～9000 册

定　　价　63.00 元

作者简介

周郁昌　男，山东宁津人。山东政法学院法学副教授。研究方向为宪政及行政诉讼法。在学术期刊上发表《行政诉讼第三人辨析》（《重庆大学学报》）、《行政许可权初探》（《山东社会科学》）、《浅谈学校侵权责任的构成》（《中国教育学刊》）、《浅谈行政诉讼中非法证据的排除规则》（《中国行政法二十年》丛书 2006 年版）等多篇学术论文。主编、参编《法律基础知识》《行政法案例研究》《法理学基础》《宪法学》《行政法与行政诉讼法》等多部法学教材。

孙春增　男，山东昌邑人。1987 年毕业于西南政法学院法律系，现为山东政法学院法学教授。研究方向为宪政及行政诉讼法。在学术期刊上发表《先秦法家：法治的中国渊源》（《法学论坛》）等多篇学术论文。出版《先秦法哲学思想研究》《行政法案例研究》《法理学基础》《法理学要义》《宪法学》《行政法与行政诉讼法》等多部专著及主编、参编教材。

出版说明

　　进入 21 世纪，我国法律职业岗位的设置日趋科学合理，经改革、改制建立起来的法学学科教育与高等法律职业教育并存并举、协调发展的法学教育体系已逐步完善，高等法律职业教育在全国已形成一定规模。为加强对高等法律职业教育的指导，进一步推动高等法律职业教育的顺利发展，司法部组织部分专家、学者编写了这套全国高等法律职业教育系列教材，供各有关院校使用。

　　本套教材根据教育部"高等职业技术教育应有别于学科教育，应具有更加鲜明的职业性、实践性和岗位针对性，应更加注重知识的有效传播"的要求，在编写过程中以实用性和指导性为原则，在强化基础知识、基础理论教育，突出职业能力和职业技能训练的前提下，重组课程结构，更新教学内容，突出了高等法律职业教育的办学特色，并力求切实起到帮助学生灵活运用知识、提高完成本职工作能力的作用，力求使其成为面向法院、检察院、律师事务所等法律实践部门应用型法律人才的必备读物。

　　本套教材调动了全国各有关院校，包括中国政法大学、南京大学、山东大学、四川大学、苏州大学、云南大学、西南政法大学、中南财经政法大学、江西财经大学、华东政法大学、西北政法大学、广东商学院、北京政法管理干部学院、上海政法管理干部学院、河北政法管理干部学院、山东政法学院、黑龙江政法管理干部学院、浙江政法管理干部学院、陕西政法管理干部学院、贵州政法管理干部学院、天津政法管理干部学院、福建政法管理干部学院、广西政法管理干部学院、湖南政法管理干部学院、辽宁公安司法管理干部学院、广东司法警官职业学院、安徽警官职业学院、江西司法警官学校、山西司法学校、福建司法学校、湖北司法学校、江苏公安司法学校、武汉司法学校、内蒙古司法学校等数十个单位的资深力量参与编写，并将分批陆续出版。现第一批、第二批教材已相继出版，本书为第三批出版的教材之一。由于编写时间仓促，不足之处在所难免，欢迎广大读者批评指正。

司法部法学教材编辑部

第四版说明

本书分为三编。第一编"司法笔录的书法基础"包括4章内容。其中，第一章"书法基础知识"包括书法的概念、书法的文化内涵、书写姿势、执笔与用笔、临帖；第二章"楷书"包括楷书的基本笔画、用笔技巧以及结构；第三章"行书"包括行书的笔画、"兰亭序"简介及其临习要点、钢笔行书；第四章"司法笔录的书写"包括钢笔字快写、快速听写、司法笔录的书写要点。第二编"司法笔录的语体规范"共有3章内容。其中，第五章"司法笔录语体与司法问话"包括司法笔录语体的修辞色彩、司法笔录语体形成的语言规范、诉讼口语的记录转换、诉讼口语记录技能的培养；第六章"司法口语概述"包括口语中的"听"与"说"、司法口语的语境制约因素、司法口语的影响性功能；第七章"司法问话"包括询问、讯问、审问。第三编"司法笔录种类与实例"包括5章内容。其中，第八章"公安司法笔录"包括刑事、行政案件笔录；第九章"检察司法笔录"包括立案笔录、侦查笔录、审查起诉笔录、出庭笔录、执行笔录；第十章"法院司法笔录"包括开庭审理笔录及宣判、执行程序笔录；第十一章为"司法行政笔录"；第十二章为"司法笔录实例"。

本教材建议授课的总课时为54学时，各章具体授课学时见下表：

各　章	授课学时
第一章 书法基础知识	2
第二章 楷书	2
第三章 行书	2
第四章 司法笔录的书写	4
第五章 司法笔录语体与司法问话	4
第六章 司法口语概述	2
第七章 司法问话	4
第八章 公安司法笔录	8
第九章 检察司法笔录	10
第十章 法院司法笔录	8
第十一章 司法行政笔录	4
第十二章 司法笔录实例	4

　　本教材于 2005 年 5 月首版，2011 年 7 月修订再版。撰稿人为周郁昌、孙春增，其中，第一编、第二编由周郁昌编写，第三编由周郁昌、孙春增编写，全书由周郁昌统稿。

　　2015 年 6 月第三次修订，主要根据 2012 年修订后的《中华人民共和国刑事诉讼法》《中华人民共和国民事诉讼法》，以及修订后的相关司法解释等法律法规，结合司法实践的变化，对其中大量引用的原有法律条文，以及陈旧、过时的内容进行了更新完善（如删除了有关劳动教养方面的内容），旨在将法律规定和司法实践完美结合，便于读者更好地掌握主要司法笔录写作的基本要求。

　　本次修订，由于近几年《中华人民共和国刑事诉讼法》等法律文件进行了修订，教材中大量引用的条文发生了重大变化，所以有必要作出相应的删改。另外，对个别内容进行了调整，如把第七章第二节"询问"提到了第一节，位列第二节"讯问"之前，使得本章内容依次变成了"询问""讯问""审问"，这样更加符合司法实践的逻辑要求。

　　特此附记。

编者谨记

2021 年 3 月

编 写 说 明

　　司法笔录是现阶段诉讼活动的同步记载，既是前阶段诉讼活动的客观记录，又是其后各阶段诉讼活动的文字依据。它是法律工作中不可或缺的阶段性的文字记录和总结，是司法从业人员一项必备的业务技能。任何一个诉讼阶段不制作笔录，审判活动都必然中断。可见，司法笔录对于司法及法律工作者是多么重要。

　　传统的司法笔录方面的教材一般都由两部分组成，即书写技巧和笔录形式。但我们认为，在我国法治蓬勃发展的今天，作为法律园地里的重要组成部分的司法笔录也应该有所发展，呈现新的面貌，所以在司法笔录里引入法律语言学的新成果是非常必要的。司法笔录不仅仅是书写技巧和简单的笔录形式，也是对法律工作者语言文字功底的检验。一份好的司法笔录很大程度上是其法律语言交际的再现，理应呈现出法律工作的全貌，而不应该仅仅是一张白纸上的简单记录，否则，一次讯问或审问就显得异常苍白和单薄。因此，在本教材中，编者选择了有别于传统的做法，即在书写技巧和笔录形式的基础上增加了法律语言方面的内容，以目前最通行的司法文书的书写规范为基础，从实际训练的角度讲述了司法笔录的书写基础、语体规范，并给出了大量的笔录实例和范本。

　　全书分为三编，第一编主要介绍司法笔录的书法基础，目的是培养学生的书写基本功，通过从传统的楷书到实用的钢笔楷书、从传统行书再到钢笔行书的书写训练程序，最终进入司法笔录的快速听写训练，循序渐进地培养学生的书写能力，为做好司法笔录打下书法基础。第二编主要介绍司法笔录的语体规范。司法笔录的书写质量很大程度上依赖于书记员对司法语言的把握和理解，只有熟悉司法笔录的语体规范，才能保证书写的专业性、合理性及科学性。本编通过对司法语体、司法问话、司法口语的全面阐述，使学生全面掌握司法笔录中除书写技巧和简单格式外的司法笔录语言规范，全面提高做好司法笔录的实际能力。第三编介绍了司法笔录的种类和实例，提供了目前法律工作中常用的和所能见到的各种司法笔录的格式，并有大量的书写范本（在教材中，为了保证其完整性，各种实例均占用完整一页），为学生最终完成司法笔录的训练提供了足够的参考和帮助。

　　本书第一编、第二编由周郁昌编写，第三编由周郁昌、孙春增编写。全书由周郁昌统稿。

　　本教材的编写是我们对司法笔录训练的一次探索与尝试，限于能力和水平，书中难免存在疏漏和错误，恳请读者批评指正。

编　者

2005 年 1 月

目录CONTENTS

概　　述

　　司法笔录，是指司法活动中由司法人员及时制作、反映诉讼活动各阶段真实过程、具有一定法律效力或法律意义的手写体文字记录材料。

　　司法笔录是公安机关、人民检察院、人民法院审理一个案件全过程的原始记录材料，是案件卷宗材料的重要组成部分，是司法文书的一个特殊种类。它是对诉讼活动的受理、侦查、勘验、调查、审讯、审查、讨论、审理、评议、判决、执行等各个不同阶段的过程情况，以及案件有关人员口述内容的全面、真实、及时的记载。司法笔录一般由书记员制作，用钢笔或签字笔书写，具有法律效力和法律意义，是审判案件的重要文字依据。

　　证据的客观性、关联性、合法性，是检察人员、审判人员、侦查人员办案最重要也是唯一的依据。而作为重要证据的司法笔录，必须兼有这三性，因此对其制作是有严格要求的。

一、司法笔录的特点

　　从实际制作和书写的角度看，司法笔录的特点主要表现为以下几个方面：

　　1. 合法制作。司法笔录与诉讼活动密不可分，其最终目的在于保证案件得到正确的处理，保证法律的具体实施。笔录必须由司法人员依法制作，一旦经有关人员核对签字后，即具有正式的法律效力或法律意义，任何人不得随意改动。司法笔录的制作是一项极其严肃、要求十分严格的工作。

　　2. 内容真实。司法笔录必须全面、完整、准确、及时地记录诉讼活动的全过程。司法笔录应当是在各种诉讼活动的当时、当场以文字形式加以定格的一切与案件有关的场景、状态、行为、言语等客观现象的真实反映。

　　3. 及时文存。司法笔录是现阶段诉讼活动的同步记载，又是其后各阶段诉讼活动的文字依据。司法笔录属于当场一次完成的文字，不允许作任何事后的修改或重作。少量的、必要的更正、修改必须在当时进行，而且要符合规定的手续要求。司法笔录的重要价值就在于它能够长期保存、随时备查，因此，其款式规格、语言风格、文字墨迹都必须经得住时间的考验。

　　4. 手续完备。司法笔录必须入卷，它是案件卷宗材料的重要组成部分。各种笔录都必须格式规范、语言规范、书写规范。笔录书写完毕，必须由在场的有关人员对文字内容一一核对清楚并签字，确认无误后，方可入卷。例如民事法庭审判笔录，除审判人员、书记员核对签字外，还须由原告人、被告人、诉讼代理人、证人一一阅读并签字，以证明笔录内容中与其直接有关的部分正确无误。有些重要的笔录，还要求当事人逐页核对、签字认可。

二、司法笔录的作用和意义

司法笔录的作用和意义主要表现在三个方面：

1. 司法笔录是诉讼活动得以顺利进行的技术保证。无论是刑事诉讼、民事诉讼，还是行政诉讼，审理一个具体案件的各个环节都需要制作相应内容的笔录。就整个诉讼过程来说，只有询问证人、调查案情、勘验现场时制作了笔录，才能使案件眉目清晰可见，才有进一步核查案情、澄清事实的可能；只有开庭审判时制作了笔录，才能进一步查明案件事实，明确争议焦点，以便评议和裁判判决；只有执行时制作了笔录，才能知道执行的结果。笔录正是依靠它同步记录的技术作用和凭证、资料价值，使诉讼活动得以顺利进行。司法笔录既是前阶段诉讼活动的客观记录，又为后一阶段的诉讼活动提供了依据。任何一个诉讼阶段不制作笔录，审判活动都必然中断。

2. 司法笔录是正确处理案件、制作裁判文书的主要依据。案件事实都是由证据来证明的，法律规定证人证言，被害人陈述，被告人供述和辩解，当事人的陈述，勘验、检查结果等证据来源过程都必须由书记员依法制成书面材料。这些笔录材料为案件的正确处理提供了可以证明事实的根据。另外，对其他证据的审查经过也必须制作笔录。在一定情况下，人民法院审理案件，主要就是依据上述笔录的内容来证明事实真相、作出公正裁判的。人民法院裁判文书的制作，更离不开各种笔录。一般来说，裁判文书认定事实部分内容的写作需要参照各种调查笔录和庭审笔录，凡各种调查笔录和庭审笔录中未明确反映、未经查证的情况都不能写进裁判文书的事实部分。裁判文书的理由部分和主文部分内容的写作主要是依据合议庭评议案件笔录或审判委员会讨论案件笔录，笔录明确记下的合议庭或审判委员会的最后决定必须在裁判文书主文部分得到准确反映。

3. 司法笔录是检验办案质量的重要标志。严格检验办案质量、不断提高办案水平，是司法工作的一个基本要求。检验办案质量的途径之一就是检查、验证办案过程的全部笔录。笔录反映了一个案件的全部诉讼过程，也就必然地反映出办案人员的办案质量。笔录至少可从五个方面来验证办案的质量：①检验案件的客观事实是否已经澄清，审理后认定的事实是否经得起推敲。②检验案件的处分是否正确，适用法律是否恰当。③检验司法机关的全部司法活动是否完全合法。④检验审判员的办案水平，即法律政策水平、工作能力、工作作风等。⑤检验书记员的业务水平，即知识水平、文化素质、文字书写能力等。书记员是笔录的主要制作者，其业务水平的高低对司法机关的办案质量是否经得起检验有着很大影响。

三、司法笔录的种类

由于各类案件的性质不同、各个诉讼程序的职能不同，再加上司法笔录性质有别、种类复杂，司法笔录在制作上也有简有繁、有易有难。

司法笔录中，制作起来比较简单的有收案笔录、接待笔录、送达笔录等；制作起来比较复杂的有调查笔录、审判笔录、调解笔录等。属于公安机关专门制作的笔录有侦查笔录、预审笔录等；属于检察机关专门制作的笔录有出庭笔录、刑场监督执行笔录等；属于人民法院专门制作的笔录有评议笔录、执行笔录等；属于律师等法律工作者制作的笔录有会见笔录、摘卷笔录等。公安机关、检察机关、人民法院均须经常制作的笔录有收案笔录、调查笔录、讯问笔录、询问笔录、勘验笔录、搜查笔录、汇报请示笔录、联系笔录、工作笔录、接待笔录等。另外，根据规定可以由司法人员代书的笔录有控告、检举笔录，口头起诉笔录，口头上诉笔录，口头申诉笔录，口头申请执行笔录 5 种。司法笔录有 40 余种，可以按不同的分类标准分为若干类。无论司法笔录如何分类，无论各类笔录的格式要求存在多大差别，其对司法笔录文字书写方面的总体要求都没有大的影响，因此，该方面内容不是本书讨论的重点。从文字书写特点和对文字记录能力的要求这一角度看，司法笔录可以分为两大类：

1. 说明性笔录。此类笔录根据司法工作的需要，将司法活动中的场景、事物状况、人物行为等与案件有关的一切视觉感官信息，以文字形式简捷、准确、真实地记录下来，如现场勘验笔录、搜查笔录等。制作说明性笔录应注意对时间、空间、方向、数量、程度等概念的精确把握和准确叙述，并且要做到事无巨细，只要与案件有关都应照录无误，不能遗漏。还应注意掌握记叙说明的顺序和条理分寸。制作说明性笔录强调观察能力、语言组织能力和快速书写能力相结合。

2. 记言性笔录。此类笔录直接将对象的较宽泛的口头语言转化为较规范的文字语言，如询问证人笔录、审讯笔录等。记言性笔录在司法活动中的应用最为普遍，其文字记录的特征也最为突出。能够顺利制作记言性笔录，是政法院校教学中进行钢笔字快写训练、快速听写训练所锻炼培养的实用性书写才能的直接目标。比较而言，制作记言性笔录强调听辨能力、语言转译能力和快速书写能力的结合。

四、制作司法笔录的基本要求

在司法笔录的制作过程中，必须要遵循制作原则；而作为一名制作司法笔录的法律工作者，必须具备书写基础和法律基础。只有在具备这两种基础性技能的前提条件下，熟悉各种司法笔录的制作格式和制作规范，才能顺利完成司法笔录的制作。

（一）书写基础

实用的文字记录基本技能，是制作司法笔录的必要条件中最基本、最重要的一项。它包括较好的语言概括能力、文字组织能力和快速的书写能力。只有掌握了文字记录的基本技能，才能使笔录语言简练、文理通顺、内容全面又不失原意。

对于初学者来说，培养其书写基础是十分重要的。我国文字的特殊性，要求在司法笔录的制作过程当中，制作者必须对汉字的基本写法进行研究，以中国书法为基础进行训练，整个训练分三步走：

1. 从楷书入手，掌握字的间架结构和用笔方法；

2. 开始行书、草书的训练，掌握连笔写法，加快书写速度；

3. 进行快写技巧训练，以期在不损伤字意和书写美观的前提条件下，全面提升书写速度。

当学者完成这三步书写训练之后，就能具备良好的司法笔录书写基础，再通过不断的训练，必能全面掌握制作司法笔录的书写基础。

（二）法律基础

做好笔录工作必须熟悉法律条文，熟悉司法业务，懂得办案程序。同时，还必须了解案情，事先掌握案件的来龙去脉，以及案件涉及的时间、地点、人名、物名、专用名词术语、方言名词等。这样，就能够保证记录的顺畅，而不至因概念、词语的生疏而影响笔录的质量，从而影响诉讼活动的顺利进行。另外，书记员还应了解办案人员的工作程序以及语言表达的个性特点，对办案人员各阶段的意图了然于胸，以保证笔录内容既全面、准确，又重点突出。

对法律语言的理解程度直接决定司法笔录的制作水平。法律语言，是民族共同语在法律事务领域运用的一种功能变体。所有语体均可分为书卷体和口语体两类。其中，书卷体可分为艺术语体、混合语体、实用语体，口语体可分为对白体和独白体。不同语体在思维类型、信息特点、社会功能和语言特点等方面具有十分规律的联系与区别。法律书卷语属于实用语体中的应用语体，而法律口头语几乎遍布了口语体的各个分体，但主要是谈话体、讨论体和讲演体。

在司法笔录的制作过程中，必须对法律语言进行透彻理解，只有这样，才能做到书写得体，删减适当。

五、制作司法笔录的其他要求

（一）有高度负责的精神

制作司法笔录是一项十分细致、十分辛苦的工作。寒冬腊月，指僵砚冰，炎夏酷暑，挥汗如雨。担任笔录工作都要长时间、一丝不苟、连续不断地奋笔疾书。一些复杂案件的庭审活动往往持续几个小时，笔录工作的辛苦劳累可想而知。没有高度的事业心和责任心，是不可能出色地完成笔录工作任务的。

（二）遵循制作笔录的要求

制作司法笔录的基本要求是手续合法，形式规范，内容真实，语言准确，记录完整，书写清晰。制作司法笔录，首先必须对司法笔录的意义、作用、特点有一个较清楚、较深刻的认识，只有这样，才能够正确理解、把握制作司法笔录的基本要求，并在制作过程中严格遵循。

（三）尊重当事人

对个体的人及其存在的尊重，是现代法治的基本精神。在刑事司法中，即便面对的是十恶不赦的罪犯，亦须尊重其人格。在一些国家的法庭审判中，检察官、法官在向被告人提问时温文尔雅，而不是剑拔弩张、咄咄逼人，他们时常以"先生"称谓那些被指控犯了罪的被告人，这样的场景往往给人以强烈的冲击，让人感到那里有一种司法文明的浓厚氛围。尊重犯罪嫌疑人、被告人的人格，不是抬高了他们的文明层次，恰恰是提高了执法者、司法者的文明品位，体现了刑事司法的文明程度。

不同的司法语言背后其实有不同的司法理念作支撑。"丧心病狂""狗急跳墙""窜入""构成犯罪"之类的用语至少说明了两个问题：一是对当事人欠缺尊重，二是对公诉人角色认识不清。在现代法庭，作为公诉人的检察人员与当事人的地位是对等的，一方要行使控诉职能，另一方则要为自己辩解。由于旧的观念作祟，公诉人往往缺少这种平等理念，喜欢高高在上，盛气凌人，觉得自己比当事人高一等，在辩论中更是"以势压人"。在司法笔录的制作中，必须体现对当事人的尊重，逐渐认同公诉人与当事人的平等地位，回归法律本位。

第一编　司法笔录的书法基础

第一章　书法基础知识

内容提要

本章介绍书法基础知识，包括五节内容，即什么叫书法，书法的文化内涵，书写姿势，执笔与用笔以及怎样临帖。其中，书写姿势包括坐写、站写、蹲写；执笔的要领是指实掌虚；临帖包括"临""摹"两个步骤。

关键词：汉字　文化内涵　书体　执笔　用笔　临帖

中国书法已有三千多年的历史，自殷商开始，各个朝代都有着自己的书体，从书法艺术的角度看，书体可分为篆、隶、草、行、楷书五种。而从其源流来说，秦以前从甲骨文到大篆、小篆、秦隶，以至汉之隶书、八分，到魏晋出现了楷隶（今隶）和楷书。与八分、楷书并行的有章草和今草；章草是八分书的草写，今草是楷书的草写。介乎于楷书和草书之间的是行书。

但是，不论哪种书体的产生或出现，都是以实用为产生目的而逐渐走向成熟的。而后，随着历史的推移，不合时宜的字体会被新的或更实用的字体所代替，而旧的字体并未被历史所忘记，相反却演变成中华民族文化的重要组成部分——书法艺术，真、草、隶、篆诸体各呈其妙，成为传统文化中的瑰宝。

时至今日，随着时代的发展和科技的进步，计算机已经成为日常生活、工作和学习不可缺少的一部分，它已经更多地替代了人力劳动，比如在书写方面，利用计算机，它的快捷、工整哪怕是人力用极其简捷的草书也是无法比拟的。但是，无论如何，计算机还没有完全替代手写，也不可能完全替代，特别是在法律文书的书写中，手写记录仍然是不可替代的，这是由法律工作的随意性、灵活性所决定的。因此，作为法律工作者，了解传统的书法知识和技能，通过练习掌握正确规范的书写方式是十分必要的。

第一节　什么叫书法

作为中国传统艺术之一，顾名思义，"书法"就是把汉字升华到艺术境界的一种书写方法或者书写法则。书写要使用工具，这工具是什么？就是我们平时常说的"文房四宝"——笔、墨、纸、砚。书写要讲究技法，这技法是什么？要是铺展开来，就是从执笔到运腕，到落笔，到行笔点画，到字体结构，到章法布局，到墨色枯润等。

书法讲究用笔，我们古代常用的笔，从制作原料上区分，有鼠须笔、紫毫笔、狼毫笔、羊毫笔、茅龙笔等，其中狼毫笔和羊毫笔最为常用。在笔性上，狼毫坚挺而羊毫丰柔，两者各有长处。书法用笔还有一个内在的含义，即使用毛笔时，或使用中锋，或使用侧锋，以及提按顿挫，执使转换等。

除了用笔，书法还讲究用墨。前人曾说："写字容易磨墨难。"古人写字磨墨往往黎明即起，虚心静气地磨上一大砚池的墨以供一天的使用。现代社会中墨汁的普遍使用为我们解决了磨墨费力耗时的大问题，这自然是得益于现代科学技术的发展。有了毛笔，有了墨汁，用毛笔蘸墨写字，或浓或淡，或燥或润，用墨的变化技巧便由此生发开来，从而在美学上形成美的效果。

书法用笔蘸墨写到什么地方呢？当然是写到宣纸上去。宣纸有生宣、熟宣，生宣渗墨吃墨，熟宣不渗墨不吃墨，故而从书写效果来看，生宣优于熟宣。不过熟宣也另有用途，就是画工笔画；当然有人也用熟宣来写蝇头小楷，取其不渗墨而容易掌握，可是从艺术效果来讲，无论如何，生宣要胜于熟宣很多。

在文房四宝中，随着墨汁的发明和不断改进，砚台的作用对于书法创作来说，其重要性已日益退居次要的地位，从而成为文人把玩的藏品。

由此，我们可以给书法下一定义，即所谓"书法"就是汉字书写的技法、法则或规律。鉴于中国书法使用的工具是毛笔、宣纸和砚墨，因此讲得再细一点，就是用毛笔蘸墨，按照书法本身的创作规律，以方块字作为表现对象而创作到宣纸上的一门独特艺术。

从源头看，我国从殷商甲骨文肇始之初，应该说就已经产生了书法。不过，当时的书法还处在早期的、粗糙的、不自觉的摸索阶段。自此以后，几千年来，随着我国文字的发展，先后出现了篆书、隶书、楷书（亦称正书）、草书等不同字体，与之相应的是书法也出现了篆、隶、正、草"四体"，其中草书是篆、隶、正等书体的快写形式。

虽说书法作为用毛笔加宣纸、加墨汁、加汉字的一种独特书写艺术，为我国所首创，并先后流传到日本、韩国、新加坡、马来西亚、泰国、越南等东南亚国家，近年以来，欧美等国书法艺术之花也渐渐有落地生根、布叶开花之势，但是某些现象对原有书法的定义，造成了一些不大不小的冲击。譬如日本书法，原从中国传去，后经融会消化，彼邦人士往往用假名创作书法，这就对原有的书法以汉字作为表现的对象提出了挑战。然而不管是片假名还是平假名，其源头应该说是我国固有的草书，纵使形体有所改造，但其内在的线条实质还是便于纵笔直下，采用毛笔书写。英文、拉丁文等字体采取横势，与传统书法的采取纵势，在沟通上具有一定的难度。不过再从另一角度来讲，我们也不必担心书法的定义会被世界上的其他文字异化，原因在于即使英、法等文字也有书法，但这只不过是另外一种意义上的书法，与中国传统书法旨趣迥异。

抛开以上这些，"以子之矛，攻子之盾"，那么采用硬笔书写汉字，或者不把汉字书写到宣纸上，算不算是书法呢？这要具体情况具体分析。我国古代宣纸发明之前，书法家往往采用书丹的形式，即用毛笔蘸朱砂，先把文字写到碑石上面，然后再加以镌刻，成为碑碣，自然算是书法。由此再行上推，甲骨、钟鼎、石鼓等也无不是书法的体现，并由此蔚成书法的海洋。但是自从人们把文字书写到竹简、木简上面，进而至纸张发明并大量使用以后，从艺术效果讲，不管是书碑刻石，还是从纸上石，毕竟因为多经过了一道人为的刻凿，所以比起直接书写在竹木简和绢纸上的原创作品，无疑多少打了点折扣。譬如颜真卿的《祭侄季明文稿》，因为原迹流传至今，所以即使是最好的刻本，较之墨迹真本，两相对照下来，也要逊色多了。

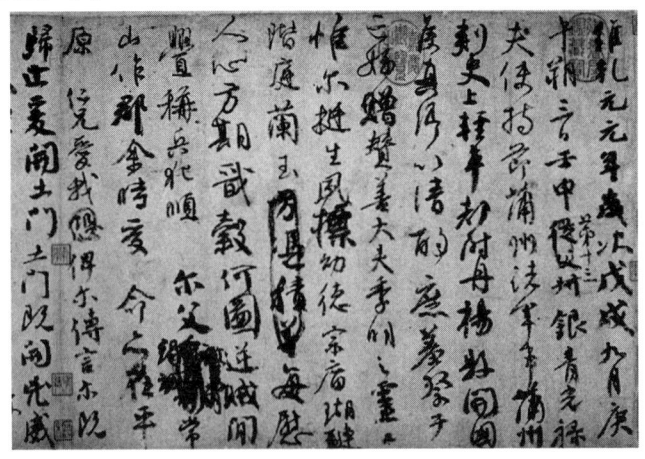

唐·颜真卿《祭侄季明文稿》

在历史的长河中，由于竹木简渐次被宣纸所淘汰，因此，我们这里所讲传统书法的标尺应该是：用毛笔蘸墨，借助汉字的正、草、隶、篆形式，创作到宣纸上去的一门我国特有的艺术形式。而由此伸展开来，举凡使用其他各种硬笔如竹笔、茅龙笔、钢笔、圆珠笔、铅笔等表现并创作到宣纸、白报纸、道林纸，甚至硬板纸、布匹，或者墙面上、山岩上去的各种形式、各具风格的汉字，也可以看成是书法的旁支或者别支。至于刻石（包括甲骨、钟鼎、刻木、刻匾等），虽然也是书法，但较之原创的书法，毕竟因为多了一道复制的手续而进入到了另一种载体中去，因而又变成一种韵味别具的再现书法，或者是复制书法了。

 ## 第二节 书法的文化内涵

和世界上其他文学艺术形式（如诗歌、散文、小说、戏剧，或者音乐、舞蹈、绘画、雕塑等）必定有着其共同和独特的文化内涵一样，书法也有着其相当的文化内涵，没有文化内涵的书法是不存在的。试想缺少了文化内涵，书法还有其存在价值吗？书法还能够独立存在吗？

那么，书法的内涵究竟是什么呢？大致说来，透过书法正、草、隶、篆的外表形式，我们可以发现，书法的内涵可以从内容、意境、个性、情感等方面加以开掘。这里我们择要依次叙述。

一、书法的内容

什么是书法的内容？这个困惑了人们好长时间的问题，现在终于有了比较统一的认识，即书法的文字内容加上书法的线条内容。文字内容为表，线条内容为里，两者结合，即书法的内容。

所谓书法的文字内容，就是创作的书法所必须借助的具体文字所包容的全部内涵。譬如说，王羲之写《兰亭集序》，那么《兰亭集序》的文字内容就成了该作品书法内容的一部分。换句话讲，《兰亭集序》除了其本身固有的文字内容之外，若用书法加以表现，就使其兼具了书法内容的一部分。这里，《兰亭集序》的文字内容和书法内容的主要区别在于：《兰亭集序》就文字内容讲，是其全部；就书法内容讲，只是局部，或者仅可认为是笔墨的一种载体。同样道理，颜真卿写《祭侄季明文稿》、李白写《上阳台帖》、怀素写《自叙帖》、苏轼写《黄州寒食诗》、米芾写《蜀素帖》，这里，《祭侄季明文稿》《自叙帖》等除了本身具有的全部文字内容之外，便兼具了部分的书法内容，或者说是成了书法的载体。由此看来，被网进书法创作的文字内容，对于文字本身来讲是重要的，是全

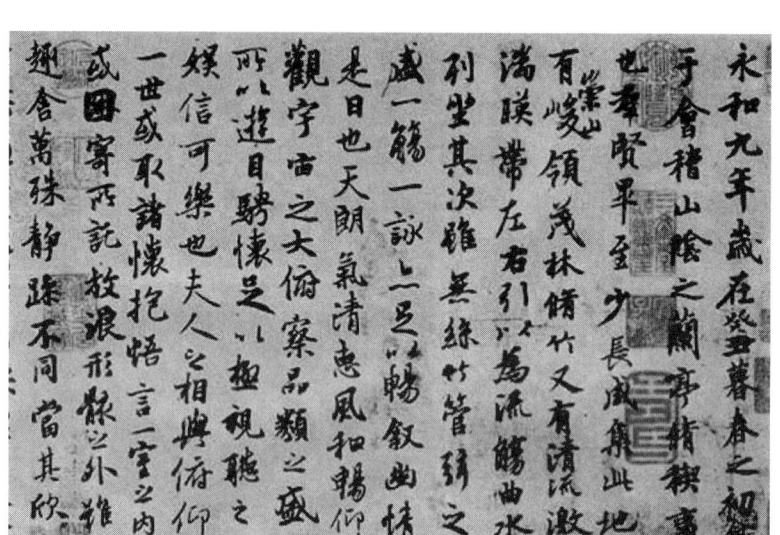

东晋·王羲之《兰亭集序》

部；而对于书法创作来讲，就成了次要的外衣了。

再讲线条内容。在书法内容中，线条和笔墨才是最重要、最触及本质的内涵。譬如用书法创作《兰亭集序》，《兰亭集序》的文字作为书写的内容，仅仅是作为表象或外衣而存在，而真正的书法内容主要体现在线条和笔墨上面，也就是表现在由笔墨生发出来的线条上面。就笔墨讲，书与画同源；就线条的抽象和具象讲，抽象的书法又和具象的绘画异流。

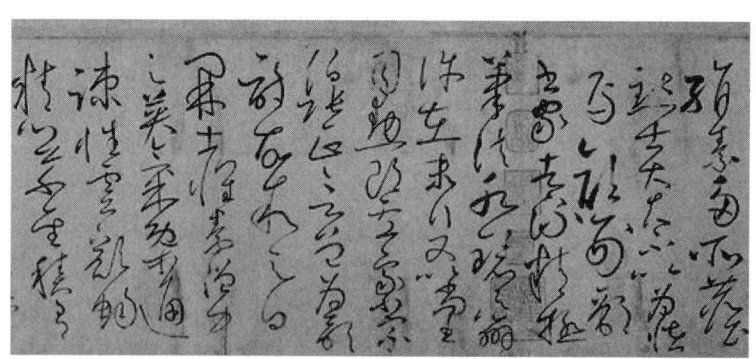

唐·怀素《自叙帖》

书法讲笔墨，讲线条，既可以说是一回事，又可以讲是两回事。从创作过程看，笔墨是技巧，线条也是技巧；从创作结果看，笔墨是内容，线条也是内容。力透纸背，浮现在纸面上，一个个由笔墨线条组成的不管是正、是草、是隶、是篆，都构成了可爱的小精灵（文字），活生生地体现了书法的存在和内容的存在。

笔墨线条作为一种书法内容的存在，笔有中锋、侧锋，墨有浓淡、枯润，线条有点有线、有粗有细、有长有短，正是这种笔墨线条的相互流动和交织，彼此起落和穿插，才演化出书法艺术的千姿百态、韵律回旋，从而让人赏之不尽、味之愈深。正如唐代孙过庭《书谱》所说："观夫悬针垂露之异，奔雷坠石之奇，鸿飞兽骇之资，鸾舞蛇惊之态，绝岸颓峰之势，临危据槁之形。或重若崩云，或

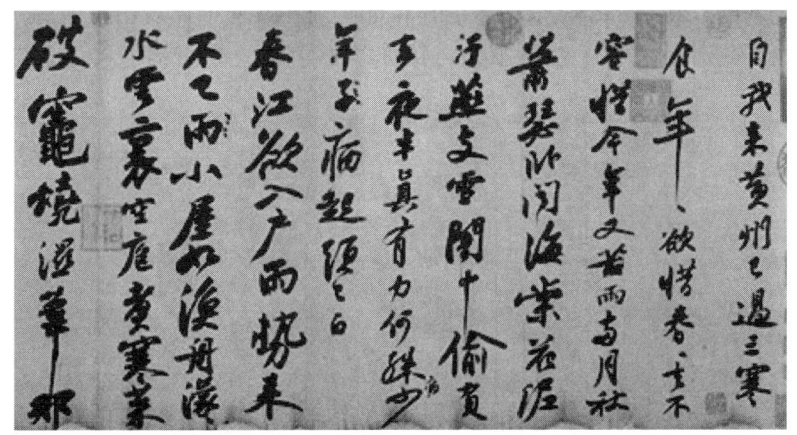

宋·苏东坡《黄州寒食诗》

轻若蝉翼；导之则泉注，顿之则山安；纤纤乎似初月之出天涯，落落乎犹众星之列河汉。同自然之妙有，非力运之能成。信可谓智巧兼优，心手双畅；翰不虚动，下必有由。一画之间，变起伏于峰杪；一点之内，殊衄挫于毫芒。况云积其点画，乃其成字。"这既是对创作的要求，又是对内容的发挥，更是对于美的深入探究。书法之妙，有人甚至推许为东方艺术的核心，看来此言不虚。

二、书法的意境

作为书法的一个重要内涵，意境由书法创作的笔墨点画、布局谋篇而来。所谓"意境"，顾名思义，就是意蕴和境界，这是文学艺术作品中由客观描绘的具象和主观感情的抽象彼此激荡所生发出来的一种艺术境界。讲到底，书法之美体现在文字之美、笔墨之美、线条之美、个性之美、情感之美、意境之美等多个方面，而意境之美就是书法总体之美中的一个重要方面。当年萧衍作《古今书人优劣评》时就说："钟繇书如云鹄游天，群鸿戏海，行间茂密，实亦难过。王羲之书字势雄逸，如龙跳天门，虎卧凤阙，故历代宝之，永以为训。"又说："萧思话书如舞女低腰，仙人啸树。""索靖书如飘风忽举，鸷鸟乍飞。"其中不少地方，就很有些涉及意境的味道。然而宋代米芾《海岳名言》却认为："历观前贤论书，

征引迂远，比况奇巧，如'龙跳天门、虎卧凤阙'，是何等语？"其实天门凤阙，龙虎跳卧，正是比况字势雄强、意境阔大之辞，虽不免奇巧，可也确实因此而点着了王羲之书法奥妙的穴道。再如清代吴德旋《初月楼论书随笔》评明代祝允明书法所说："希哲（祝允明）狂草，虽云出自伯高（张旭）、藏真（怀素），而略无远韵，但可惊诸凡夫。"则指的又是缺少意蕴的遗憾了。

三、书法的个性

从艺术的存在来讲，任何艺术的存在都必须在共性中体现出鲜明的个性，书法当然也不例外。没有个性的书法，任你学王学颜，即使学得再像，再登堂入

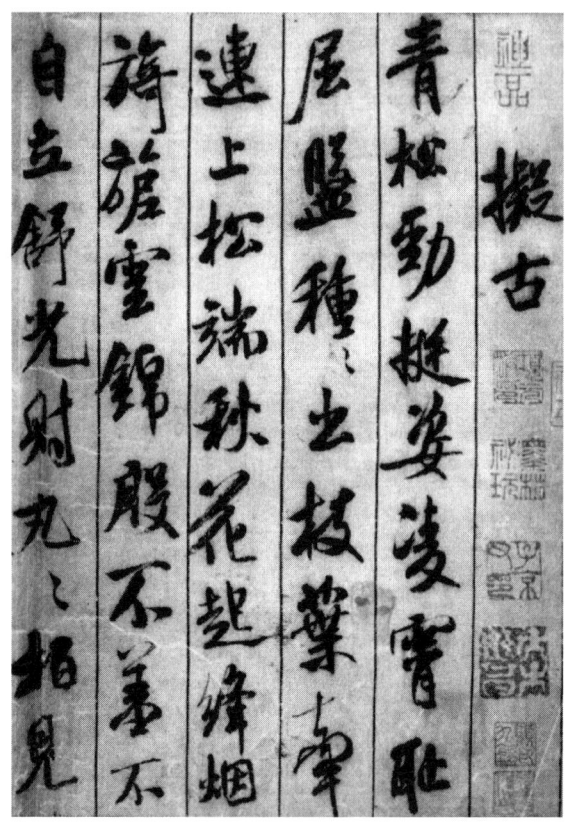

宋·米芾《蜀素帖》

室，也只不过号为书奴而失去了其存在的价值。这就从一个方面告诉我们，学习古人书法到头来还是要古为今用，以古为新，在变通中创出个人面目，亦即个人书风。晚唐书法家释亚栖曾经写下一段短短的《论书》文字，他说："凡书，通即变。王变白云体，欧变右军体，柳变欧阳体，永禅师、褚遂良、颜真卿、李

邕、虞世南等，并得书中法，后皆自变其体，以传后世，俱得垂名。若执法不变，纵能入石三分，亦被号为书奴，终非自立之体。是书家之大要。"书法的关键在于不要墨守成法。初唐欧阳询、虞世南、褚遂良等都学习过王羲之，可是后来都能够跳出王羲之的框架而自立面目。要是他们墨守成法，一个个都"执法不变"，哪里还有书法史上的欧阳询、虞世南、褚遂良呢？同样道理，"宋四家"（蔡襄、苏轼、黄庭坚、米芾）几乎都学习过颜真卿，但又都能够变化出新，自成面目，只不过可惜的是蔡襄，入古多了一点，个性少了一点，因此后人评价宋朝四家，苏、黄、米的地位要远远高于蔡襄，并非没有道理。

四、书法的情感

从书法的内涵再进一步发掘，创作书法不但要选择内容，讲究笔墨，酝酿意境，跃出个性，而且还要在极大程度上注入个人的感情和性情，其书才会耐看。当年王羲之创作《兰亭集序》，天朗气清，惠风和畅，俯仰宇宙，体味人生，故而其书笔致清朗，行气融和，纵使带着那么点淡淡的感伤，把"悲夫"等字写得稍许重实了一点，却更加增添分量，拓展书趣，造成一种既掩映生姿，又起落抑扬的美感。再如颜真卿写《祭侄季明文稿》，清朝有人评为："鲁公（颜真卿）忠义光日月，书法冠唐贤。片纸只字，足为传世之宝，况《祭侄文》尤为忠愤所激发，至性所郁结，岂止笔精墨妙，可以振铄千古者乎？"清代名书家吴德旋在他的《初月楼论书随笔》里说："慎伯（包世臣）谓平原（颜真卿）《祭侄稿》更胜《座位帖》，论亦有理。《座位帖》尚带矜怒之气，《祭侄稿》有柔思焉，藏愤激于悲痛之中，所谓言哀已叹者也。"

 第三节　书写姿势

一、坐写

坐写适宜写小字或较小的字以及 4 寸以内的字。正确的坐姿要领是："头正、身直、臂开、足安。"

头正，就是指头面部一定要端正，稍微前倾，平心静气，不要左歪右斜，目下视，凝神于纸上，眼睛和纸面要相距 1 尺左右，切忌把头伏在桌上。只有视线正当，下笔才容易看准，又不损伤视力，有利于把字写得端正。

身直则要求身体坐得正直，即自然端坐，两肩平衡，腰背挺起，略微前倾，胸部不要靠近桌沿，以距离桌沿 2~3 寸（约一个拳头）为好，必须留有活动余地，保证呼吸通畅，这样才不易疲劳，利于健康。

臂开，就是以右手执笔，左手抚按纸一边，并要随时调整纸的位置，以保持右手在固定位置书写，两臂自然开张，形成均衡对称之势，胸部舒展，笔放在脸前，而不是放在脸的一侧。这样，才容易把字写得横平竖直，撇捺舒展，挥毫自如。

足安，就是两腿平屈而松弛，两脚自然分开，相距与两肩同宽，放平，踏稳，既不交叉搭腿，也不将脚尖翘起，更不要踏在凳子档上，这样，双脚与臀部成三个支点，共同支撑上身的稳定。清代书法家包世臣在《咏执笔图》中说："全身精力到毫端，定气先将两足安。"可见只有"足安"，身体才能坐稳，利于写字稳健，便于运力。

二、站写

站写，亦称立式书写，有两种姿势：立式俯写和立式书壁。

立式俯写适宜写四五寸以上的大字。其基本要求是：头俯、身躬、臂悬、足开。

头俯，要求头朝前方而下低，面向桌面而下视，让纸面、笔锋和墨迹尽收眼底，以利于下笔准确，用笔得力。

身躬，要求上身略向前倾，微弯腰，保持平衡，挥笔潇洒，用力自然紧凑。

臂悬，要求右手执笔全部悬空，手肘和手腕都不靠桌面，左手按纸，支撑桌案，利于提笔运气和综观全局章法，使臂悬的转动半径最大，挥笔无拘束地、大幅度地上下伸展、左右挥洒，姿态开张，可尽一身之力而用之。

足开，要求两足左右自然分开，距离与肩等宽，动笔时，左脚略前，右脚稍后，站立平稳，以利气势雄健，书兴易发，效果甚好。若双脚并立，不易使出全身力量；如右脚略前，就会感到书写别扭，更谈不上把字写好。

立式书壁，亦称"墙壁前站写"。利用这种方法写字，是将纸竖挂在墙壁上站在壁前书写。其基本书写要求是：左手拿墨盒，右臂微弯悬肘，为了视觉正确，要求面部与墙面字的位置始终保持平等，同时随字位置的高低身体时有起伏，全靠两腿屈伸来调节。写字时笔濡墨量不宜太多，以防往下漫延流墨。用这种姿势写字的情况不多，难度较大，但用这种方法练习写字，能更好地训练运腕用墨技巧。米芾也说："入学之法，在先写壁，作字必悬手。"悬手书壁是板书的一项基本功，长期使用这种方法练字，对书写水平的提高有很大的促进作用。

三、蹲写

写特大的榜书和巨幅作品，有时因为桌面面积有限，无法利用桌案站写，只好把纸或字幅等物放在地上，采用蹲写法。采用蹲写时，首先必须通观全局，其次确定字形结构布局，然后再蹲写，其方法与普通蹲法不一样，需将左膝跪在地上，右腿曲膝下蹲，左臂支撑地面，用手按纸，上躯前倾并弯腰，右臂悬肘执笔书写。

以上三种书写姿势，均须聚集全身力气，强调"气要足、力要遒"，通过臂肘、腕、指输送到笔端，使笔力借墨毫而达于纸上。

第四节 执笔与用笔

要想写出巧妙优美的好字，就必须正确地掌握执笔方法。王羲之的老师卫夫人说："学书有序，必先能执笔。"可见执笔之重要。

前人传下来的执笔方法很多，有龙眼法、凤眼法、拨灯法、二指法、三指法、四指法、单钩法、双钩法、捻管法、撮管法、握管法、搦管法、双手回腕法等。可以采用的方法有：载重法、握卵法、垂直法、平腕法。比较正确合理而又切实可行的且符合人的手腕生理特征和用笔规律的叫"五指执笔法"，相传是由"二王"传下来的，唐代陆希声得到后，再传至宋代钱若水，才公开出来。

五指执笔法的要领是：指实、掌虚、掌竖、腕平、管直。

指实，要求手指执笔有力量，外侧四指相互靠拢，骨节向外，密实而不松散。尤其要注意的是，内侧拇指中部骨节必须向外凸起，使虎口圆如马镫形，这样五指一齐用力，执笔既坚实有力，又有助于运笔，松紧适度。如握笔太紧，则运转不灵；太松，使不上劲。只有保证"指实"，才能做到"毫无虚发，墨无旁溢，力聚管心，执笔稳定"。

掌虚，就是执笔时掌心要虚空，不能曲指塞掌，无名指和小指都不要贴到掌心，手心里好似握着鸡蛋。大拇指和食指间的虎口要张大些。以此运笔，就能稳实而灵活，写出来的字易显健美。

掌竖，要求执笔时手掌竖起。掌竖才能笔直，笔直才能锋正，锋正则四面势全，运转自如。

腕平，指手腕与桌面要平行。康有为说："欲用一身之力，必平其腕，竖其锋。"

管直则锋正，这与运腕、掌竖有密切关系，掌竖、腕平、管直锋正，加之悬肘用笔，书写起来，既灵活又有力。

执笔写字时要尽量保持笔管与纸面垂直，使笔画容易保持中锋。但在具体的运笔过程中，笔管有时要有俯仰倾斜的情况，重要的是斜而能正，重心平稳。

必须注意的是，执笔的高低要适当，其高度要根据字体的类别、大小和笔管的长短而定，一般来说，写小字执笔要低些，离笔头一寸左右，若太低了，笔画会显得局促不自由；写中楷或大字，执笔要高一些，约两寸左右；写大楷和草书笔管要再执高一些，约三寸左右。执笔越高，回旋的幅度就越大，更便于挥运。但如执笔过高，则会导致下笔飘浮，无力无筋骨。

另外，站着写大字，通常采用捻管执笔法，即用拇指和食指、中指、无名指捏住笔杆上端，高高提笔，仍要求指实掌虚，五指齐力。这种执笔法适合书写大字，或者书写行草与狂草。在书写特大的字或题壁时，一般使用"抓斗笔"，用拇指贴夹住笔杆内侧，由内向右用力，食指、中指和无名指并列抓住"圆斗"外侧，用力方向与拇指相对，小指则贴在下面，高悬肘腕，以臂代替笔杆的运转，这种执笔方法叫"提斗抛笔法"。另一种写特大字的方法是"双手回腕法"，用左手握住笔杆的上端，由左内向右外用力；右手握住笔杆的下端，由右外向左内用力。这样，双手齐力，全身用力，气势豪迈。

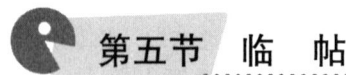 第五节　临　帖

学习书法是从临摹碑帖入手的，这是继承书法传统的唯一途径和根本方法，也是书法创新不可缺少的基础训练。

碑帖是我国历代书迹保存和流传的重要形式。

碑，是指碑版刻石，或者说是经过加工而竖起来的石版，俗称"立碑"。我国最古的石碑都没有刻上文字，竖石仅仅作为某种标记，或者作为某种记号。但秦统一六国后，就开始在石碑上刻文字，以纪其功绩。到了汉代，碑的应用就非常普遍了，上层的官吏要刻石立碑纪其政绩，民间百姓为了纪念贤哲或亡故的先人，在庙堂、道旁或墓前竖碑，这时才把竖石称为碑。藏碑最多的地方，称为"碑林"，如西安市的碑林，以其规模庞大、碑刻经典而闻名于世。

帖则是把前人的手迹摹刻在石版或木板上，再拓印成帖，俗称字帖。帖起源于唐代，从唐太宗李世民时代开始，于民间被广泛应用，成为人们学习书法不可或缺的工具。

在学习书法的过程中，选帖是一个十分重要的环节。碑帖的用途在于临习和欣赏，我国的碑帖极其丰富，不可能遍临千帖，所以要有目的、有重点地选择范本作为学习对象。一般学习书法应先学楷书，其原因是楷书点画规范、笔法丰富、结构端正、法度规矩，它集中体现了书法艺术用笔、结构的法则，最便于初学者打好基础。在选择字帖时应该选择古代流传下来的、经得起历史考验的、高

水平的一流碑帖来临习，这对掌握正确的用笔法度和结体原则等书法的基本功，以及探索书法艺术的规律都有很大的裨益。

另外，由于我国书法流派众多、风格各异，要选取有代表性的、难易适度的、适合自己的、自己也喜欢的字帖。

下面介绍一些碑帖以供选择：

楷书类：1.《北魏郑文公碑》。

2.《北魏元怀墓志》。

3.《魏张猛龙碑》。

4.《魏崔敬邕墓志》。

5. 褚遂良：《大字阴符经》《雁塔圣教序》。

6. 欧阳询：《九成宫醴泉铭》。

7. 虞世南：《孔子庙堂碑》。

8. 颜真卿：《勤礼碑》《告自帖》《麻姑仙坛记》《颜家庙碑》《李玄靖碑》。

9. 柳公权：《玄秘塔碑》《神策军碑》。

10. 赵孟頫：《三门记》《胆巴碑》。

隶书类：1.《乙瑛碑》。

2.《礼器碑》。

3.《张迁碑》。

4.《石门颂》。

行书类：1. 王羲之：《兰亭序》《圣教序》。

2. 李邕：《李思训碑》。

3. 颜真卿：《祭侄稿》。

4. 苏轼：《寒食诗帖》。

5. 黄庭坚：《松风阁诗》。

6. 米芾：《蜀素帖》《苕溪诗》。

草书类：1. 皇象：《急就章》。

2. 王羲之：《十七帖》。

3. 孙过庭：《书谱》。

4. 张旭：《古诗四帖》。

5. 怀素：《自叙帖》《圣母帖》《大、小千字文》。

6. 黄庭坚：《李白忆旧游诗》《诸上座帖》。

7. 王铎的草书。

篆书类：1.《散氏盘》。

2.《石鼓文》。

3.《峄山碑》。

4. 李阳冰：《三坟记》。

字帖选定了以后，就要开始临帖。临习方法，大体可分为八个步骤：读帖、摹帖、对帖、背临、意临、换帖、习作、评讲。

1. 读帖。动笔之前，第一步必须读帖，读帖就是看帖。书法上所谓读帖，是指先聚精会神地通读范本一两遍，静静地观察、分析帖上的字，反复仔细地揣摩、体味其中的用笔、点画、字形、结构、体势，以及整篇作品的章法、神韵和气势，吸收掌握，达到心领神会、意到笔随的境界。黄庭坚《论书》说："古人学书不尽临摹，张古人书于壁间，观之入神，则下笔时随人意。"对于临习碑帖的学者来说，平时最好把帖放在身边案头，有条件时，可把要临习的字帖展开张挂在墙壁、庭堂，朝夕谛看，反复琢磨，日久便会潜移默化。读帖的根本作用在于练眼、练脑、练心，使它们之间既能相互为用，又能相互促进。读帖的方法为三个字：看、认、记。一边看，一边用手指摹写，一边琢磨。使脑中有印象，这就是所谓的"意在笔先"。

2. 摹帖。读过以后就可以进行临帖。临帖是掌握书写技巧的一种不可缺少的练习方法，一般包含摹帖和临帖两种意思。通常做法是先对临后背临。其中，摹帖方法主要有四种：

（1）描红。用墨笔在红色范字上描画填写，让黑压红，使黑色能覆盖吻合时为止。这种方法多用于小学生及初学者。

（2）写仿影。用不渗水的透明或半透明的纸，蒙在范字上，按照笔顺，一笔一画去摹写，笔随形走。这种方法一般在描红基础上进行。

（3）双钩填墨。在用细线勾出点画边线而成的空心范字上填墨书写，使空心字变成实心字。还可以在字帖上选一些典型的范字，用蜡纸双钩刻印成空心字，作摹写练习。

（4）隔字仿写。仿影，每隔一个字留下一个字的空位，摹完仿影下的字，接着在空位上再写一次。

3. 对帖。把选好的字帖平放或倾斜地放在桌面左上方，习书者目视字帖，手临，最好是看一字写一字。不要看一笔写一笔，更不能写一画的过程中看好几次。

临帖方法可分为用格临、去格临、分合临。用格临包括两种格：九宫格、米字格；去格临是把选好的范本字帖，平或倾斜地放在桌前，书者将它的运笔、点

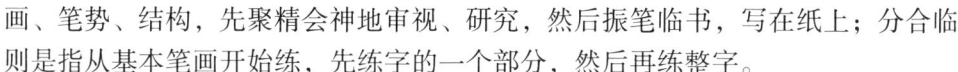

画、笔势、结构，先聚精会神地审视、研究，然后振笔临书，写在纸上；分合临则是指从基本笔画开始练，先练字的一个部分，然后再练整字。

4. 背临。背临，难度较大，要求较高。在背临时，不面对字帖，必须熟读字帖，将帖上字的笔法结体、特征记清楚，写时将帖合上，不看范本，凭记忆默写范字。背临要求写出的字与面临一样，然后再与原帖对照，找出与字帖不相符合的地方，体会其中的差异，并找到改正方法，及时改正。

5. 意临。一些有一定书法基础的爱好者，看到某处有好的书迹时总要多看几眼、多想几遍，恋恋不舍，有意识地思索如何写，反复推敲，从而发挥自己的主观性，加入个人的理解和手法，使临习的字生动自然，并富有自己的笔情墨趣。

6. 换帖。临习字帖必须注意逐步提高，不宜操之过急。要达到得心应手、意到笔随的地步，一定要循序渐进、持之以恒、锲而不舍地练习。如果已选定一个范帖练习，在掌握其运笔、笔画结构规律之前，不要轻易变换，否则，朝秦暮楚，终至一无所成。在掌握了一种字帖以后，可换同一人的另一种字帖，或换不同人的字体相近的字帖，也可换不同人的不同体字帖，继续临习。

7. 习作。习作是运用习帖所掌握的技法，结合自己的个性和艺术追求，进行创作练习。

8. 评讲。就是把自己的作品同前辈或同仁的放在一起评议一番，好在哪里、哪里还有欠缺等，以此提高技艺。

思考题与练习

1. 结合自己的认识谈谈对书法的认识和理解。
2. 结合实践掌握执笔的正确方法。
3. 通过阅读教材把握碑和帖之间的区别。

第二章　楷　书

内容提要

　　本章介绍的是楷书。详细介绍了楷书的基本笔画、楷书的用笔技巧以及楷书的结构等相关知识。其中包括钢笔楷书的基本知识。

　　关键词： 楷书　永字八法　用笔技巧　楷书结构

　　楷书也叫正楷、真书、正书。何谓"楷书"，《辞海》解释说它"形体方正，笔画平直、可作楷模，故名"。楷书始于汉末，通行至今，长盛不衰，其根本原因就在于它的楷模作用。楷书紧扣汉隶的规矩法度，追求形体美的进一步发展。汉末、三国时期，汉隶的书写逐渐变"波""磔"为"撇""捺"，且有了"侧"（点）、"掠"（长撇）、"啄"（短撇）、"提"（直钩）等笔画，结构上更趋严整。其代表作如《武威医简》《居延汉简》等。

　　楷书是最实用的书体，学习书法往往从楷书入手打基础。

　　楷书与行书、草书迥异。苏东坡说："楷如立，行如行，草如奔跑。"楷书的书写，法多于意，但也不能写成"算子书"式的馆阁体，即使法度极严谨的唐碑，也是风格各异，如欧阳询的险劲，虞世南的醇雅，褚遂良的潇洒，颜真卿的宽博，柳公权的遒丽，各有千秋，但从总体上来说，是"平正之中寓飞动之势"。

　　楷书从风格上可分为两个系统：①南北朝碑，其中以北魏楷书最为著名，简称"魏碑"。②唐代碑刻，简称唐楷。自唐代以后，就只有元代的赵孟𫖯在楷书上可称大家。

第一节　楷书的基本笔画

　　学习楷书，最基本的技法是学会笔画的写法，也就是用笔的方法。唐代孙过庭在《书谱》中说："翰不虚动，下必有由。一画之间，变起伏于锋杪；一点之内，殊衄挫于毫芒。"近代书法家丁文隽在《书法精论》中说："涂墨以成点，引点以成画，积字以成章，万字千言，莫不由点画错综组织起来，故学书应首先学点画。"以上书论，均阐明"从点画开始"为习书的第一要义。

一、"永字八法"

流传后世的"永字八法"，如右图所示，虽然总结不了所有楷字的笔画，但基本包括了楷字的点、横、竖、钩、挑、长撇、短撇、捺 8 个基本笔画的写法，如再加上"折"画，共 9 种笔画。正如由 0 到 9 的阿拉伯数字可以组成无限大和无限小的数字，这 9 种笔画包罗了所有楷字的基本笔画。但是，这 9 种基本笔画分布在若干楷字中，必须做到因字而异：比如点有左右之分，横有上下、长短之分，竖有悬针、垂露之分，等等，这就需要由总括到具体，因字而异了。

侧（点）
勒（横）
策（挑）
啄（短撇）
磔（捺）
趯（钩）
掠（长撇）
弩（竖）

二、"永字八法"所标示点画名称及其基本笔法

（一）点

点，是汉字笔画中形态最丰富的一个，所谓"点之变无穷"。

1. 右点法：口诀：点、压、斜上收。

2. 上点法：起笔与竖画相同，运笔转左撇出，与下横一连。

3. "曾"首点：左点藏锋向左起笔，提转右出，右方点与短撇相同。

4. 下点法：顺锋起笔（承上横收笔），收笔同铁柱竖，作垂状。

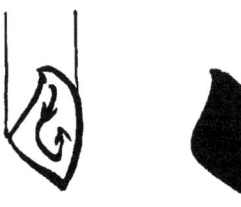

5. 散水点：

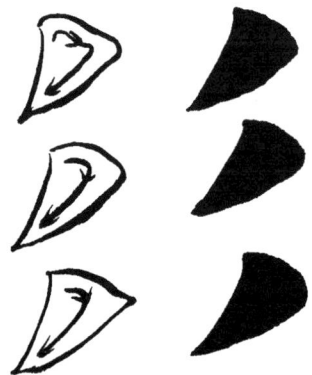

6. 右三点：

7. 平四点：

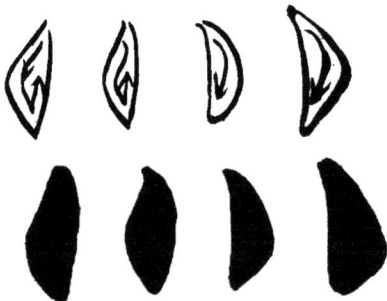

8. 烈火点:

凡"点"皆要顾盼生姿，脉络连贯，切忌呆板排列。

（二）横

横，是自左向右用笔的笔画。

口诀：点、画、提、点、收。

1. 长横：

（1）起笔折锋落笔，与水平面约成 45°角。

（2）提转笔锋使运笔方向与水平面成 6°角。

（3）中锋运笔。

（4）调整成水平方向加重运笔。

（5）提笔轻压止笔，意回呼应收笔 45°角。

45°

2. 短横：

3. 右尖横：

4. 左尖横：

楷书基本笔画通则为：起笔逆锋、行笔中锋、收笔回锋。

范例："一、二、三"，特别注意每画之间的长短、向背关系及空间分布。

（三）竖

竖是自上而下驱毫走笔而成的纵向笔画。运笔要领与写横画时相同，要写得垂直、挺拔。竖从形态上分为垂露、悬针。

口诀：点、画、左上提、点、上收。

竖的主要写法有垂露和悬针，其书写特点如下：

垂露：逆入—转笔—提笔—提按结合涩行—顿转回锋收笔。

悬针：逆入—转笔—提笔—提按结合涩行—缓缓提笔最后急收。

1. 垂露（直竖）：

（1）落笔与水平面呈 45°角左右。

（2）提转笔锋垂直向下，中锋运笔。

（3）加重运笔。

（4）提笔轻压止笔，意回呼应起笔，角度与起笔同。

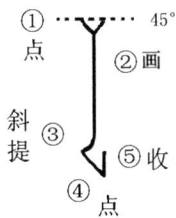

2. 悬针：

（1）与垂露笔法相同。

（2）渐渐提行，待笔锋完全立起之后，拔起直下，不必回应。

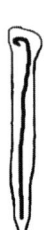

3. 下尖竖：

4. 上尖竖：

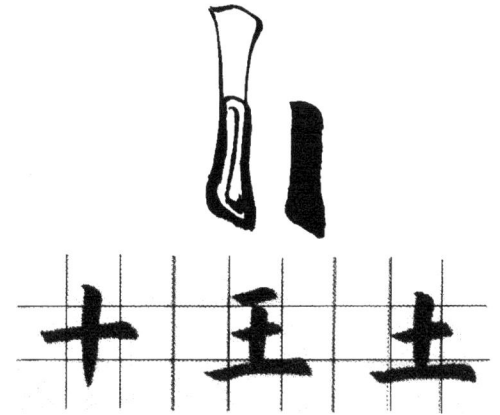

（四）钩

钩附在多种不同形状的笔画上，是经过笔画的转换而形成的。

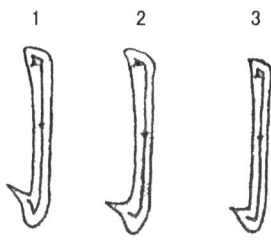

钩画运笔方法：起笔、行笔如竖画。钩法大致有三种：①至钩处，重顿后挫笔回锋稍向上，迅速钩出。②行笔至钩处，稍向左转锋顿笔，顺势出钩成鹅头。③平挫出钩，构如三角。

书写要领："水"字的竖钩，其钩附在竖画上。"室"字的俯钩，其钩附在横画上。"我"字的戈钩，其钩附在斜画上。

当某一笔画写成后将要挑钩时，先要顿一下笔锋，一是显现笔力，二是能将笔锋收拢好，然后将笔锋变换方向挑出，呈尖状的笔画，即成为钩画。钩要挑得干净利落，钩的出锋要长短适度，不可挑得过长，钩的收锋要实。

　　钩的种类较多，钩挑的方向也随之不同，因此书写难度大。另外应该注意不同的钩要掌握好不同的角度，有尖角形的，有方角形的……如果角度掌握错了，将会影响字形美。

　　带竖钩的字，其竖或直或斜要随字而定。"门、身、永、则"等字的钩为直竖钩。"乃、万、方、而"等字的钩为斜竖钩。

　　带俯钩的字，其钩如鸟嘴衔胸毛一般，不可低垂，如"虚、守、冠、骨、官、宝"等字。带仰钩的字，其钩如同钓鱼钩一般，这种钩用于"心"字或从属"心"字部首的字。应该注意的是：仰钩的起笔用顺锋，不要切锋或折锋，仰钩的底部强度要保持平稳，如"心、必、思、虑、想、慧"等字。

　　长曲钩的起笔处和挑钩处要控制在垂直线内，使钩的整体于弯曲中见立，钩不能偏左或偏右。如"犹、独、子、予、学、乎"等字。

　　浮鹅钩底部要平稳，钩的左部转角处和右部挑钩处一般的钩为方角形。带浮鹅钩的字，若左边有部首，其钩要略高于左部。如"他、池、驰、仇、花、孔"等字。

　　凡是带竖钩的字，若钩的竖画左右无其他笔画，即用平钩。平钩呈方角形，如"丁、子、宁、手、乎、学"等字的钩均从此钩。

　　戈钩多用在"戈"字上或带"戈"的部首上，所以称为戈钩。戈钩要长，略见弯曲，斜度也较大。这种钩用于"哉、成、盛、我、武、威"等字上。钩要下伸，低于字的左部，以此使字势舒展。

　　短钩用于字的底部，其钩要短；若用钩过长，字整体即会显长，影响字形美。如"原、守、等、持、架、梁"等字。

（五）挑

露锋顿笔、行笔向上、挑出则扬鞭有指。

（六）撇

逆锋向上、转右下、行笔、撇出则稳准而顾下一笔。撇有长短，短撇为"啄"，长撇为"掠"。

1. 短撇的用笔方法和书写要领。

"短撇"的起笔向左上微折，随即转锋向右下斜切，而后转锋向左下行笔，以至收锋，"短撇"的形状如同鸟嘴一般，因其画较短，不见弧度，或略见弧度，因此要求行笔稍疾，收锋要实。

"短撇"基本分为"短斜撇"和"短平斜撇"两种，在带"短撇"的各类字中，"短撇"的斜度要适当掌握。

现将不同类型的"短撇"分别以字例说明："短斜撇"用于"众、得、以、仁、行、知"等类的字上；"短平斜撇"多用于字的冠顶，如"采、香、禾、手、乎、壬"等字顶端的短撇。

2. 长撇的用笔方法和书写要领。

书写"长撇"时，用笔略微向左上折锋，随即将锋转向右下斜切，而后再转向左下行笔以至收锋，成为略见弧形的"长撇"。由于"长撇"略微弯曲，所以行笔较缓慢，收锋要实。"长撇"切忌过长、过弯，如过，则笔画无力。

"长撇"有不同的形状和不同的斜度，如长斜撇、长曲撇、长竖撇等，因不同字形的需要，可适当掌握。"长撇"的不同类型，分别以字例说明：

月 方 丈 左 右

长竖撇　长斜撇　长曲撇　　长直撇　弯头撇

夕 千 福 休 威

长弧撇　短平撇　短曲撇　　短侧撇　弯尾撇

长斜撇用于"方、度、府、余、及、皮"等类的字。

长曲撇用于"丈、吏、太、大、春"等类的字。长曲撇并非撇的全笔画，其为圆弧形，而撇的起笔和中间部分为直形，尾部将收锋时有小的弯曲。这种撇用于"吏、春"之类的字上，能使字的头部不偏。虽为斜撇，但斜中有直，使字不失重心。

长竖撇用于"月、周、用、舟、丹"之类的字，以求与字的右边竖画相对称。

回锋撇，即撇的收笔处用回锋，使收锋处呈圆形，其回锋法也如同竖画的回锋（垂露竖）收笔一样。这种撇能使一个字中的多撇（即联撇）之间富有变化，显现露锋撇的锋利和回锋撇的圆润。

综合"长撇""短撇"的书写要领，附带讲一讲"联撇忌排牙"的问题。一个字中带有两个或两个以上的长、短撇，谓之"联撇"。"联撇"的长短一样，斜度又一致，谓之"排牙"，或谓之"梳子齿"，书法论述中有"联撇忌排牙"之说。如何避免联撇的"排牙"，现借鉴有关书写技法和王羲之、赵子昂的楷书中有关"联撇"的结构特征，归纳如下四点：

（1）"回锋撇"和"露锋撇"相掺，从撇的收笔处有所变化，可避免"排牙"。

（2）各撇长短不一致，可避免"排牙"。

（3）各撇的起笔处聚敛一些，形成各撇的起笔处紧、收笔处松，可避免"排牙"。

（4）各撇的斜度富有变化，可避免"排牙"。

（七）捺

逆锋向上、右下行顿笔、轻提，捺出则如切肉圆拖。

捺是从左（或左上方）起笔向右（或右下方）行笔而后提收写成的笔画。

口诀：点、画（向下）、压笔停顿、渐渐向右方提收笔。

最常见的捺有圆头捺和平头捺，其书写特征如下：

圆头捺：逆入—转笔—提按结合行笔—顿驻—提收。

平头捺：折入—顿笔—提按结合行笔—顿驻—提收。

1. 尖头捺（斜捺）：

（1）顺锋起笔，向右下方加重力量运笔。

（2）顿笔。

（3）提转笔锋成水平方向。

（4）渐提渐行，出锋。

2. 平头捺（斜捺）：

（1）逆起如横画起笔。

（2）轻提向左下成尖头捺写法。

（3）注意撇、捺之间脉络关系。

3. 平捺：

（1）起笔如横画，先提后按。

（2）行笔右推，拉长按笔。

（3）收笔三角形，向右慢慢推送。

直捺　平捺（长捺）　弧捺（金刀捺）

短捺　曲头捺（方头）曲头捺（尖头）

反捺

（八）折

在"永字八法"中没有折画，但实际上"永"字存在折画，且折画在汉字结构中使用较多。

运笔方式：先如横画之起笔，行笔至折处，笔向上微扬，再斜下稍顿，然后加重力量，提笔下行。折画除了横折外，还有竖折、撇下折、撇上折、弯折等。

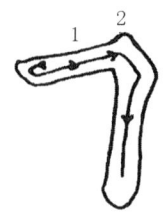

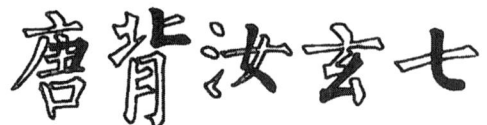

横折　竖折　撇下折　撇上折　弯折

第二节　楷书的用笔技巧

　　用笔的技法称之为笔法。笔法是书法的精髓，是书法艺术技法中最根本的基本功。所谓用笔，确切一点说，就是用锋，也叫使锋、运锋和行锋，是完成字的点画时笔锋起止行走的规律。概括起来说，用锋就是如何实施执笔和运腕的技法。

　　我们在写每一种笔画时，笔锋的运用都有一定的方向、路线，绝不是简单地一落一行一停即可了事。每种笔锋的使用都有着其自身的规律。在使锋的过程中，心中还要时刻注意"意""气"相扣。"意"是用意，意中产生情感；"气"是书写者写字时的用劲程度。意和气正如人体里的血液，灌入字里，字才有生命力。

　　一、颜体的用笔技巧

　　"颜体"楷书大气磅礴、雄强博大、丰伟遒劲、浑厚朴茂，符合盛唐审美标准，把楷书艺术推向了新的高峰，成为中国书法史上继王羲之之后的第二个里程碑，千百年来盛行不衰。

　　"颜体"楷书在笔法上，除运指外，悬腕时加强腕力、臂力的作用，使用外拓笔法，贯注篆籀气息，巧用运笔藏锋和中锋，着力于点画的起止，使点画更具节奏感。转折时折笔中含暗过，造成"折钗股""屋漏痕"的笔画形态，如锥划沙，如印印泥，以显笔画的厚重感和力量感。横轻竖重、横细竖粗，轻细者笔画圆劲，粗重者筋骨内含，给人以浮雕感。

二、柳体的用笔技巧

柳体楷书，体势劲媚，骨力道健。较之颜体，柳字则稍清瘦，故有"颜筋柳骨"之称。穆宗尝问柳公权用笔之法，公权答云："用笔在心，心正则笔正。"柳公权极力变右军法，学习颜真卿，又融会自己新意，使他的字避免了横细竖粗的态势，而取匀衡瘦硬，追魏碑斩钉截铁势，点画爽利挺秀，骨力遒劲，结体严紧，后世学书者不少以柳字为楷模。

关于柳字的用笔特征，应掌握如下几点：

1. 由于颜书以丰筋胜，柳书以骨力胜，世人皆以"颜筋柳骨"并称。

2. 柳体字用笔是"方笔"和"圆笔"并用的。"方笔"指在起笔和收笔处笔画有棱角，而呈方的形状，并不是指什么角度正好 90°。"圆笔"指写出的点画成圆形，圆笔在起笔后用裹锋，不使笔锋散开。行笔不折不顿，写到尽处，一住即收，没有折锋痕迹。

3. 横画起笔方正，全用折锋起笔，从长短看，有短横、长横之分。

4. 竖画起笔，折锋非常突出，有垂露和悬针之别，根据字势需要而定。

5. 柳字的"点"，方圆并用，变化较多。

6. 柳字的撇，速度较快，柳字的捺脚较长，捺尾较细。撇捺相交之笔，轻撇重捺，一如颜法。

7. "火点底"的横四点，其中间二直点，多参用短竖成点。"绞丝旁"的下三点，其中间一点也以短竖出现。"水旁点"的末点，其挑尖须对准首点尾部，以求上下呼应。

8. 凡"囗""曰"等四角围框之字，其上两角较下两角阔，所以竖画落笔后，须由上斜下而成，两面对称，形同星米升斗之状。

9. 凡"口"形框内如空无笔画，则"口"框的左面竖脚须伸出框外；如"口"形框内含有其他点画者，则右面竖脚必须伸出框外，临摹时要分辨清楚。

10. 凡"木"字之撇（包括木字旁），其撇出的头部，一般都枕搁在竖画上，见范字"林"字。

11. "竖弯钩"，其弯部一路圆转，见范字"礼"字。

12. 范字"风"字的横折斜弯钩，其弧度大致相当于圆周的 1/3；钩笔特别丰厚饱满，全从褚法中来。

三、欧体的用笔技巧

欧体楷书吸收汉隶和魏晋以来楷法，别创新意。用笔刻削劲绝，法度森严，平中寓险，方圆兼备而劲险峭拔。欧体楷书无论用笔、结构都有十分严格的程式，最便于初学。

欧阳询的书法由于熔铸了汉隶和晋代楷书的特点，又参合了六朝碑书，可以说是广采各家之长。欧阳询书法风格的主要特点是严谨工整、平正峭劲。字形虽稍长，但分间布白，整齐严谨，中宫紧密，主笔伸长，显得气势奔放，有疏有密，四面俱备，八面玲珑，气韵生动，恰到好处。点画配合，结构安排则是"平正中寓峭劲"，欧体字大都向右扩展，但重心仍然十分稳固，无敧斜倾侧之感，而得寓险于正之趣。

欧阳询书法用笔方整，略带隶意，笔力刚劲，一丝不苟。清包世臣曾说："欧字指法沉实，力贯毫端，八方充满，更无假于外力。"就是说欧字强调指力，写出的笔画结实有力，骨气内含，既不过分瘦劲，又不过分丰满。每一笔画都是增一分太长、减一分太短，轻重得体，长短适宜，恰到好处。欧字的用笔还讲究笔画中段的力度，一些横画看上去中段饱满，得"中实"之趣；一些字的主笔都向外延伸，更显中宫紧密，尤其是右半边的竖画，常向上作夸张延伸，显示其超人的胆魄。这些都是欧字用笔的独特之处。

四、钢笔字楷书笔画的用笔要领

钢笔作为汉字的书写工具，具有体积小、携带方便、书写便捷、经久耐用、写出的字不易褪色等优点；从审美的角度看，钢笔字的线条表现形式和艺术感染力虽不及毛笔书法那样丰富，但远远胜于铅笔、圆珠笔等其他硬笔，因为钢笔的笔尖富有弹性，写出的笔画同样有粗细、轻重之分。一篇漂亮的钢笔字，同样能给人以美的享受。

钢笔楷书笔画的用笔和毛笔楷书的用笔是完全一致的，写好毛笔楷书的一切技法、原理，无不适用于钢笔楷书。钢笔书法的点画，是毛笔书法点画形态的简练化、概括化。钢笔书法的结构、法则和毛笔也完全相同。因此钢笔书法是毛笔书法的发展和补充。但钢笔主要以单细线条为其表现形式，因此二者既有共性，也有区别，主要区别如下：①钢笔是硬笔，没有毛笔的弹性，因此点画形态的变化没有毛笔多。②钢笔不像毛笔那样强调提按、顿驻、轻重、徐疾，也不需逆锋起笔。但若按毛笔字那样用笔，则会收到较好效果。③钢笔的实用性更好，但不像毛笔那样，可以写任意大小的字。

钢笔楷书的用笔要领，主要包括如下几点：

1. 轻重感。一个完整的笔画，是由起笔、行笔、收笔三部分组成的。一般来说，起笔、收笔较重，行笔过程较轻。

2. 快慢感。笔画的起笔、行笔、收笔，由于轻重不一，长短各异，所以在书写过程中，必然有快慢之分。直行的笔画可以写得快些，转折的地方要写得慢些。落笔重处慢，运笔轻处快。

3. 运笔方向。在钢笔字中，虽然不像毛笔书写那样逆锋起笔，但是起笔、收笔的方向，也与笔画本身的走向不一致，必须注意的是，不能过分，轻重应掌握分寸，以免出钩。

 第三节　楷书的结构

结构亦称"结体""结字""布白""间架"，或统称为"间架结构"。

所谓"结构"，是指字的点画安排与形势的布置，也就是字的点画、部首之间的联络、搭配和组合，以及实画和虚白的布置规则。

写毛笔字如同打家具。打家具先要将木料按一定的比例尺寸大小锯好、刨光，再打磨光滑，然后再将其拼搭成各式各样的家具。写毛笔字也同样如此，先要练运笔，待运笔过关了，笔画写精到了，再练习结构。家具的式样五花八门，毛笔楷书的风格也千变万化，但不管怎么变，它们之间总有共性，这些共性就是楷书结构的基本法则和规律，简称为楷书结构法。古代书论中研究毛笔字结构技法的理论颇多，如唐代欧阳询的《三十六法》、明代《李淳八十四法》、清代《黄自元九十二法》等，其内容主要是以下几个法则：

一、字型结构

我国汉字的结构，大体上分为两类：独体结构和合体结构。

（一）独体结构

独体结构也称单体结构，主要包括以下几种结构方式：

1. 长形结构。如"月、目、耳、身、骨、肩"。这类字呈长形，横短竖长。书写时体势要修长，横向笔画排列均匀，且上紧下松；竖向笔画虽长，但要防止写得过窄而使之显得干枯。

2. 短型结构。如"口、日、四、血"。这类字要么笔画少，字形小，书写时要小中见大，使笔画宽绰丰满；要么横长竖短，呈扁形，书写时横向笔画要长，竖向笔画短而排列均匀。

3. 多画型结构。如"川、世、也、则、曲、删"。这类字均有三个及以上横向或竖向的笔画，书写时须使这些笔画之间的距离基本相等，即所谓布白均匀，只有这样才能保证字体结构的匀称。

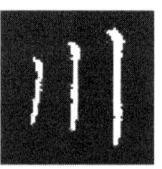

4. 少画型结构。如"上、土、士、三、工"。这类字笔画之间所留空间较大，容易写得松散，因而点、画要写得厚实。

5. 穿插型结构。如"丰、册、井、文"。这类字的特点是纵横交错，或竖穿横，或横穿竖，或横竖相穿，或撇捺相穿。穿插时注意要疏密得当，排列均匀，穿宽插虚，长短合度。

6. 居中型结构。如"田、正、里、同、国、画"。这类字以平正结构为主，呈方形。书写时要端正，平直，点画均匀。

7. 平肩型结构。如"两、丙、而、南、下"。这类字数量不多，但是有其特

点，要写得上宽下窄，内向收紧。中间如有竖画，也要长短各异，上横不宜过长。

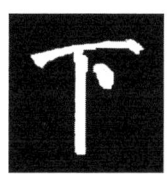

8. 参差型结构。如"夕、行、形、友、及、象"。这类字的特点是形体不规则，有两个及以上撇画，撇的长度、角度、弯度均有区别。写这类字时，要精心安排，巧于处理，撇画上下搭配时，上撇稍短平，下撇从上撇腹部起笔，较长弯；撇画左右搭配时，左上部的撇长且直，右下部的撇短且弯。

9. 斜型结构。如"飞、戈、毛、夕、勿、母、史"。这类字的主笔是向左或向右伸长的撇、钩画，形成偏斜之势。书写时要顺其体势，斜中求稳。

（二）合体结构

1. 横结构。

（1）左右结构。

第一，让左结构。如"敬、郊、敏"。这类字以左为主，右边依附左边，要写得左伸右缩。

第二，让右结构。如"巧、吟、珍、晓、峰、魄、瞻"。这类字左部偏旁短小，书写时要将左偏旁写在中部偏上位置，否则重心不平稳。

第三，相向结构。如"切、幼、汤、约、妙、欲、端"。左右笔画面对面，称为相向。书写时注意左右两部分笔画要穿插、避让，向而不犯。

第四，相背结构。如"北、兆、孔、犯、肥、驰、雕"。左右笔画朝相反方向伸展，称为相背。书写时要利用撇、提等笔画呼应，使左右两部分背而不离，脉络贯通。

第五，相等结构。如"秋、顾、顺、版、静"。这类字左右平分，两边大小基本相等，各占一半空间，但笔画少的一边，应略加强，保证左右对称。

第六，相随结构。如"林、羽、朋、弱、兢"。这类字左右同形，书写时左边部分宜窄小，右部略宽长，左收右展。

第七，左短结构。如"却、即、邮、部、新、断"。这类字书写时要左高右低，以悬针竖收笔，切不可上下齐平。

第八，右短结构。如"知、和"。这类字多半右边偏旁较长，而左边的笔画又少，所以，写这类字时，右边部分一般居中写，不可上下齐平。

（2）左中右结构。

第一，左中右相等结构。如"御、树"。这类字由三个部分组成，左中右所占比例基本相等，写时要注意安排紧密，否则容易写得较宽。且要左右呼应，中间写正。

第二，左简中右繁结构。如"湖、做、概"。这类字多半是由一个可以独立的字加上偏旁组成，所以偏旁所占的比例要适当缩小，中右部分所占比例要略多一些。

第三，中窄左右宽。如"班、弼、辩、衍"。这类字各部分所占比例，中间少，左右相同，要注意右稍大、左稍小。

2. 竖结构。

（1）上下结构。

第一，天覆。如"宇、宝、定、宗、会"。这类字多为宝盖头，要上宽下窄，以求平稳。

第二，地载。如"上、盖、置、孟、至、宣"。这类字下宽上窄，最后一笔为横画，要写得稍长。

第三，重叠。如"吕、圭、昌、多、炎、哥"。这类字上下同形重叠，书写时要适当变化。上部窄小，以收为主；下部宽大，有力地支撑整体。

第四，相等。如"需、蛮、粪、悉"。这类字上下分为两段，所占比例几乎相等，但有的字要注意疏密均匀，穿插得当。

第五，下占。如"昊、岩、晃、置、杲"。这类字下宽上窄，下边的笔画要写得舒展，上边的字稍小，但笔画相对较重，以保证上下相称。

第六，上占。如"雷、番、香、普、春"。这类字上宽下窄，上边笔画多，笔画不宜过重，要写得细而紧密，下边的笔画则要写得相对重一些，避免头重脚轻。

（2）上中下结构。如"意、慧、蕾、翼、曼、莺、鲁"。这类字由上、中、下三个部分组成，但写的时候不能三等分，必须做到疏密得当。

3. 包围结构。

（1）全包围结构。如"因、目、四、曰"。这类字要注意被包围部分的笔画，要疏密得宜。

（2）半包围结构。

第一，左上包右下。如"厅、床、房、居、病、虎、府"。这类字为左上包右下，左部为竖撇，书写时横短撇长，被包部分稍向右外拓，以使左右对称，重心平稳。

第二，左下包右上。如"远、建、世、迈"。这类字左下包多为"辶"，因而要注意长捺的长短适度，被包部分要均匀平正，内外紧密结合。

第三，右上包左下。如"习、司、可、句、匋"。这类字右上包左下，横折钩是主笔，竖直且长，被包部分稍向左移，以期左右平衡。

第四，伸钩包。如"旭、毯、勉、抛"。这类字本来属于左下包右上，但由于是被伸长的钩所包，因而比较特殊，这类字的书写，首先要注意写好伸钩，其长短以包住被包部分为度，被包部分则要向左下靠，以求字的紧密。

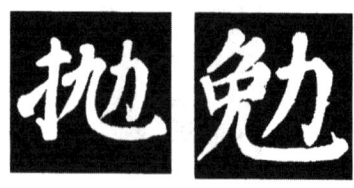

（3）三面包结构。

第一，左包。如"巨、叵、匣、医、匡、区"。这类字需要注意包框的写法，应上横短、下横长，被包部分则要略靠向包框，且不能超出包框。

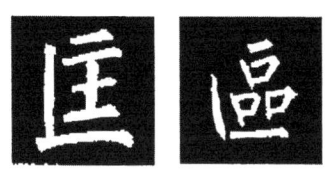

第二，上包。如"周、网、风、同、内"。这类字包框的竖画有的相向，有的相背，因此要注意包框的写法，右略强于左。被包部分居中，要全部包容，不能超出包框底部。

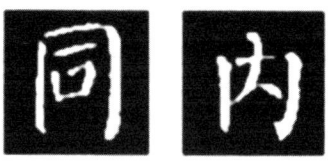

第三，下包。如"凶、函、幽"。这类字虽是下部包上部，但是包框只包一半，左右两竖不宜过高，中间被包部分要突出均匀。

4. 其他结构。

（1）三角结构。如"品、晶、众、森、磊、淼"。这类字三个部分相同，重叠组合在一起，书写时要使三个部分上让下、左让右，三个部分既是一个整体相互照应，又相对独立，各具姿态。

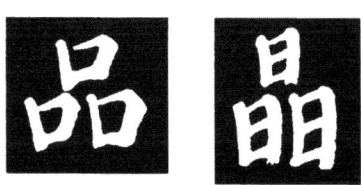

（2）四角结构。如"器、嚚"。这类字虽然不多，但结构特殊，书写时应视字形的俯仰向背、长短疏密，彼此交错接应，四部分所占比例不应为四等分，但是必须写得方正。

（3）联合结构。如"翻、藏、臻、繁、叠、赢、蛮"。这类字笔画繁多，层层累积，字形较大。书写时笔画要轻细，注意笔画间的争占容让，避密就疏，做到左紧右松，上紧下松，内紧外松，使其密而不挤，大而不散。

二、楷书结构的笔顺

笔顺，是指汉字笔画书写的先后顺序。笔顺的正确与否对能否写好毛笔字也是至关重要的，因为一个字的笔画书写顺序，关系到点画与点画之间的关照、呼应，关系到这个字的笔画间笔意的联系以及字形的美观。正确的笔顺是写好毛笔字的关键要素之一。

笔顺是古人在书写实践中不断总结、积累而成的，是由篆书到隶书再到楷书不断发展的结果。笔顺的口诀有七点：自上而下，从左到右，先中间后左右，先横后竖，先撇后捺，先外后内，先进后关。但其中最基本的规律是从左到右、自上而下。这一规律与我们右手执笔有很大的关系，如果先写右边再写左边，右手会将所写部分的视线挡住。

（一）自上而下

"自上而下"是从一个字的上部写起，顺势往下写到底。譬如写"盖"字，先写两点，后写"王"，最后写"皿"。

（二）从左到右

"从左到右"是从一个字的左边往右写。例如写"御"字，先写"彳"，再写"缶"，最后写"卩"。但口诀是死的，不能生搬硬套。譬如"火"字的笔顺是先两点，后写"人"，如果从左到右，写成下图那样就错了。竖心旁的笔顺应该是先写两点再写长竖，而不能从左到右。否则，若先左点再长竖最后写右点，其结果是点到竖画的起笔处，再从竖的收笔处到右点，来回走了冤枉路（见下图），不如先两点后长竖（或先长竖后两点）好。"方"字是写完点横再写钩，继而写撇，钩与撇之间有笔意的呼应，反之如下图就不美观。写"道"字须先写"首"再写"辶"，不能硬套"从左到右"而先写"辶"再写"首"。

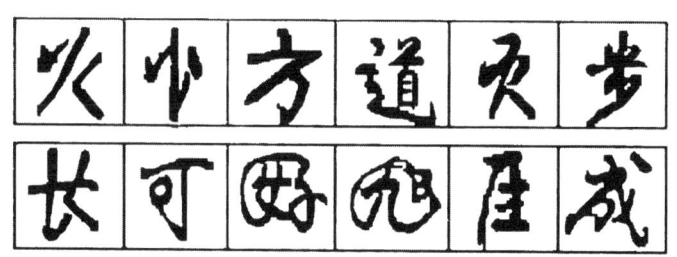

（三）先中间后左右

"先中间后左右"，指遇到以中间部分为中轴而左右对称的字，要先写中间，后写两边。如写"小"字，先写中间的竖钩，再写左右两点。这是因为只有先将中间位置固定了再写两边，字才不会写歪。但是写"灭"字时，却不能先中间而写成如上图那样。

（四）先横后竖

"先横后竖"，是指先写横画再写竖画。如"土"字的笔顺是横、竖、横。但"步"字是从上而下，先写中间的竖，再写右短横再左短竖，继而写长横及下面的"少"。不能写成上图那样。"长"字是先撇后横再竖钩，最后写捺，不能先横后竖再撇捺（见上图）。"可"字笔顺是先横后"口"，最后写竖钩，不能先横后竖钩最后写"口"（见上图）。"女"字是最后写横。若写"好"字时先写横，其效果就非常糟糕了（见上图）。可见，"先横后竖"只是一般规律，不能硬套。

（五）先撇后捺

"先撇后捺"，指有些字撇捺并存，应先写撇后写捺。如写"会"字，应先撇后捺，再写"云"；"义"字可先撇后捺，也可先点后撇捺，两种方法均可以。写"九"字也应先写撇后写横折弯钩，不能反之。不然写"旭"字就要多走许多弯路（见上图）。

（六）先外后内

"先外后内"，指有外框的字，先写外后写内。如"同"字，要先写外框，再写"一"和"口"。

（七）先进后关

"先进后关"，指全包围结构的字最后写底横。如"国"字，先写左竖，再横折竖钩，将三面外框写好后写"玉"，最后写横封口。

以上七点亦只是一般规律，有些字的笔顺是对的，但快写时却不美。如"臣"字，先横后竖快写就不美（见上页图）。再如"成"字，先横后撇也不佳（见上页图），这就需要仔细琢磨。有些字有多种笔顺，并一直沿用至今，是约定俗成的，需借鉴古代书家的各种不同的写法。

总之，我们只有掌握汉字书写的一般规律与特殊规律，才能将毛笔汉字写得更精到、更合理、更美观。

三、钢笔楷书

钢笔字书法，简单地讲，就是用钢笔进行书写并且讲究写字的方法。它与传统的毛笔书法是相对而言的，只不过书写的工具不同而已。它是以汉字为表现对象，以硬笔为表现工具的一种线条造型艺术；不仅有实用价值，而且有很高的审美价值；它能陶冶情操，寄托思想情感；优秀的硬笔书法作品同优秀的毛笔书法作品、绘画、音乐、雕塑、舞蹈、戏剧、诗歌等其他艺术形式一样给人以美的享受。

需要指出的是，作为一种艺术门类的硬笔书法必须与低层次的硬笔书写区分开来。低层次的书写即写字，仅要求能较好地掌握汉字基本笔画和框架结构，把字写得匀称秀美。高层次的硬笔书法艺术是在把字写好的基础上，同时讲究美的视觉效果，并能融入书写者的思想感情，体现主体的文化内涵，给欣赏者带来审美情趣的一门艺术。

（一）钢笔楷书的笔画

钢笔楷书有提顿、藏露、方圆、快慢等用笔方法。不同的用笔方法产生不同的形态、质感的线条，不同的线条需要不同的用笔方法去体现。钢笔楷书字形较小，线条粗细变化不大，如果书写时用笔稍不注意，笔画就达不到要求，会出现软弱无力、僵硬死板等问题。因此，书写者必须经过严格训练才能掌握用笔方法。钢笔楷书的每一个笔画的起笔和收笔都要交代清楚，要求工整规范、干净利落，不能潦草、粘连。但是笔画与笔画之间又要有内在的呼应关系，使笔画达到既起收有序、笔笔分明、坚实有力，又停而不断、直而不僵、弯而不弱、流畅自然。

（二）钢笔楷书的结构要领

钢笔楷书结构方整，在结构上强调笔画和部首均衡分布、重心平稳、比例适当、字形端正、合乎规范。字与字排列在一起时要大小匀称、行款整齐。虽然也有形态上的参差变化，但从总体上看仍是整齐工整的。

正是基于以上原因，历代的许多书法家都主张把楷书作为学习书法的第一步。现行的九年义务教育小学语文教学大纲要求，学生在小学阶段主要是学好钢笔楷书，打好基础，为上中学写行楷书创造条件。实践证明，只有经过系统的楷书练习，才能了解汉字笔画和结构的特点和要求，才能掌握汉字的组合规律，为学写行楷书奠定书写基础，从而练就一手合乎法度、流畅自然的行书和草书。练习楷书，应从笔画和结构两方面下功夫。练习笔画，主要解决用笔方法问题，目的是生产合格的"零件"；练习结构，主要解决笔画和部首之间的组合方式问题，目的是学会结构方法，只有掌握结构规律，才能将字写得端正、整齐、美观。

（三）钢笔楷书的书写要领

汉字是由笔画组成的，笔画是构成汉字的最小结构单位。钢笔楷书的笔画以单线条为其表现形式。由于汉字结构的千变万化，不同的笔画表现的线条形态不同，同一种笔画在不同字的结构中又表现为不同形态的线条。概括起来，主要有以下特点：

1. 直与弧。一般横、竖为直；撇、捺、钩为弧。书写时，做到直如线、弧如弓，直而不僵、弧而不弱。

2. 弯与折。一般带有弯的笔画，如竖弯、竖弯钩的弯处为弯；折画的折处为折。书写时，弯处要圆转，用提笔；折处要折中带圆，用顿笔。做到弯而不软，折而无死角。

3. 长与短。这是笔画之间相比较而言的，是由字的结构需要决定的。如长横相对短横为长，短横相对长横为短；长竖相对短竖为长，短竖相对长竖为短；长撇与短撇也是同理，等等。

4. 粗与细。粗与细也是笔画之间相比较而言的，是因笔尖用力大小不同而形成的。如横、竖下笔和收笔较重，线条粗；行笔较轻，线条较细。带有尖状的笔画，如撇、钩、捺、提画的下笔和行笔较重，线条较粗；收笔时（捺画的下笔处）用提笔，线条细，出尖。

5. 斜与正。这是指汉字笔画形态的可变性。同一种笔画在不同结构类型的字中其形态会发生一些变化，以求得结构的平稳。比如撇画，在"人"字中写成斜撇，而在"月"字中就要写成竖撇；横画在"上"字中要平，而在"七"字中就要写成左低右高的斜横。这样"七"字的笔画才均匀，重心才平稳。

上述笔画的这些特点，反映了钢笔楷书线条的丰富性、可变性，从不同的角度体现了汉字笔画线条的动态美和力度美，为钢笔书法的艺术创作奠定了基础。

学习楷书，首先要从练习笔画开始，笔画书写得好与坏，直接影响到字的结构效果。笔画好比零件，结构好比装配，笔画写得笔笔过硬，装配成字，就容易做到个个合格。钢笔楷书的笔画书写的要求，主要可概括为三个字，这就是"写、挺、准"。

写，就是书写每一个笔画都要有下笔（或重或轻）、行笔（轻一些，线条或直或弧或弯）、收笔（或顿笔或轻提出尖）三个步骤，不能平拖或平画。在汉字的基本笔画中，横画比较能代表各种笔画的运笔过程。其道理在于：千万条笔画，生于一点，以点成画，积

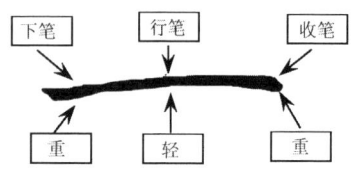

画成字。比如一点延伸到右方就是横，横垂直向下就是竖，横向左下就是撇，向右下就是捺，等等。只要掌握了写横的基本要领，即重下笔、轻行笔、重收笔，就可以很好地掌握书写技巧。其他笔画也离不开这条运笔线，只是用力部位和形态不同而已。横画运笔路线，如上图所示。书写笔画时，是斜，还是平拖平画，其表现出的效果是不同的。如下图所示：

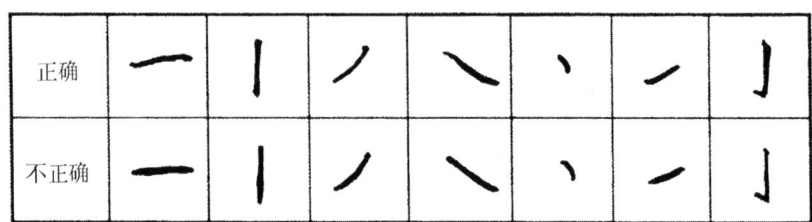

挺，就是要将笔画写得挺拔、刚劲、有力。体现笔画"挺"有两个主要因素：①带有横或竖的笔画要平、要直，笔画不能上下或左右颤抖，做到直如线。②带有"弧"或"弯"的笔画不能出现折弯，应圆转自如，做到弯如弓。如下图所示：

正确	二	人	八	了	心	儿	飞
不正确	二	人	八	了	心	儿	飞

准，就是每写一个笔画之前要看准下笔的位置，这主要指在临摹字帖过程中要注意：①看准字帖上字的笔画在格子中间的位置。②看准笔画的形态，同一种笔画在不同字的结构当中或在同一个字的不同部位有长、短、横势、竖势、斜势

等不同的表现形态，应看准、写准。③看准笔画的粗细，是重下笔还是轻下笔，收笔是顿笔还是出尖，要看准、写准。做到位置准确、长短适宜、粗细恰当。如下图所示：

正确	三	六	王	木	女	小	千
不正确	三	六	王	木	女	小	千

（四）钢笔楷书笔画的特点与写法

1. 横、竖、撇、捺。

（1）横。横画要写平稳，因为横在一个字中起平衡作用，横不平，则字不稳。横有长、短之分。

长横的写法：下笔稍重、行笔向右较轻，收笔略向右按一下，整个笔画呈左低右高、向下俯势的形态。由于人视觉的错觉，横画不能写成水平，而应写成左低右高，收笔时稍按一下笔，使笔画变重些，这样，看起来才显得平稳。所以，人们常说的"横平竖直"，不是指横水平书写，而是指看上去要平稳。如下图所示：

笔画	起笔	行笔	收笔	字		例	
一	、	一	一	上	下	五	土

短横的写法：轻下笔，由轻到重向右行笔大约写到长横的一半时停笔即收。笔画稍向右上仰。如下图所示：

笔画	起笔	行笔	收笔	字		例	
一	、	一	一	三	二	王	

（2）竖。竖画要写垂直，因为竖画在一个字中往往起着关键的支撑作用，

竖不垂直，则字不正。竖有垂露竖、悬针竖和短竖之分。

垂露竖的写法：下笔稍重，行笔垂直向下较轻，收笔稍重。如下图所示：

笔画	起笔	行笔	收笔	字		例	
丨	丶	丨	丨	个	川	书	开

悬针竖的写法同垂露竖，只是收笔时由重到轻，出锋收笔，笔画出尖。如下图所示：

笔画	起笔	行笔	收笔	字		例	
丨	丶	丨	丨	十	平	丰	半

短竖，写法同垂露竖，只是笔画较短，短竖要写得短粗有力。如下图所示：

笔画	起笔	行笔	收笔	字		例	
丨	丶	丶	丶	口	旧	土	士

（3）撇。撇画在一个字中很有装饰性，如能写得自然舒展，会增加字的美感，有时还与捺画相对称，起着平衡和稳定重心的作用。撇有斜撇、竖撇、短撇之分。

斜撇的写法：下笔稍重，由重到轻向左下行笔，收笔时出尖。如下图所示：

笔画	起笔	行笔	收笔	字		例	
丿	丶	丿	丿	人	八	入	友

竖撇的写法：下笔稍重，由重到轻向下行笔，行至撇长度的2/3处，向左下撇出，收笔时出尖。如下图所示：

笔画	起笔	行笔	收笔	字　　例			
丿	丶	丨	丿	月	用	舟	风

短撇的写法同斜撇，只是笔画较短。短撇在字头出现时，笔画形态较平，如"千、反、禾、后、丢"等字；短撇在字的左上部位出现时，笔画形态较斜，如"生、禾、失、朱"等字。如下图所示：

笔画	起笔	行笔	收笔	字　　例			
丿	丶	丿	丿	生	禾	失	朱

（4）捺。捺画粗细分明，书写难度较大。捺有斜捺和平捺之分。

斜捺，下笔较轻（轻落笔），向右下由轻到重行笔，行至捺脚处重按笔，然后向右水平方向由重到轻提笔拖出，收笔要出尖。如下图所示：

笔画	起笔	行笔	收笔	字　　例			
乀	丶	乁	乁	大	夫	火	木

平捺，写法同斜捺，但下笔时先要写一小短横，然后再向右下（略平一些）方向行笔。如下图所示：

笔画	起笔	行笔	收笔	字　　例			
乀	丶	乀	乀	之	边	这	近

2. 点、提、竖钩、弧弯钩。

（1）点。点画在一个字中就如同眼睛对人一样重要，是一个字的精神体现。

点画有右点、左点、竖点和长点之分。

右点，轻下笔，由轻到重向右下行笔，稍按后即收笔，不能重描，一次成画。写点关键要有行笔过程，万不可笔尖一着纸就收笔。如下图所示：

笔画	起笔	行笔	收笔	字		例	
丶	丶	丶	丶	主	义	六	文

左点的写法基本同右点，但行笔方向往下略向左偏一些，收笔时要领笔。如下图所示：

笔画	起笔	行笔	收笔	字		例	
丿	丶	ノ	ノ	小	怕	安	农

竖点，实际上是右点的变形，当点在字头居中出现时，人们习惯将点的收笔处与下面笔画连接起来，因此，这种点形态比较直。如下图所示：

笔画	起笔	行笔	收笔	字		例	
丨	丶	丶	丨	京	定	空	室

长点，是在右点的基础上变长，行笔应慢一些。如下图所示：

笔画	起笔	行笔	收笔	字		例	
乀	丶	乀	一	以	头	不	食

（2）提。提画的写法是：下笔较重，由重到轻向右上行笔，收笔要出尖。提画在不同的字中角度和长短略有不同。书写时应该注意区别。如下图所示：

笔画	起笔	行笔	收笔	字		例	
㇀	丶	㇀	㇀	江	地	级	虫

（3）竖钩。下笔写竖到起钩处，稍停向左上钩出，出尖收笔，钩的尖角约为45°，出钩的部分要短一些。如下图所示：

笔画	起笔	行笔	收笔	字		例	
亅	丶	丨	亅	小	水	寸	示

（4）弧弯钩。下笔稍轻，由轻到重向右下弧弯行笔，到起钩处略顿笔，向左上钩出，收笔要出尖。书写时下笔处和起钩处上下应在一条垂直线上。如下图所示：

笔画	起笔	行笔	收笔	字		例	
亅	丶	丿	丿	了	子	手	象

3. 戈钩、卧钩、竖弯、竖弯钩。

（1）戈钩。下笔稍重，向右下弧直行笔，到起钩处向上钩出，收笔要出尖。写戈钩关键是要保持一定的弧度，太直、太弯都会影响整个字的美感。如下图所示：

笔画	起笔	行笔	收笔	字		例	
乀	丶	乀	乀	民	氏	成	我

（2）卧钩。下笔稍轻，先向右下（笔画由轻到重），再圆转向右水平方向行笔，到起钩处向左上钩出，钩要出尖，但不宜过大。如下图所示：

笔画	起笔	行笔	收笔	字		例	
乚	丶	乚	乚	心	必	志	思

（3）竖弯。下笔写短竖，再圆转向右水平方向写短横，收笔稍重。如下图所示：

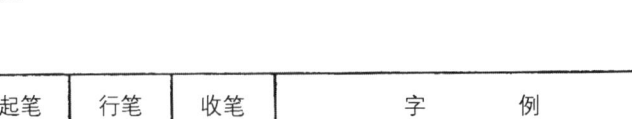

笔画	起笔	行笔	收笔	字		例	
し	丶	し	し	四	酉	西	尊

（4）竖弯钩。在竖弯的基础上，收笔时向上方钩出，笔画比竖弯要长一些。如下图所示：

笔画	起笔	行笔	收笔	字		例	
ㄴ	し	ㄴ	ㄴ	儿	元	见	也

4. 竖提、横钩、横折、横折钩。

（1）竖提。下笔写竖，到适当处略顿笔向右上方斜提，一笔写成，提的收笔处出尖。如下图所示：

笔画	起笔	行笔	收笔	字		例	
ㄴ	し	し	ㄴ	长	民	良	衣

（2）横钩。下笔向右写横，行笔至起钩处顿笔向左下轻快钩出。注意钩不宜太大，要把力量送到笔尖。如下图所示：

笔画	起笔	行笔	收笔	字		例	
⌐	一	一	一	皮	欠	买	卖

（3）横折。下笔从左到右写横，到折处稍顿笔再折笔向下写竖。注意横要平，竖要直，折要一笔写成，中间不可间断。折处不能写成"尖角"，也不能顿笔过大，形成"两个角"。如下图所示：

笔画	起笔	行笔	收笔	字		例	
⅂	一	一	⅂	日	只	回	田

（4）横折钩。下笔写短横，略顿笔后折向下，有时稍稍向左倾斜一点，到起钩处略顿笔后向左上方钩出，一笔写成。如下图所示：

笔画	起笔	行笔	收笔	字		例	
㇆	一	㇆	㇆	习	司	句	勾

5. 横撇、撇折、撇点、横折弯钩。

（1）横撇。下笔写短横，略顿笔后向左下写撇。注意横要稍向上斜一点，撇要出尖，一笔写成。如下图所示：

笔画	起笔	行笔	收笔	字		例	
㇇	一	一	㇇	又	水	永	承

（2）撇折。下笔写短撇，出尖顿笔后折向右上写提，注意折处要顿笔，收笔要出尖。如下图所示：

笔画	起笔	行笔	收笔	字		例	
ㄥ	ノ	ノ	ㄥ	去	云	参	私

（3）撇点。下笔写撇，不出尖，顿笔后折向右下，写长点，收笔较重。注意上部撇和下部长点的角度要恰当。如下图所示：

笔画	起笔	行笔	收笔	字		例	
ㄑ	ノ	ノ	ㄑ	女	始	如	好

（4）横折弯钩。下笔写横，顿笔折向下写竖，尔后圆转向右写横，到起钩处略顿笔，向上钩出。注意弯处要圆转，下面的横要平，钩要小，要出尖。如下图所示：

笔画	起笔	行笔	收笔	字	例		
乙	一	㇄	乙	九	几	凡	旭

6. 竖折、竖折折钩、横折提、横折折撇。

（1）竖折。下笔写竖（有长、短之分），顿笔后向右写横，收笔较重。注意竖要直，横要平，一笔写成。如下图所示：

笔画	起笔	行笔	收笔	字	例		
ㄴ	ㄥ	ㄥ	ㄴ	山	凶	画	区

（2）竖折折钩。下笔写短竖，顿笔折向右写横，再顿笔折向左下写竖钩。注意竖钩既不能太直，也不能太斜，钩要小，要出尖。如下图所示：

笔画	起笔	行笔	收笔	字	例		
㇉	ㄥ	ㄥ	㇉	弓	马	鸟	引

（3）横折提。下笔写短横，顿笔折向下写竖，再顿笔向右上斜提。注意提要短一些、斜一些，要出尖。如图：

笔画	起笔	行笔	收笔	字	例		
㇇	一	ㄱ	㇇	说	语	词	诗

（4）横折折撇。下笔写短横，略顿笔，折向左下写短撇，不出尖，不要太长，再折向右写一小短横，最后折向下撇出，要出尖。如下图所示：

笔画	起笔	行笔	收笔	字		例	
了	一	て	了	及	延	廷	建

7. 横撇弯钩、横折折钩、横折弯、竖折撇。

（1）横撇弯钩。下笔写短横，转折处略顿笔后，写短撇，接着笔尖不离纸写小弯钩，钩的方向往左上。如下图所示：

笔画	起笔	行笔	收笔	字		例	
了	一	了	了	除	院	都	那

（2）横折折钩。下笔写短横，右边稍高些，略顿笔，折向左下写短撇，不出尖，不要太长，再折向右写短横，再折向左下写弯钩。注意最后的弯钩要稍有弧度。如下图所示：

笔画	起笔	行笔	收笔	字		例	
了	一	了	了	乃	奶	仍	扔

（3）横折弯。下笔写短横，略顿笔，折向下写短竖，再圆转向右写短横，收笔较重。如下图所示：

笔画	起笔	行笔	收笔	字		例	
乙	一	て	乙	铅	船	设	没

（4）竖折撇。下笔写斜竖，略顿笔，折向右写短横，再顿笔向左下撇出，要出尖。如下图所示：

笔画	起笔	行笔	收笔	字		例	
ㄣ	ノ	ㄥ	ㄣ	专	传	砖	转

从上面介绍的 28 种基本笔画的书写方法可以总结出汉字笔画书写的运笔规律。一般来说，横、竖、撇的起笔较重，点、捺的起笔较轻；转折处要略顿笔，稍重、稍慢；提和钩，开始要略顿笔、稍重，尔后逐渐转为轻快，收笔出尖；撇、捺出尖。所有笔画都是一笔写成，不能重描。这些笔画在组成汉字时，有的形状会略有变化，因此，在书写时，要注意多观察，把笔画形状写准确。

思考题与练习

1. 研读教材，掌握楷书基本笔画的书写方法和用笔技巧。
2. 课下加强练习，掌握楷书的结构。
3. 加强练习，掌握钢笔楷书的书写技巧。

第三章 行 书

内容提要

　　本章介绍了行书的相关知识。其中包括行书的笔画，并详细介绍了行书中的各类点画的书写方法、"天下第一行书"《兰亭序》及其临写要点以及实用的钢笔行书知识。

关键词：行书　兰亭序　笔断意连　钢笔行书

　　行书，相传为后汉桓灵时的颍川人刘德昇所创，行书萌芽于古隶时期，成熟、完善于魏晋之间。王羲之《兰亭序》墨迹，被前人誉为"天下第一行书"。自晋以来，凡善书者无不工行书。行书在书法艺术中形成了一个大的体系。

　　行书是介乎正楷和草书之间的一种书体，兼楷者谓之行楷，兼草者谓之行草，由于这种伸缩变化，行书既不像楷书那样规矩，也不像草书那样奔放难认，因而它除了有艺术价值之外，还有着广泛的实用意义。

　　行书不同于其他书体，不仅形式美观，富于变化，而且不像其他书体受各种形式的制约。行书没有固定的法式，本身有着极大的伸缩性，不受任何界格的限制。正因为这样，从实用的角度来说，行书优胜于其他书体。

　　唐代的四大家（欧阳询、颜真卿、褚遂良、柳公权）及五代的杨凝式，不仅是写楷书的高手，其行书也是极受推崇的。颜真卿的行书名作《祭侄文稿》被世人誉为"天下第二行书"。

　　从书法展览会中也可以看出，行书作品数量最多，而较能吸引观众的也多是行书。如招牌、门额上的题匾、春联，报纸、杂志的题头，书籍封面的题签，以及喜报、奖状、奖旗，还有国画中的题诗、题字等，大都使用行书。清代文学家刘熙载在《艺概》中说："行书行世之广，与真书略等，篆隶草皆不如之。"此语言之成理，也更加说明行书在书写中所占有的绝对优势。

　　行书是楷书的小变，是楷书点画流动的产物，它由楷书简化、延扩而成，通过笔画的变异改变楷书的笔法与结构，将"独立"变为"牵连"，"繁写"变为"简写"。行笔比楷书率意，结体比楷书流动。

　　总之，行书就是运用了草法，部分地减省楷书的笔画，以草书用笔的放纵性冲破楷书用笔的严谨性，形成的楷法和草法融汇一炉的书体。

　　行书笔画的勾、挑、点、画之间的游丝，就是利用草书的笔法；其笔画中的勾、挑、点、画之间若没有游丝的牵连，就是楷书的笔法。所以行书的特点可归结为：起笔如楷，连笔如草，点、画应接，笔断意连，主笔沉着，连笔轻细。

　　任何书体都离不开气韵、血脉的贯通，若失去了这点，其艺术效果便会减损。行书贵乎秾纤间出，映带安雅，首尾相应，血脉相连，亦即"笔断而意连"之意。从连笔上要徐行缓步，但运笔不宜太迟，迟则痴重而少神，也不宜太速，速则窘步而失势。也就是说，不能一直溜下，要居静以治动，潜气内转，只有这样方能得其神采和筋骨。总之，行书运笔要心平手随，飘逸而沉着，拨转内涵，使含蓄以善藏，勿峻峭而露巧，则筋力老健，风骨洒落。

第一节　行书的笔画

　　行书的结体近于楷书但又不完全受楷书的束缚，近于草书而又没有草书的简省和放纵。书坛泰斗启功先生在谈到行书时曾打了个比方："写字就如同我们乘公共汽车，楷书要求每一站都下，而行书却省略某些站。"但事实上行书的结体远不是这么简单，归纳起来，主要有如下特点：

　　1. 在楷书行笔的基础上，加快一点步伐。加强笔画之间的牵连照应关系，从而使字的神情变得活泼一些。被称为"天下第一行书"的王羲之《兰亭序》中"天朗气清""畅叙幽情"等就是典型的行楷字。如果楷书掌握得好，写起行书来就比较容易。

　　2. 不再像楷书那般方正端庄，而有敧斜之势，形成了自己新的体势。楷书除了极少数以斜取正的字以外，体势都要求方正端庄，横画的斜度也不可过大。行书在一定程度上打破了这些戒律。横画可以大幅度上斜，以抬高右上角；笔画的走向也可以偏离原来楷书的轨迹，而使字从个体到全部都变得自由活泼起来。行书的这些特点在王羲之《兰亭序》和《圣教序》中体现得淋漓尽致。

　　3. 减省笔画、体势多样。行书在书写的过程中可以省略楷书的一些笔画，从而更加便捷，看起来也活泼一些。而体势上，行书的体势与楷书相比更是千姿百态。总之，硬笔行书的结体较之楷书要灵活多变得多，但我们在书写过程中要切记：行书不是简单的潦草，而是每一点画都要到位，行书也有着自己的法度和规则。

　　下面以楷书的八种基本笔画为基准，介绍行书基本笔画的几种写法：

一、点画的写法

点画在字形中往往是字的起笔或收笔。作为起笔的点，可以决定字的用笔或结构特征；而收笔的点，则系全字于一身。写得好则可画龙点睛，写不好则成续貂狗尾。一般来说，根据在字结构中的不同位置，可以将点画分为上点、下点、内点和侧点。

1. 上点。上点往往是字的起笔，因此，它的大小、肥瘦、长短、方圆等直接影响字的开局、决定字的基调，甚至影响整幅作品的风格。

上点有方点、圆点和变撇之分。其中方点和圆点的写法略同于楷横，要写得端稳，只是在出笔时可以略为随意，不必太过拘谨。变撇则是将上点变化为撇，并与下面的横画连在一起表示点画。变撇贵劲，撇与横的连接不能太圆滑，否则会柔弱失神。

方点　　　方点　　　圆点　　　变撇

2. 下点。下点处于字的下端，起着托上的作用，一般都比上部稍宽，以达到舒展稳健的效果，但是也随上部形态不同而产生许多变化。

下点有分点、连点和变横。分点的写法略同于楷书，只是相对来说更重于气势，不重形态。连点是将数点相连，一笔写出，其关键是处理好轻重。变横是收下四点变成横，写法用横而稍短，必须注意与其他笔画呼应，融为一体。

分点　　　连点　　　变横

3. 内点。内点常有画龙点睛的作用，因而它的位置和笔法就必须讲究。

内点分为连接点和独点。连接点的笔法不拘，当随形变化，但必须连接在其他笔画上；独点的写法略同于楷书中的圆点，要圆润饱满，注意点的位置及大小必须与整个字形相协调。

4. 侧点。侧点分为两点和三点。两点一般都分开写，往往是上点往下，下点往上，旨在形成上下呼应，写法也比较简单。三点变化较多，可分可连，形态上既可内收，也可外拓，也可变弧。写三点时应注意书画的轻重和连绵，不能板滞。

二、横画的写法

横画在字中往往起着架梁的作用，以保持字形的平衡。由于横画和竖画一样，都是构成字形的主要笔画，因而许多字都有多横或多竖。这种多横或多竖的笔画有时很不好处理，往往容易雷同，因此应多加练习，掌握各种不同横画和竖画的写法，以求变化。根据横画在字形中所处的位置，大致可将横画分为独横、上横和下横。

1. 独横。独横，即"一"字，其虽然只有一笔，有时却很不好掌握。尤其是当一幅作品有多个"一"字出现时更是如此。通常所采用的方法是使它们各俱形态，以求变化，使作品不至于单调，也可避免雷同。

独横有楷横、露入和藏入之分。其中楷横是以楷书横画入行书，是求得变化的一种手段。当一幅作品中有多个"一"字时，第一个"一"往往用楷横，其写法与楷书横画相同，可稍随意。露入和藏入是就横画起笔而言的，前者是露锋，后者是藏锋。它们视情形可长可短，收笔可顺笔带出，也可回锋而收。总之，独横的书写重在随意自然。

2. 上横。上横多为字的首画，对这种上横起笔的字，应根据不同的字形加以变化，这样整幅字才能生动。

上横有露入、藏入、变异、反入及反连之分。其中露入是最常见的上横写法，即自左往右顺锋轻入，再中锋右行。藏入写法与楷横相同，收笔时视情形或下收，或左上收。变异是变上横为点法，稍向右下行，这种写法通常用于连横的第一横。反入则不能从左向右起笔，而是从右向左起，多为顺上一字收笔之势，从右上顺锋落下。反连是指横与撇交叉，变笔顺"横先撇后"为"撇先横后"，撇画收笔上行，顺势写横画。由此可见，上横的写法较多，贵在随机处理。

3. 下横。下横一般是主笔，起托上作用，因此应以稳健厚重为主。

下横有露入、藏入和变异之分。露入和藏入的差别主要是起笔相异，而收笔则可相同，即既可平收，也可左下收。变异是指在写下横时，可变横为点，稍向下，也可变挑，稍向上。

三、竖画的写法

竖画在字中常起立柱的作用，以使整个字形能够立起来。行书中的竖不像楷书那样，要求写得笔直，而是可以稍带弧度，甚至斜行，再加上粗细、快慢和疾涩的不同，可使字体呈现出或豪爽或潇洒或沉着或飘逸的风格特色。根据竖画在字形中的位置，大致可以分为中竖、下竖和旁竖。

1. 中竖。中竖是字的主笔，对字体造型起着支撑作用，以保证字形不偏不倒不斜。

中竖分为边行和中行。如"中"字的中竖笔画，在楷、隶、篆诸体中都是取中行笔，而在行、草书中则可以靠在一边，取边行，以求变化。边行笔画的起笔可露可藏，收笔可直接拖出，可顿，也可稍微向左下带出，以连下笔。中行的写法同上，只是行笔位置必须取中间。

2. 下竖。有下竖笔画的字很多，在书写时，与边行和中行竖画写法相同，只是长度稍短，但是必须注意，要根据情况在长短、形状以及断续上加以变化，才不会显得呆板。

下竖有悬针、变点和变钩之分。其中悬针的收笔可稍微向左下行，这样可以使字形显得又飘又劲。变点是指当字形结构中有两笔下竖时，两竖相向，后一竖变点，向左下收。变钩是指当下竖与横画交叉时，变笔顺先横后竖为先竖后横，即竖画写完后，不提起，而是向左上钩去，并转笔连写横画。

3. 旁竖。有旁竖笔画的字也很多。由于它的起笔、收笔、方圆甚至弧度的大小，都直接影响着它与其他笔画的搭配，也直接决定了字形的美观与协调，所以，或左或右的旁竖在行书中是一种较难处理的笔画。

旁竖有垂露、内收和顿收之分。其中，垂露的写法与楷书的垂露相比，可稍随意。内收则因其收笔有明显的出锋，可与其他笔画势连，故而是行书中写旁竖时采用较多的一种写法。要注意的是，内收在出锋时，必须轻按快提。顿收是指在收笔时稍顿，然后快速提笔而收，这种笔画一般都写得较短。

四、撇画的写法

撇画在字形中占有重要地位。写好了，能使整个字活起来；写不好，整个字就失去了精神。写好撇画最基本的原则是：宜直不宜弯，贵在劲挺有力。根据在字形中的位置，撇画可以分为头撇、侧撇和内撇。

1. 头撇。也称上撇，往往是一字的首笔，加上撇画的用笔一般都较重，这样，它在字形中的位置就比较突出，因而在写法上不能千篇一律，而应有所变化。

头撇分为露入、藏入和连竖。其中露入和藏入的起笔分别为露锋和藏锋，而收笔则多为出锋。连竖的特点不在起笔，即起笔可露可藏，关键是它的收笔不出锋，而且笔不离纸，顺势与下面的竖或竖钩相连，再接着写竖画。

2. 侧撇。汉字中含有侧撇的字较多，行书侧撇多为中锋圆笔，略有弧度，不像楷书多有直笔撇出。

侧撇分为露入、藏出、内弧、外弧和直收。露入和藏入指侧撇的起笔不同，收笔则同为出锋。内弧和外弧是指侧撇的行笔不同，一是向内划弧，一是向外划弧。向内划弧的笔画形状与一般撇画一致，即保持撇画上粗下细或上下均匀的特征；向外划弧的笔画，其线条则是上粗下细或上下稍细中间粗。直收的写法是：起笔后，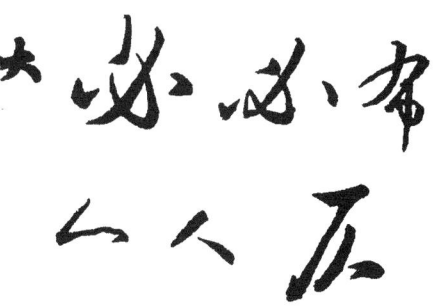
渐加力下行，弧度不宜太大，使得线条较直；至收尾处再加力，形成下粗上细的线条；稍顿后，向上迅速提笔收回，可稍出锋。

3. 内撇。内撇很多是联撇，凡遇此种情况，楷书通常将联撇的笔画写得角度一致、长短相齐，但在行书中应力求变化。

内撇分为内收和出放。内收是指联撇的笔画不出外围字形，出放是将末撇撇出外围字形，这种出放写法的收笔有时用顿笔，但必须注意协调。

五、捺画的写法

捺的写法在行书中变化很多，但只要有了楷书的底子，通过练习后，就不难掌握其写法。捺写好了，整个字才能"活"起来。

写捺画最重要的是要沉着运笔，该到的地方，笔一定要行到；笔画应从容舒展，切忌草率从事。

根据捺画在字形中的位置，可将其分为上捺、下捺和侧捺。

1. 上捺。上捺总是与上撇一起构成字形大的框架。它们的长短、角度、粗细、形状都直接影响下部的字形，因而应根据不同情况妥善处理。

上捺分为出弧、直捺和反扣。出弧与楷书捺画一样，可稍随意，起笔可露可

藏，收笔直接捺出，回锋而收。直捺的捺画略成直形，中间少带弧度。反扣与出弧相反，向外出弧。

2. 下捺。下捺多为字的托上部分，是一个字的主笔，必须认真对待。

下捺分为中曲、反扣、上挑和变异。其中，中曲的写法与楷书同，可稍随意；反扣向上行笔画弧；上挑的下捺收笔既不右收也不下收，而是上挑；变异则是收下捺变为短横或竖折横或短弧。

3. 侧捺。侧捺在行书中有时作为主捺，但更多的时候不做主捺，做主捺时，写法应比较突出，不做主捺则应注意变化。

侧捺分为出弧、反扣和变点。出弧与出弧的上捺同，只是起笔可以露入。反扣与反扣的上捺写法相同，只是角度、长短有区别。变点则用圆点而稍长，收笔向左或左下出锋而收。

六、钩画的写法

钩画的种类很多，在行书中的变化也很多，因此，在掌握钩画的一般写法后，应灵活运用各种方法，使得作品变化多姿。无论何种风格的字体，钩画都需要写得沉稳有力，故而出钩前必须注意姿势，如果随意出钩，则不是轻佻无力，就是出钩不畅。

钩画根据其不同形状，可以分为竖钩、横钩、戈钩、浮鹅钩、曲弯钩等。

1. 竖钩。竖钩是最常见的钩，有长短之分。长者宜直，短者应有力，关键在钩的部分。

竖钩分为直顿、圆转、出波、外展和顿方。直顿是在写完竖画后稍顿，向左上钩出。圆转多用于短竖钩，在写完竖画后圆转出钩。出波钩起笔轻，至竖画末尾渐重，稍顿，再由重到轻，偏左下出笔。外展以竖画起笔，先内行，再外展，顿而左上出钩收笔，出钩可略带外弧。顿方行笔至钩处，顿笔出方，侧锋横推，向上轻轻提笔，略带钩挑出，注意沉着行笔。

2. 横钩。横钩又叫"横折钩"。横钩在结构中起覆下作用，横画应宽展，钩画应与左边点相称，不能过大或过小。

横钩分为顿折和使转。顿折是在写完横画后，稍顿即提笔向左下钩出。顿折有轻重之分，轻顿轻灵，重顿厚重。使转是横画写至钩处不停顿，转笔仍以中锋顺势向左下钩出。

3. 戈钩。戈钩是斜钩，又往往是字的主笔，因而其开张收缩、角度大小、粗细、长短、曲直，都直接影响字形的稳正，书写时当认真对待。

戈钩分为出钩、出波、省略和内敛。其中出钩是最常见的。

4. 浮鹅钩。浮鹅钩往往是字的主笔，但由于其笔画走向主要为直与横两个方向，因此在结构上不难处理，只需要把握比例协调就可以了。

浮鹅钩分为楷钩、顿收、轻转、变点和轻挑。楷钩的写法同楷书浮鹅钩，可稍随意。顿收钩前面竖弯的部分同楷书，至钩处不出钩，顿笔而收。轻转采用中锋轻转，提笔轻行，行笔路线同楷钩，可稍随意，转笔后，略上行。变点是将浮鹅钩变成长点或长竖。轻挑前半部分写法略同于变点，露锋入笔，渐加力，略带外弧向右下行，稍顿，右上提笔而收，收势宜稍慢。

5. 曲弯钩。曲弯钩以"心"字做部首，一般位于字的下部，占字形的 1/3 甚至 1/2。

曲弯钩分为楷钩、变点和变横。楷钩的写法同楷书曲弯钩，只是起笔、收笔可稍随意。变点其实是"心"字快速连写后的变形，最后简化为三连点的形状；也可将第一点同第二、三点分开。变横则是在三点基础上进一步简化，将整个"心"字变成一条短横。

七、挑画的写法

挑画在字中一般不做主笔，笔画形状也较小，但由于它是斜笔，而且往往顺上连下，因此在字形中比较显眼，写不好会影响整个字的美观。根据挑笔的起笔，可将其分为露挑和藏挑两种，其余就是在此基础上的各种变化。

1. 露挑。露挑是由上一字的收笔顺势顺锋露入，稍顿，向左下挫，再折笔向右上挑。

2. 藏挑。向左上逆起，转笔向下，稍顿，右上挑出。

八、折画的写法

折画在汉字中应用很多，但因其结构使然，不能做大的形态变化，只能在笔法上稍加变化。根据折画在折的时候的笔法特点，可将其分为方折和圆折。

1. 方折。写法略同楷书折画，可稍随意。

2. 圆折。运用中锋使转笔法，中间不停顿，变横竖连接的折为画圆，一笔写就。

第二节　《兰亭序》简介及其临习要点

王羲之的《兰亭序》是中国书法史上声名最为显赫的一件杰作，有"天下第一行书"之誉，其权威性和独特魅力几乎令后世所有学书者为之倾倒。这篇举世名作是王羲之在东晋永和九年（公元353年）三月三日于浙江山阴兰亭举行的一次文人名士雅集上书写的诗集序言草稿，相传真迹经过曲折流转而最终落入唐太宗李世民手中。唐太宗收得《兰亭序》后，曾命弘文馆冯承素等人用双钩填墨法摹写了许多副本，分赠诸皇子及大臣。而真迹则随李世民殉葬昭陵，不复存世。因此留传至今的各种《兰亭序》书迹都是出自当时的拓书人之手或是擅长书法的近臣如虞世南、褚遂良等人的临摹本。因其笔画之间连带较少，结字又较规整而近于楷书，故又有"行楷"之说。

《兰亭序》笔画灵动多姿，笔法丰富多样，线条变化微妙细腻，结体亦庄亦趣，神采放逸，优美精致。下面简述临写《兰亭序》的要点，希望对练习者学习这一经典杰作有所帮助。

1. 由于《兰亭序》笔画精致入微，笔法变化和表现力极为丰富，初学者较难入门，所以在临写之前应具备一定的楷书书写基础，对笔画书写技巧和书法线条有一定的认知、理解及表现能力。

2. 临写时，首先应以单个字为观察和练习对象，对构成单字的基本笔画的形态、意趣、运行轨迹、取势等熟记于心，然后进行单字临写。只有单字临写过

关了，才有可能在整体临写过程中有所收获。一开始就整行甚至整篇地"抄写"是无益的。在临写不同的单字时还要对形态相似、相互关联的笔画进行比较，寻找相同之处和细微差别，以达到举一反三、触类旁通、"百字过关"的目的。此外，由于《兰亭序》字径较小，临写时，根据各人的喜好和习惯，可以用较小的毛笔原大临写，亦可以将单字放大写成3~10厘米或者更大。

3. 用笔宜灵活、轻巧、生动。建议初学者使用弹性较好的兼毫或狼毫在半生熟宣纸或毛边纸上临写，既有一定的吸收和渗透效果，又能让笔画形态清晰、准确地表现出来。行楷书的笔画虽多各自独立，但也有不少连续转折之处，应对较难掌握的笔画反复操练直至娴熟，只有笔画熟练了才能构成单字，进而成行、成篇临写。

4. 关于整体临写。笔画和单字临写达到了一定的水准时便可以进行整行、数行乃至通篇的临写。在一行当中，特别要注意到字与字之间的空间连续和启承映带关系，使其相互衔接连贯，气韵流畅生动。《兰亭序》因是即兴书写的"草稿"，其每行之间的空间较小，以这种较为密集的行间距应用于创作似乎有点不符合现代人们的观赏习惯。于是为了初学者临习的方便，产生了对《兰亭序》进行"重排"的设想。事实上大多数人在临写时也都是不自觉地把行间间隔作了一定拉开的。此外，对于原帖中的涂改之处也没有必要照搬。上述这些并非对经典杰作的篡改，而是因为临习只是学习的手段，不是目的，没有必要完全再现，事实上也再现不了。

5. 关于向创作过渡。当临写了一定时间，对《兰亭序》有了比较深刻的认识，对线条和结体有了一定的理解和表现能力时，便可以开始尝试用行书进行自选内容的创作。进入创作便应对书法作品的格式有所了解，如中堂、条幅、斗方、横批、扇面、对联等，对章法、布局、题款、钤印等也应该有所了解，因此要多接触与书法有关的报刊资料，多阅读和理解古今诗词文赋，增加文化方面的修养。书写时要尽量"再现"《兰亭序》的笔画和结体形态，并且用所掌握的笔画和结体对帖中不曾出现过的字进行组合。同时应该重视学习与书法有关的理论知识，如书法史、书法美学、书法欣赏和批评，以及关于笔法、章法等方面的论著。还应勤思考，多交流，积极参与各种与书法有关的活动，接触有书法专长和对书法感兴趣的人，诚恳请教，虚心学习，勇于不断否定自我，定能获得成功。

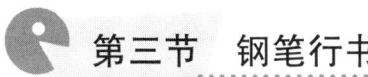

第三节　钢笔行书

在司法文书当中，采用最多的是钢笔行书，因此掌握钢笔行书的写法具有重要的意义，钢笔行书笔画的用笔方法与毛笔行书一样。

一、钢笔行书的特征

同楷书相比，行书具有以下几个方面的特征：

1. 减省点画。为了书写简便，行书对楷书的某些部位作了简化，或减省点画，或并合线条。如"话"字的"言"字旁，原楷书繁写为七画，写行书就只有两画，省去了五画；"然"字的"四点水"，由四点变为一横，省去了三画；"近"字的游水，由一点三弯折加一平捺，简化为一竖横折，也省掉若干弯曲波捺；"佛"字中间原是变形的"弓"字，现用横折弯钩代替，一下子省去了两弯。减省点画，在字的部首偏旁方面用得最多。

2. 笔势流动。

（1）增加钩挑与牵丝。写楷书要求点画分明，一笔一画地写，写行书则可点画连起来，在点画之间增加钩挑与牵丝。钩挑是在没有钩挑的点画上，顺势写出短钩，如"古"字的横画，"好"字的撇画；牵丝是在前后不相连的点画之间顺势用细细的牵丝相连，如"丝"字中间的点画，"心"字的中右两点。行书的点画之间有了钩挑与牵丝，便显得笔势流动，意态活泼。但需要注意的是，钩挑与牵丝不能太多，否则用笔就显得不干净，造型也不美观了。

（2）改变书写笔顺。行书的书写笔顺，采取的是草书笔顺，同原本的楷书笔顺不同。如"秋、有、戈、也"四个字，前为楷书笔顺，后为草书笔顺。在写行书时，改变书写笔顺一定要因地制宜，因势利导，而且要合乎草书的规范。

3. 用笔灵活。行书用笔比楷书灵活，同样点画的写法不大受约束。如"戈"字，横画写好后，既可以直接从右侧翻笔上去写戈钩，也可以从右侧上去绕个小圈再写戈钩；"也"字的浮鹅钩，由上翻笔向下也行，由下直接写下也行；"木"字旁的"木"，一般是写好横竖画后，笔势从左边写撇挑，但如果从右边翻笔写撇挑，也有道理；至于提手旁的一挑，如果依照楷书写法，由上回锋写一挑固然好，用牵丝把竖钩与斜挑连起来写则更佳。

4. 体态多变。行书是介乎楷书与草书之间的一种字体，其活动范围广，表现力丰富，往往一个字有几种写法，体态多变。如"是"字的四个字尾，"花"字的四个字头，写得有收有放，有工整有写意，同中有异，多样而统一，饶有趣味。体态多变是行书的长处，是楷书和草书所望尘莫及的。

二、钢笔行书的点画写法

钢笔行书的点画写法，尽管来自于毛笔行书，但用笔远比毛笔行书简单，它不强调逆锋起笔、中锋行笔、回锋收笔的法则。

（一）点

1. 带钩点。是由点带出勾挑，如"不"字，目的是牵引下一字。写法是先顺势写长点，用笔要由轻而重、由左而右，钩时再用力顿一下，然后迅速向左下勾出。带钩点要有一定的弯势，不能生硬僵直；线条要遒劲流利，不能软弱迟疑。

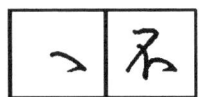

2. 带下点。是指上下两点一笔带下，如"於"（于）字。写法是落笔写上点，用力顿一下，再提笔写下点，最后再用力顿一下，迅速勾出。上点略侧，下点稍平，上下点之间用一细细的牵丝相连。使上下连贯、粗细分明，有形态、有动势。

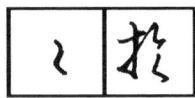

3. 带右点。是由左点带出右点，如"以"字。写法是用笔轻落重按，先写左点，然后提笔写右点，略顿一下用力向右上提出，提钩要短小。写带右点时左点要大右点要小，如两点差不多大，就缺少变化。

4. 合二点。是指左右两点相呼相应，如"六"字。写法是轻落重按写左点，然后用力向右上勾出，再顺着勾势写右点，最后用力向左下撇出。合二点虽然中间没有牵丝相连，但要一气呵成，左点与右点之间应左高右低，遥相呼应。

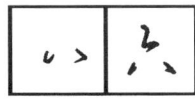

（二）横

1. 下钩横。是指横画下面带钩，如"然"字。"然"字下面本来是四点，现改写为一横画，采用了草书写法。写法是落笔略顿，再向右写横，至末端用力折笔向左下钩出。

2. 上挑横。是指横画上面带挑，如"古"字。写法是在写好一横后，再用力一顿翻笔上挑而出。上挑横与下钩横的不同之处是末端收笔的方向不一样，前者上挑，后者下勾；上挑是为了顺势写上画，下钩是为了开启下笔。

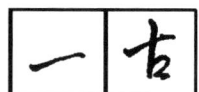

（三）竖

1. 悬针竖。是指竖画下面尖尖的如针倒悬，如"半"字。写法是落笔略顿，接着由上而下、由重而轻写竖画。悬针竖要如针垂直端悬，不能东斜西倒。

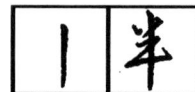

2. 垂露竖。是指竖画下面不失如露水倒垂，如"申"字。写法是落笔略顿，接着由上而下写竖画，至末端再略顿一下，回锋收笔。垂露竖的两端用笔重而中间用笔轻，两端书写速度慢而中间书写速度快，竖中带挺呈曲势，如人挺立，显得精神饱满。

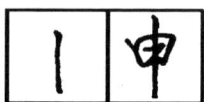

3. 曲钩竖。是指竖画下端带曲钩，如"抑"字。写法是写好一竖后，末端收笔时顺势向左下迅速勾出。曲钩竖的竖中略带曲势，并非一味地端直。

4. 仰钩竖。是指竖画下端带仰钩，如"隆"字。写法是落笔写竖画，至末端再用力向右上勾出。仰钩竖与曲钩竖的差别是前者仰钩向上、由左而右，后者曲钩向下、由右而左；前者是承上笔，后者是启下画。

（四）撇

1. 回锋撇。是指撇画下端回锋向上，如"化"字。写法是落笔稍重，随着向左下写撇，至撇尾再回锋向上收笔。因为撇尾回锋收笔，并非出锋收笔，所以撇尾不失而圆。

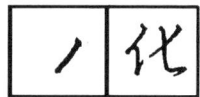

2. 挑脚撇。是指撇画下端挑脚向上，如"今"字。写法与回锋撇同，只是收笔时挑脚而出呈钩状。一般说，回锋撇往往是撇后写竖，笔势角度小；挑脚撇往往是撇后写捺，笔势角度大。

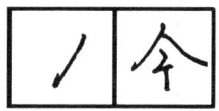

3. 斜撇。斜撇是楷书写法，撇端尖尖的，如"余"字。写法是落笔稍重，然后逐渐提笔向左下撇出，撇时要轻灵不要迟疑，而且力要送到撇尖。

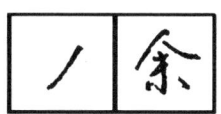

4. 平撇。平撇在字头，短小而平，如"重"字。写法是落笔重，略顿，随后提笔迅速撇出。平撇的形态有点像鸟啄，短小尖锐。

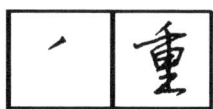

（五）捺

1. 斜捺。是指捺画斜而长，如"秦"字。斜捺在汉字中往往与斜撇相配，如同人的左右手。写法是顺着撇势轻落笔，略横行，接着转笔向右下方写。捺时要稍用力，随即向右平捺出。斜捺的形态是一波三折，故又称"波画"。

2. 回锋捺。是指斜捺的捺脚收笔处不是出锋而是回锋，如"天"字。写法与斜捺同，只是最后回锋收笔，露出下尖钩，目的是为了书写下一字。

3. 反捺。是从斜捺、回锋捺变化而来，如"木"字。写法是轻落笔，触纸后徐徐用力向右下行笔，然后用力向左下勾出。

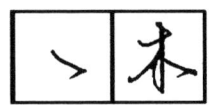

4. 圆曲捺。是指游水捺的三弯处圆曲如环。写法是先落笔写一点，接着顺势写一竖，再提笔向右拐弯，然后回锋或藏锋收笔。写圆曲捺要注意两点：①拐弯要圆曲不能生硬。②捺尾要圆浑不能尖利。

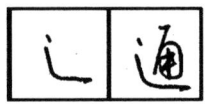

5. 平捺。在字的下面起托的作用，因此字头或字中的斜捺角度较小、波画较平而名之，如"之"字。写法是回锋落笔，略横，随着向右下用笔，然后用力平平捺出。平捺与斜捺一样，形态是一波三折，有一种流动的势态。

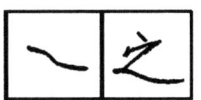

6. 挑钩捺。是指平捺的捺脚上挑，如"超"字。写法是写好平捺后，捺脚不平出，而是顺势上挑成钩状，目的在于便于写"走"字里面的部分。挑钩捺其实是在平捺快写后顺着笔势自然形成的一种写法，不可勉强为之。

（六）挑

1. 短挑。短挑是挑画的一种，线条短小，如"地"字。短挑在行书中是承着其他点画书写而出的，短小精锐，恰似一把短剑。写法是落笔后略顿，随即逐渐提笔用力挑出。

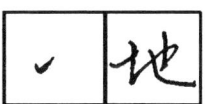

2. 撇折挑。撇折挑是指撇和挑连写，如"福"字。写法是先写一撇，然后折笔用力，向右上迅速挑出。撇折挑要注意折处，书写时点画务必交代清楚，不能含含糊糊，拖泥带水。

（七）钩

1. 蟹爪钩。是指竖钩屈曲似蟹爪，如"寺"字。写法是先写竖画，然后转笔向左行笔，再翻笔向上勾出。蟹爪钩是竖钩的变化写法，形态优美、线条雄健、气势酣畅。

2. 戈钩。即戈字钩，如"戊"字。写法是侧锋落笔，然后纵笔而下，勾时用力翻笔向上勾出。戈画平中带弧有韧劲，刚中含柔见纵势。

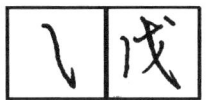

3. 背抛钩。是指从背面反抛钩出，如"凤"字。写法是顺势写上横画，拐弯时折笔而下，然后婉转提笔写下弯画，再翻笔向左上勾出。背抛钩转弯抹角处不能生硬有棱角，钩尖要向内，对着字心首画。

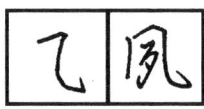

4. 浮鹅钩。因形同白鹅浮绿水而名，如"毛"字。写法是落笔稍重，接着用笔向下写直画，随即提笔拐弯写横，最后翻笔向上勾出。浮鹅钩要鹅头高昂，鹅身平正，方正中呈圆势，态度雍容大方，气宇轩昂不凡。

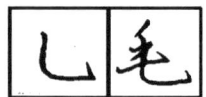

5. 回锋钩。如同回锋捺是斜捺的快写形式一样，回锋钩是浮鹅钩的快写形式，如"也"字。写法是顺势写竖横圆曲折，然后翻笔由上绕一小圈向下勾出。回锋钩与浮鹅钩的不同之处，除了钩的形式和方向不一样外，还在于回锋钩的竖横向内圆曲，而浮鹅钩的竖横向外开拓。向内圆曲得比较婉转流利，向外开拓得比较雄健挺拔。

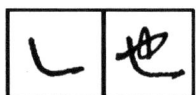

（八）折

1. 横钩折。是指横画加折钩，如"罪"字。写法是落笔先写横画，折时稍用力向左下方勾出。横钩折不仅要横与钩的笔画分明，而且转折要自然有力。

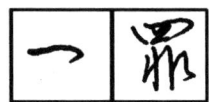

2. 竖钩折。是指竖画加折钩，如"问"字。写法是先写竖画，要心胸挺起，折时不妨笔略提起，再顿下去，然后迅速向左上勾出。

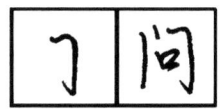

3. 曲折。在行书中用得很多，凡是撇捺连续快写都成曲折，如"根"字。写法是落笔写撇画，接着向右折笔，再随即向下勾。曲折形似闪电，富于动态。

4. 撇捺折。是撇捺的连写，但书写较工整，如"衣"字。写法是落笔稍重，再逐渐提笔写撇，然后回锋向右下方写反捺，即成。撇捺折在撇捺的交接处要连写，要有折的风味。

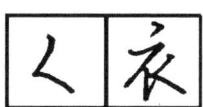

5. 三弯折。是指曲折成三弯，如"乃"字。写法是先落笔写横，再折笔写弯，接着顺势向下弯出。三弯折要折而有韧劲，弯曲自然舒展。

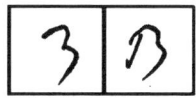

6. 内钩折。是由横撇折的外钩变为内钩，如"序"字。写法是写好横画后，接着翻笔写撇，撇要成内包势，随即趁势向右上勾出。

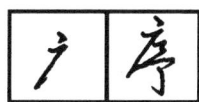

7. 鹅钩折。是浮鹅钩的快速简便写法，如"光"字。写法是依势落笔写短斜竖，随即折笔向右上勾出。鹅钩折的折处要圆润遒丽，用笔要流畅明净。

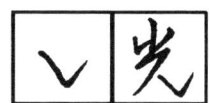

三、钢笔行书的偏旁写法

汉字的偏旁部首是汉字的重要组成部分，写好偏旁部首有利于写好汉字。行书的偏旁部首来自楷书，但书写更为简便。

1. 单人旁。落笔稍重，向左下行笔，随后回锋翻笔，再顺势落笔写竖，先轻后重，最后回锋向右上提出。如"任"字。

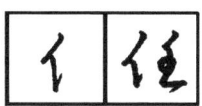

2. 三点水。落笔轻，露锋尖，触纸后用力顿一下，然后勾出，接着顺势落笔写竖钩，勾时用力向右上提出。如"沈"字。

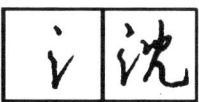

3. 左耳旁。落笔写短横，顺势用笔而下写弧，再顿笔勾出，接着写竖钩，竖钩要挺劲，带有一定的弯势。如"陈"字。

4. 右耳旁。落笔由轻而重写横出折，再顺势写弯钩，然后翻笔而上写竖画，竖如悬针，上粗下细。一般来说，左耳收，右耳放；左耳流利，右耳工整；左耳竖有钩，右耳竖无钩；左耳占地小，右耳占地大。如"都"字。

5. 竖心旁。落笔写短竖，再折笔写短横，然后翻笔向左上，顺势写长竖。有时横竖之间有牵丝相连，并形成一个针鼻孔似的小圈，就更显得玲珑剔透，生动活泼。如"情"字。

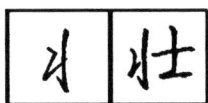

6. 爿字旁。侧锋落笔，略顿，随即高于写竖画，要挺拔有力，至竖末用力向左上勾出，然后顺势写上点，顿一下提笔写下点，再用力向右上挑出。竖与点之间用勾挑相呼，点与点之间用牵丝相连。如"壮"字。

7. 提手旁。落笔写横，再翻笔写竖钩，然后顺势写斜世无双挑。横画略向右上斜，竖钩挺拔带弧势，挑画由左下而右上，线条由粗而细，点画分明有力。如"推"字。

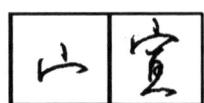

8. 宝盖头。轻落笔重按笔写点，然后勾出，顺势写左竖点，再连着折笔写横，末了折笔用力向左下勾出。整个宝盖头点画呼应，成上包下之势，字头宽敞，能包括或容纳下面部分。如"宣"字。

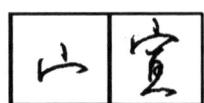

9. 提土旁。落笔先写横画，再翻笔写短竖，然后顺势折笔用力向右上提出。提土旁的提土要写得精悍，同时要与右面部分发生关系，特别是提画。如"城"字。

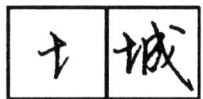

10. 直刀旁。落笔斜写左短竖，再折笔向右上勾挑，然后顺势写右竖。行书中的右竖，不妨写得比楷书长些；竖尾一般提笔直接抽出，也可以向左下勾出。如"到"字。

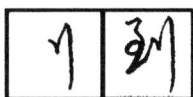

11. 双人旁。落笔先写短撇，回锋折笔写长撇，再回锋向上写竖画，然后顿笔勾出。整个双人旁要一笔写成，虽然用笔有提有按，但笔尖始终没有离开纸面。如"徐"字。

12. 反犬旁。侧锋落笔，随即向右下撇出，顺势另起笔写竖钩，再落笔写撇折挑。反犬旁既可以写成楷书似的勾挑，也可以回锋收笔无勾挑；有勾挑的势必从左上落笔写撇或撇挑，无勾挑的势必从右上落笔写撇或撇挑，用笔的笔势不同，因此字的体态也不同。如"独"字。

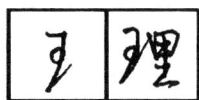

13. 王字旁。落笔写上横，随即折笔写竖画，再转笔向右上顺势写中横，然后折笔向左下写下横。王字旁的三横，要求长短角度有变化，一般来说，上画较短略向右仰，中横略长比较平正，下横最长由左下向右上挑出。三横有变化又和谐，这样安排就饶有趣味。如"理"字。

14. 广字旁。先写上面侧点，接着提笔就势写横，再折笔写撇。广字旁的字是半包围结构的字，往往由左上包右下，因此要注意空间。如"店"字。

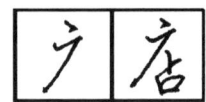

四、钢笔行书的用笔

钢笔行书的用笔与毛笔行书的用笔相同，只是书写更加便捷，其特点是：起笔如楷，运笔如草，点画应接，笔断气连，主笔沉着，连笔轻细。

（一）落笔、行笔、收笔

钢笔行书的每一笔点画，在书写中都有落笔、行笔、收笔三个过程。所谓落笔，就是开始书写点画时的起笔；所谓行笔，就是书写点画的中间运笔；所谓收笔，就是书写点画结束时的用笔。如横画，左为落笔，中为行笔，右为收笔。如竖画，上为落笔，中为行笔，下为收笔。如撇和捺，头为落笔，中为行笔，尾为收笔。落笔有轻有重，行笔有快有慢，收笔有回有露。

（二）提笔、按笔

钢笔行书的用笔也很讲究提按，如无提按，点画就没有粗细变化和轻重的节奏。所谓提笔，就是笔从纸面提起；所谓按笔，就是笔在纸上按下。提笔要轻，笔迹要细；按笔要重，笔迹要粗。如"毛"字的短撇和"领"字的斜撇，右上粗，左下细，都是先按后提；"拉"字的平挑和"钢"字的斜挑，左下粗，右上细，也是先按后提。提笔与按笔，在用笔上总是结合着使用的。

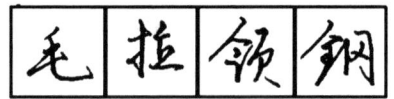

（三）翻笔、折笔

翻笔一般向上取逆势，如"几"字的浮鹅勾、"十"字的上挑横，都是用翻笔写成；折笔一般向下取顺势，如"口"字的横竖折、"山"字的竖横折，都是用折笔写成。不论翻笔还是折笔，都要求用笔慢而有力。

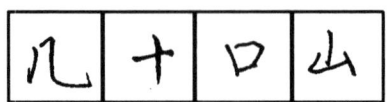

（四）连写笔

连写笔就是点画连写不断，中间用牵丝相连。如"乎"字的平两点、"易"字的两撇、"冬"字的下两点、"思"字的心字点，都是用连写笔写成。用连写笔写出来的字，意态活泼，富有动感。

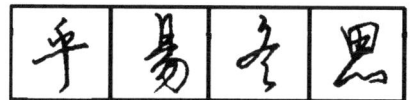

（五）另起笔

另起笔就是点画不连写，而是另起笔写；中间只有势相贯，而无笔相连。如"力"字的撇画、"未"和"文"字的反捺、"生"字的第二横画，都是用另起笔写成。用另起笔写出来的字，用笔简洁平和而有静趣。

（六）侧笔

侧笔就是侧锋落笔的简称。侧笔主要是取字的姿态，笔致比较方折，显得很刚劲。如"五"字的长横、"广"字的侧点、"志"字的中竖、"个"字的斜撇，都是侧笔写成。侧笔的用笔是偏倒一方，竖画横落笔，横画直落笔。

（七）顿笔

顿笔与按笔相似，但用笔要更重而有力。顿笔一般用在点画收笔的勾挑上，如同踢球，先把脚提起，再用力把球踢出去。如"民、家、木、元"等字的勾挑，都由顿笔写成。

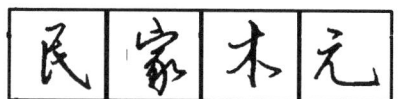

（八）回锋、露锋

钢笔的用笔不像毛笔那样强调回锋，但有的点画如不回锋，也写不好，这时还是要回锋。回锋一般是指在原笔迹上来回，如"之"字的平捺、"走"字的反捺的起笔部分。露锋是锋尖落笔或出锋收笔，使锋尖露出。锋尖落笔，如"之"字的侧点、"井"字的上横；出锋收笔，如"井"字的右竖、"天"字的撇捺。

出锋时锋芒毕露，是字的精神所在。露锋时落笔要轻，收笔要快。

（九）撇出、挑出

用笔撇锋而出叫撇出，如"会"字的斜撇、"月"字的竖撇。用笔挑写而出叫挑出，如"红"字的挑画、"孙"字的挑画。撇出是自上而下，挑出是自下而上，用笔都是由重而轻提笔出锋。撇出或挑出，用笔都要干脆、迅速、有力。

（十）钩出

用笔钩锋而出叫钩出。钩出可以由下而上，如"周"字的竖钩；也可以由上而下，如"空"字的横钩。在行书中，有的点画的钩出是为了书写流利而一笔带出来的，如"却"字的右竖、"大"字的反捺。凡钩出处，必须先顿笔一下，然后提笔钩出。

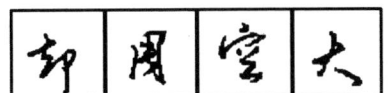

（十一）顺势

顺着笔势而书写成画叫顺势。如果点画相连，那么顺势的用笔则成了连写笔，如"春"字的三横、"火"字的点捺；如果点画相断，那么顺势的用笔则成了另起笔，如"上"字的横与竖、"下"字的竖与点。由于顺势用笔，行书才获得生命，点画之间递相映带，有情有态，神完气足，显得特别空灵流动。

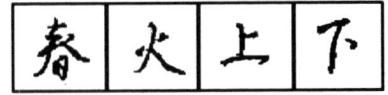

🔍 思考题与练习

1. 按照教材要求，掌握行书的书写技巧。
2. 从实用出发，掌握钢笔行书的书写技法。

第四章　司法笔录的书写

内容提要

　　本章介绍的是司法笔录的书写技巧（包括钢笔字快写）。重点介绍钢笔字快写的要求和要领；快速听写；司法笔录的书写要点，包括用字、用词、用句等知识。

　　关键词：速记　快写　书写要领　听写

　　司法笔录的完成需要若干因素来促成，其中书写技巧是最关键的环节。所以，书写速度与技巧尤为重要，这就要求记录人能够熟练掌握速记技巧，在此基础上求得美观，即能够把握钢笔字的快写，做到既快又美。

　　速记是一种用符号快速记录语言的方法，通过速记符号记录音节信息，并利用缩略符号提高记录效率。速记完成后，需要将速记内容翻译成正常的文字。速记的速度一般可达到每分钟160～400字，因此在许多需要现场记录语言的场合都有过应用案例，例如法庭记录、会议采访、课堂笔记等。在1990年之后，传统的速记技术逐渐被录音和计算机技术所取代。

　　最早的速记大约起源于古希腊。普遍认为，写作古希腊哲学家苏格拉底传记的历史学家色诺芬是最早使用速记的人。速记在罗马帝国时得到普遍的应用，公元63年，太罗设计编纂了一套太罗速记符号词典，以记录拉丁语言。后来许多人使用自己的方法进行速记，莎士比亚和萧伯纳都是使用速记法撰写剧本的，可以快速记录自己的灵感。

　　1588年，布莱特发明了英文速记法，基本继承了太罗的方式，用直线、半圆和圆圈等符号记录英文单词。1837年艾萨克·皮特曼（Pitman，又译"必文"）以正圆和正米字形框架为基础，创造了一套新的英文速记系统——"超速记法"，并将其带到了美国。1888年，约翰·罗伯特·格雷格发明了一种"细线表音速记法"，以椭圆和斜米字框架为基础，该方法写得更快，成为美国最流行的速记法，大约90%教速记的学校都采用这种方法。

　　1896年蔡锡勇按照汉字的拼音编写了《传音快字》，本来是作为汉字文字改革方案的，实际是一种速记符号，是中国最早的速记法。1912年他的儿子蔡璋正式编写出版了《中国速记学》，其基本原则和"细线表音速记法"一样，是以椭圆和斜米字方位框架为基础，以汉语声母、韵母为基本单元设计的，用不同角度的斜线、椭圆和半圆代表各种复合的声母、韵母，是中国最早的速记著作。后来出现的各种汉字速记法基本都以此为根据。

世界上其他国家都有自己的语言速记法，苏联索柯洛夫编写了《苏联国家统一式速记法》，基本以斜线为主，以俄文字母为基础。此外德国、法国等其他国家也都有自己语言的速记法。

现代社会由于快速打字机和录音机的发明，速记法开始逐渐退出应用领域，只在记日记或某些备忘录时还偶尔应用，很少有人再继续学习速记法。但目前基于手机短信和网上聊天的需要，又出现一种打字速记，即用各种缩略语代表单词，汉语中的网上缩略语也可以说是一种约定俗成的速记法。

从目前来说，由于我国文字的特殊性，速记法已经很少用于法庭记录，司法文书的书写一般采用我国特有的、具有悠久历史的行书来进行，而目前最常使用的书写工具——钢笔，也自然而然地成为书写司法文书的必备书写工具。要想成为一名合格的司法文书书写员，首先要掌握钢笔楷书、行书、草书的书写技巧，并以此为基础，练习钢笔字的快写法，以保证书写司法文书的速度和美观。

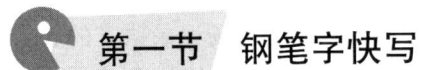

第一节　钢笔字快写

一、钢笔字快写的意义

钢笔字快写，是人们为了适应工作、学习和生活的实际需要，借鉴传统书法，使用现代最实用的书写工具，在实践中形成的汉字快写方法。

钢笔字快写的意义在于其良好的实用性，其实用价值主要体现在以下两个方面：

（一）方便日常生活和学习

人们在日常生活和学习中，随时随地都可能进行文字书写，以此进行思想交流、思维记录、信息保存等。如书写日记、记笔记、写信、摘抄文书资料，甚至签名留言等。这类文字书写既要有其鲜明的特征，又要简捷、实用，而钢笔作为一种目前较为便利的书写工具，在书写中所体现的优势是毋庸置疑的。

当今社会，已经进入科技发达、知识膨胀的快速发展时期，各行各业竞争都趋于白热化，在这样的社会条件下，时间就是金钱，时间就是生命。人们在各种环境中、各种情况下，为了加快书写速度、节省时间，不得不选用最为实用的书写工具和采用快速的书写方法。由此可见，钢笔字快写是人们适应现代生活节奏的一种文化手段。

（二）提高记录工作的效率和质量

在工作中，人们常常需要进行各种文字记录，如谈话记录、会议记录等，而对于司法笔录来说，钢笔字快写的技能则直接决定了笔录的记录效率和书写质量，因此在司法笔录的书写当中，提高钢笔字快写能力是至关重要的先决条件。

正常情况下，普通人的语流速度大约为每分钟 100~150 个音节，而一般人用钢笔书写汉字的速度，只能达到每分钟 30~50 字左右。口语速度和手写速度之间的差距十分明显；因此，对于负责文字记录工作的人员，在书写速度方面必须具有较高的业务水平。

较为严肃的会议纪要、会议记录以及各种司法笔录，都需要存档备查，乃至被引用作为论据或决策、判决的依据，因此记录中的文字不可随意缩减，更不能用别人无法看懂的简省符号代替。正规的文字记录必须用汉字的规范化和通俗化的书法书写。只有加快汉字的书写速度，学会并且练成钢笔字快写的本领，才能完整、准确地记录重要的口语内容，并得以长期保存。毋庸置疑，学好钢笔字快写，是做好文字记录工作的重要前提，也是对每个司法笔录记录人员的必然要求。

总而言之，使用钢笔字快写完全是出于实用的目的，即找到一种方法，能以最简便的方法将汉字写快写好。不过，有一点必须明确，钢笔字快写虽然重在实用，与传统书法之重艺术内涵和欣赏价值有一定的差距，但是它与传统书法之间存在着不可忽视的内在关系。钢笔字快写必须以楷书的笔画、结构为基础，并大量借鉴行书的"行法"、草书的"草法"，只有这样，才能使字写得又快又容易辨认。实践证明，具备汉字书法艺术的理性认识和感性认识，更有利于练好钢笔字快写，也更容易提高钢笔字快写的速度，更能保证钢笔字快写的实用效果。

二、钢笔字快写的要求和要领

（一）钢笔字快写的要求

1. 清晰、易于辨认。快写钢笔字首先必须字迹清晰、字形易于辨认，对于普通文化水平的阅读对象来说，可以轻松阅读、字字分清、一目了然。钢笔字快写的实用目的，主要是让别人查阅，从而能在事后较为准确、完整地了解在场人物的活动和口语内容。因此，无论写多快，都应做到字形稳定，线条分明，每个字都能保持大众化的形体，且能清楚辨认。任何难以识别的草书书法、汉语速记的音义符号以及书写者自己独创的简写方法，都不应该在钢笔快写中出现，诸如

将"武器"写成""，将"失足"写成""，将"永

远"写成" 永 ",将"司法战线"写成" 战 ",等等，一般人难以识别，如果如此随心所欲，一味求简求快，钢笔字快写也就失去了它的实用意义。

2. 整齐匀称。整齐匀称是指快写书法的钢笔字必须排列整齐，大小匀称，间隔合理，墨迹均匀。钢笔字快写是从左向右横向书写的，每行字间的高低、疏密，以及行与行之间的间隔排列，应当相对整齐一致。

每行字的中心线应保持水平，间距相等。汉字虽然是方块字，但是实际书写起来都不是方形。快速书写的钢笔字更是起伏变化、错落不齐，一行中每个字的上下不可能保持在同一水平线上。适当的起伏错落是允许的，但是行列中的字，大小高低的比例要适中，并需保证其相对合理性和协调性。对于每一行字来说，字与字之间的间隔不能过疏，也不可过密。如果过密了，笔画多的字与笔画少的字挤在一起，难以区分，直接影响辨认；如果过疏了，则显得松散零乱，而且会影响书写速度。

钢笔字快写的运笔，前后用力应当均匀一致，避免整幅字页中有的地方笔画粗、墨色浓，有的地方笔画细、墨色淡，看起来墨色不均。

总而言之，无论是字的大小比例、起伏错落、起止连断，还是整个字页的纵横排列、字行间隔、墨迹浓淡，如果不符合整齐匀称的要求，都会干扰、刺激阅读者的感官，从而影响记录文字的可读性和保存价值。

3. 流利快速。钢笔字快写是在清晰、易于辨识的前提下，力求快速。钢笔字快写与书法艺术是不同的，书法艺术用笔变化多端，讲究内力，崇尚沉雄、隽永；钢笔字快写则用笔朴实简捷，追求流动、清晰、利落。俗话说："楷如立，行如走，草如奔。"说明楷书、行书、草书的形象和行笔具有不同的风格。钢笔字快写的行笔与草书一样追求"奔"，只不过因为字形结构的差异，钢笔字快写"奔"的步幅要小些，但是"奔"的频率更快了。

（二）钢笔字快写的要领

1. 行书为主，慎用草书。钢笔字快写的构字方法应以行书的构字方法为主，再辅以草书的构字方法。一般来说，笔画少、笔势顺的字多采用行书；曲折多、快写时必须改变笔画和笔顺的字则可以采用草书。草体字的选用，必须以在群众中流传较广、字形约定俗成、一望可知为标准。例如：

采用草书体将"可"字写成" 可 "，将"至"字写成" 至 "，将"海"字写成" 海 "，这些写法都是人们在日常手书中普遍使用的，大多数人都能毫不费力地准确识别。

有些字，采用行书曲折太多，影响速度；采用草书字形变化又太大，难以识别，如果遇到这样的情况，可选用介乎草书和行书之间，易于辨识又书写简便的行草字。例如：

将"高"字写作" "，将"闻"字写作" 问 "等。

还有很大一部分汉字的草书体，与楷书体、行书体，特别是与通用简化字的字形相去太远，无论如何改写，一般人都难以辨认。例如"某"字的草书体" 某 "，"故"字的草书体" 故 "等，这样的草书体均不可取。

大多数汉字的行书体连笔牵丝、笔画省简，还能保持楷书体的基本形状，所以，钢笔字快写的字形选择，必须严格遵循"简便、快速、易认"的基本原则。

2. 握笔得法，运笔自如。钢笔的握笔方法有普遍性也有特殊性，即存在着共性和个性的区别和联系。共性是指一般人写钢笔字时所习惯使用的斜式三指撮管法；个性是指钢笔的握笔方法实际是因人而异、因字而异的。人们的手指长短粗细、腕和指的灵活程度以及用力习惯都各不相同，存在一定的差异。这种差异或多或少影响到个人的执笔姿势。另外，书写过程中还要根据字形的大小、速度的快慢，相应调节握笔的姿势，以求适应。

相对而言，钢笔字快写的握笔要比正常手书时稍微宽松舒展一些，拇、食、中三指的弯曲程度要稍小一点，力点离笔尖的距离要稍远一点。这样握笔，三指运笔的力点明显伸长，腕部更加放松，利于运笔。总之，如何握笔便于滑行流动，如何握笔灵活自如，如何握笔写字快速有力，就如何握笔。当然，初学钢笔字快写，还应注意在练习和比较中，随时调整，随时纠正，从而养成正确合理的握笔习惯。如果握笔习惯不适于钢笔字快写，则必须纠正，寻找一种能适应于钢笔字快写的握笔姿势，坚持训练，直到熟练自如。

3. 简化笔法，转带圆熟。汉字书法，无论是毛笔书法，还是硬笔字书法，都很讲究用笔，非常重视运笔的方法和技巧。

毛笔书法运笔有提、按、行、驻、捻、转、顿、折、挫、回、蹲、过、抢等技法。而对于硬笔书法来说，为了表现字的神韵，用笔也要提按分明、捻转有度、行停缓急、回笔藏锋。钢笔字快写的笔法要求则相对比较简单，主要是提、按、行、转、带五种。而且这五种用笔都是快速书写汉字时客观上所必需的，书写过程中自然而然就会用到。特别是提、按、行这三种笔法，只要想把字写快，就非得适时提、按、行。转、带这两种笔法，因为钢笔字快写字形活泼、流动，书写快速、流畅，因此也十分重要。

钢笔字快写，自然连贯、一气呵成，"结"字的笔画中圆转和弧形线条比较多，转笔和带笔的技法圆熟与否对整个书写速度的快慢影响很大，因此必须对转、带等简单的用笔技巧进行有意识的重点练习，加快钢笔运行的速度。

4. 笔随意至，字流如泻。与书法"意存笔先"的创作要求不同，钢笔字快写要做到"笔随意至"，以求得"字流如泻"的快写效果。"字流如泻"是说写出的字畅快得像泻出来的泉水一样流淌不息，连绵不断。"笔随意至"可以说是钢笔字快写的一个较高的"境界"。"笔随意至"的"意"，不是设计字的造型、用笔，构思作品意境，即"意存笔先"的"意"，而是大脑向包括手在内的书写功能系统传达待记语言信息的意思。"笔随意至"，是指大脑一旦将需要记录的口语内容迅速组织成通顺的书面语言，书写者手中的笔便立即毫无间隙地将其再现在记录纸上，中间没有停顿，没有关于选择字形、确定笔顺、设计连写的思考。

要做到"笔随意至，字流如泻"，必须注意平时的积累和练习。要对常用单字快写时的字形、笔顺以及常用词语的连写，进行反复揣摩，反复练习，做到了然于胸，稳熟于笔。

三、钢笔字快写的方法

钢笔字快写的方法来源于四个方面：汉字行书的"行法"；汉字草书的"草法"；大众约定俗成的常用字快写法；个人合理的书写习惯。钢笔字快写的主要方法有：笔画连带、繁笔减省、改变笔顺、移借代替、紧缩简化、词语连写等。下面就其中的四种进行具体说明：

（一）连带法

字的连笔书写、牵丝引带是汉字行书的一大特色。采用这种连带的笔法，一方面是为了写得快，另一方面则是为了字的灵动美观。但是钢笔字快写的连带，纯粹是为了快。连带笔法包括连笔和引带两种手法。

1. 连笔。连笔是将本来需要分成几笔写的字，或者字的重要部位，连成一笔来写，一气呵成。连笔书写减少了笔尖的起落回收，自然加快了书写的速度。例如：

"反"字，原字四笔，快写时连成一笔，写成"反"；

"玄"字，原字五笔，快写时将其二、三、四、五诸笔连成一笔，写成

""；

"形"字，原字七笔，快写时将其一、三两笔连成一笔，再将二、四、五、六、七诸笔连成一笔，写成" 形 "；

"学"字，原字八笔，快写时连成三笔，写成" 学 "；等等。

2. 引带。引带是连笔的辅佐和补充，近似于连笔，又不同于连笔。连笔产生的曲折线条一般都代表字中的笔画，引带产生的线条细丝一般不代表字中的笔画。引带是书写中一个字的上笔书和下笔书起笔之间的映带、连接，是快速移笔时的引线牵丝。例如：

"求"字的快写" 求 "，原字一笔与二笔之间的连接；

"科"字的快写" 科 "，原字四、五两笔与六笔之间，以及八笔与九笔之间的连接；

"建"字的快写" 建 "，原字六笔与七笔之间的连接；

"来"字的快写" 来 "，原字四笔与五笔之间的连接等。

连笔与引带的区分并不是绝对的，二者有时很难分清。钢笔字的快写，应力求将二者区分清楚，以使行笔的笔路明白了然，写出的字清晰可辨，不至于造成误解。

连带法是钢笔字快写中运用最多的基本技法，如果不理解汉字楷书和行书的字形结构、笔画特点，不知轻重，使用不当，就会导致潦草不清、画蛇添足等不良效果。因此，学习钢笔字快写，首先必须在体会汉字字形特点的基础上，加强连笔、引带等基本笔法的练习。

（二）简省法

简省法是在连带法的基础上，通过减省笔画、减少曲折、偏旁简化、字形紧缩等手段，使一部分汉字的书写由繁变简的快写方法。简省法最常用的手法是紧缩、减省和化简。

1. 紧缩。紧缩并不是将汉字的字形缩小，而是将某些汉字中本来较为复杂的笔画紧缩成简单的曲线或直线，且在大体上仍然保留原来的字形，不影响辨认。例如：

"行"字的快写""，将原字的四、五、六笔紧缩为一条竖线；

"事"字的快写""，用曲线将原字八笔紧缩为一笔；

"新"字的快写""，用连带笔法将原字的十三笔紧缩为二笔；

"偶"字的快写""，将原字右半边紧缩为一笔等。

2. 减省。减省是指在书写中减少、省略某些汉字不太重要的点画，从而便捷书写。例如：

"因"字的快写""，减省了最后一笔横画；

"峰"字的快写""，减省了第九笔横画；

"到"字的快写""，减省了第三笔和第七笔的两个点。

使用减省笔画的方法，必须在快写中连带得法；减省必须保证不造成误会。不宜减省的笔画，不可随意减省。

3. 化简。化简是使某些汉字偏旁、部首的写法简便化。汉字中有偏旁、部首的字很多，适当化简某些常见偏旁、部首的写法，对提高钢笔字书写的速度具有十分重要的意义。

化简的方法在钢笔字快写中运用较多，一般也不会引起误会。例如：

"适"字的快写""，将原字中的"辶"化简为"﹨"；

"船"字的快写""，将原字中的"舟"化简为""；

"笑"字的快写"![笑]"，将原字中的"⺮"化简为"〜〜"；

"热"字的快写"![热]"，将原字中的"灬"化简为"〜〜"。

（三）替代法

替代法是为了书写的便捷，以形似或神似的笔画连写代替汉字的某一部分的一种快写方法。替代法包括两种：一种是以传神的一笔代替原字的某一部位的数笔；另一种是以形体相似、书写顺畅的连写线条代替原字中行笔较繁、曲折较多的偏旁或半边。前一种情况如：

"鬼"字的快写"![鬼]"，以一点代替原字中"厶"的两画；

"今"字的快写"![今]"，以一点代替原字中" ⺈ "的两笔；

"者"字的快写"![者]"，以连写的两点代替了原字中"日"的四笔；

"可"字的快写"![可]"，以连笔回环的小圆代替了原字中的"口"。

后一种情况如：

"朝"字的快写"![朝]"，以连写的" 車 "代替了原字的半边"草"；

"得"字的快写"![得]"，以简便的" 彳 "代替原字的偏旁"彳"；

"教"字的快写"![教]"，以书写顺畅的" 孝 "代替原字的半边"孝"，以连一笔的" 又 "代替原字的偏旁"攵"；

"建"字的快写""，以一笔写出的""，代替原字中的偏旁"廴"等。

钢笔字快写，无论是运用替代法，还是运用减省法，都需要通过准确、灵活的连带笔法来表现。有时，连带法、减省法、替代法三种快写法相互渗透、难以区分；有时，在一个字的快写中，两种或三种快写方法会同时出现。例如："热"字的快写""；"霜"字的快写""；"清"字的快写""；"然"字的快写""等。

了解钢笔字快写的各种方法，是为了掌握汉字钢笔字快写的规律，更好地把握汉字快写的尺度，以便在快写练习中能见机而作、举一反三，同时又不至于走向拘泥成法和标新立异的极端。

应该强调的是，无论采用何种方式，都应以传统的行、草书为依据，切不可随意省简连笔。否则，就会生造他人不识之字。钢笔字快写强调快，但必须准确。

（四）连写法

汉字词汇中多数词是由两个或两个以上的单字组合而成的。在一些常用的多音词和词组中，单字的组合排列是相对固定的，这些相对固定的单字组合多次出现，在人们大脑中形成了相对固定的感观形象。在人们的文字语言交流中，往往会出现这样的情况：某一个字因为书写者书写不规范而难以识别，但是同样写法的字，一旦与其他字形易辨的字组成常用词组，相互依傍出现在字行中时，阅读者便能毫无阻碍地识别。这就是因为常用词组中固定的单字组合，已经为人们的感观所熟识，从而产生了感观形象定格。

连写法就是利用常用词组的感观形象定格的作用，将一部分便于连接的汉语常用词语中的汉字相互连笔快写的方法。这种词语连写法，如果在运用中做到连断分明、速写得法，不但不会影响辨识阅读，而且有利于汉字文件阅读的迅速、准确。

运用词语连写法快写汉字时，最需要注意的是不能随笔乱连一气或一连到底；必须做到当连则连、当断则断、有连有断，使得横式书写的汉字做到词句分明，只有这样才能达到可供准确快速阅读的快写效果。

词语连写法是通过减少书写过程中笔尖的上下起落和减短上下起落的距离来

加快书写速度的。请看示例：

"依靠" —— " "；

"行为" —— "　　"；

"追究" —— "　　"；

"结果" —— "　　"；

"朋友" —— "　　"；

"证明人" —— "　　"；

"行政法" —— "　　"；

"犯罪嫌疑人" —— "　　"；

"坦白交待" —— "　　"。

　　提高汉字书写速度的方法很多，必须强调的是，无论采取何种方法加快钢笔字的书写速度，都必须以准确清晰为基础，以约定俗成为原则，以传统行草为借鉴；快，但不破坏汉字书写的规范化，不能影响一般人的正常阅读。任何难以辨认、影响阅读的写法，都是钢笔字快写所不取的。

 ## 第二节　快速听写

一、钢笔字快写和快速听写

　　快速听写是一种强化的听写训练，即要求将中等语速（稍快于播音的说话速度）的一般口头语言，用钢笔字同步记录下来。

掌握了汉字快写的方法，并不一定就能在实际运用中将字写好写快。这样的状况主要是由两个原因造成的：①未经熟练，每个汉字快写的笔画和笔顺难以一一迅速反映出来，初习时，有可能比正常的写法还慢。②手腕和手指还未能适应，不能最大限度地提高有效行笔书写的速度。这就需要趁热打铁，在掌握了快写方法之后，立即进行反复刻苦的练习。

快速听写是进行钢笔字快写巩固练习的最好方法，快速听写练习可以促进钢笔字快写的熟练与提高。而从实用的角度来说，钢笔字快写是快速听写的基础，快速听写是对钢笔字快写的运用。

同样是用钢笔进行汉字快写，钢笔字快写练习和快速听写练习的着重点和效果既有联系，又有区别。钢笔字快写练习强调依照一定的规律，掌握一定的技巧，把字写好写快，重点在"快"；快速听写练习强调高度运用听觉器官和书写功能系统的功能，将听到的口语内容记准确、记完整，重点在"全"。没有钢笔字快写"快"的基础，就不能保证快速听写的"全"；没有快速听写的"全"的要求，钢笔字快写的"快"就没有多少意义了。

另外，钢笔字快写和快速听写，二者所需要投入的注意力不一样，二者锻炼培养的能力也不尽相同。钢笔字快写练习，着重锻炼书写功能对大脑传送的内隐语言信息的快速反应能力；快速听写练习，则同时锻炼大脑对听觉器官输入的外在语言信息的快速反应能力，以及书写功能系统对大脑再传信息的快速反应能力。可以说，快速听写是对钢笔字快写的检验，是比钢笔字快写要求更高、难度更大的实用书写练习。

在实用书法的教学和训练中，钢笔字快写和快速听写是要求不同、循序渐进的两个阶段，不可混淆。

二、快速听写能力的培养

能严格按照规定要求做好司法笔录工作，必须具备相当的语言听辨能力、反应能力、语言整理转换能力、快速书写能力。这四种能力构成了制作司法笔录所需的基本技能。

快速听写练习是训练培养笔录书写能力的一种简便、易行、有效的方法，尤其有助于锻炼和提高语言听辨能力、反应能力和快速书写能力。

（一）听辨能力

听辨能力，指的是人们准确接收外界有声语言信息的能力，主要包括对有声语言信息的接收、判断、传送三个方面。语言听辨能力依赖于人们的听觉器官灵敏、大脑对语言信息的理解辨识、神经系统对信息的及时传送。无论是听觉器官接收语言信息的灵敏程度、大脑对语言信息理解辨识的准确程度，还是神经系统传送信息的速度，都需要通过对各种有声语言实际听辨的大量感性积累，才能得到有效的促进和提高。强化的快速听写练习正是使听辨功能系统因多次快速听写而经常处于合理的紧张状态，并因反复接受感性刺激而激发出更大的潜能。

听辨能力可以通过集体训练（如集体快速辨音练习、集体快速听写练习等），也可以通过个别训练获得提高。其中有意识的个别训练最为简便，也最能见效；个别训练的形式多种多样，在日常生活中，无论是与别人交谈，还是看电影、看电视，或者听广播、听录音，都可以专注于对人物语言的听记、辨识，进行听辨能力的自我训练。如果在一段时间内，经常进行这种积极的个别训练，语言听辨能力必然会有很大提高。

（二）反应能力

反应能力是文字记录基本技能中常被忽略但又极为复杂的一个方面，反应意味着准确和速度。在快速听写过程中，反应能力表现为大脑将传来的口语信息转译为文字信息、编排出快写方案的准确率和速度，神经系统传送文字信息和快写方案的速度，书写功能系统对神经系统传来的大脑指令的理解执行的准确率和速度。快速听写时，如果以上有关器官和功能系统在密切配合、循环往复的工作中能做到高度准确、迅速，就说明快速听写的反应能力较好。

反应能力除了与听辨系统的灵敏度有关外，主要依赖于大脑信息库的知识积累和各功能系统的实践积累。与文字记录有关的知识积累包括：有关语言知识积累和有关文字及其快写方法的知识积累。这是提高反应能力的一个重要基础条件。知识积累好比打字机的字盘，字盘里面的字越全面、越清晰、编排越合理，打字效率就越高。如果传来的语言信息中常常出现大脑信息库所没有的概念，则必然影响理解；如果连接后的语言信息中有的概念正是相应的文字知识积累中较为模糊的部分，便会一时想不起来字的写法，影响书写；假如知识积累比较全面，且记录清晰、归类合理，反应能力的提高就有了可靠的保证，剩下的就是各有关功能系统通过反复作业的实践积累来提高工作速度和效率了。

俗话说"熟能生巧"，反应能力的培养和提高也是如此，只有通过刻意追求、虚心学习及反复的刻苦练习，才能达到目的。

（三）快速书写能力

这里所说的快速书写能力，专指人们用手指握笔、指腕着力快速运行、直接书写的技能。它是书写功能的终端功能，是一个人书写能力最直接、最客观的外在表现，是钢笔字快写练习着重培养的基本技能。

快速的书写能力是快速听写和文字记录所必备的基本技能之一，提高快速书写能力，要注意做到以下几点：

1. 纠正不良的握笔方法和书写习惯；

2. 留心观察，取他人之长补己之短，养成良好的书写习惯；

3. 用心思考，不断发现新的合理的快写方法和运笔方法；

4. 多练习，多比较。

快速听写是对听辨能力、反应能力、快速书写能力的综合检测，同时也是一种综合练习，适当的个别训练和单项训练则是对综合练习的合理补充。

 ## 第三节　司法笔录的书写要点

司法笔录的书写要求与钢笔字快写和快速听写在文字书写上的要求大同小异，只是司法笔录是存档的正式材料，因此在书写形式和效果等方面的要求较另外二者更为严格。

1. 整洁。整洁是针对笔录字页的总体感观效果而言的，笔录的字页要求利索、干净，必须避免乱圈乱改；要字体端正、相间适宜；书写要保证横排整齐、上下一致。即整张笔录一眼看去，不能给人零乱、潦草、松散、不整齐的感觉。

2. 清楚。清楚主要是指笔录字迹的明晰度。笔录中的字，笔画要连断分明、线条清楚。每一个字，每一个词，每一个句子，甚至每一个标点符号，都应明晰可见。笔录用墨不宜太淡，整张字页墨迹要均匀。

3. 规范。

（1）书写工具要规范。制作笔录要使用统一印制的笔录用纸，以保证规格统一，便于装订入卷，同时也便于规范书写，还可体现司法笔录的正规性和严肃性。制作笔录，书写用笔一般是普通的吸水钢笔，笔尖不宜太细或太粗。墨水一般使用蓝黑墨水或碳素墨水。

（2）使用规范化汉字。书写笔录要求使用规范的汉字和通用简化字，避免使用繁体字、异体字以及不规范的简化字。

（3）文字写法要规范。笔录文字的写法无论是采用行书写法还是其他快写方法，都不可随意标新立异，必须以通行、易于辨认为书写标准。笔录的字形一般以长方形为宜，不宜太长，也不宜太小，字的高度最高占笔录纸横格的4/5左右。字与字之间的间距，以及笔画多和笔画少的字、字形长和字形短的字之间的大小比例也应适度。

（4）使用规范的标点符号。笔录中最常用到的标点符号有问号、冒号、引号、感叹号、逗号、句号和括号，所有的标点符号必须标准清楚，切不可"一逗到底"。

4. 舒展。笔录的字不求其艺术观赏价值，只求入目清楚，且规范、舒展、大方、流利。舒展是对笔录文字在形体感观效果方面的要求，其衡量标准也是相对的。在内容准确、速度迅速的基础上，力求保证文字舒展，以此保证笔录的正规性、严肃性。

一、关于用字

（一）端正用字态度

在司法笔录的书写中，首先要端正用字态度，在笔录中用字错误大多出于草率，以致其在笔录中曾经反复出现，经过指出仍然不能杜绝。这说明用字问题尚未引起书记员的高度重视。只有端正用字态度，才能真正做到严格用字、严格把关，这是用字的首要要求。

（二）要扩大识字范围

为了准确迅速地进行笔录和其他法律文书的制作，或为分析案情寻找线索，作为书记员，应当熟悉下列有关内容的文字：

1. 姓名的用字。姓名的用字是办理每一个案件必然遇到的文字。对于姓名的用字不仅要知道怎样写，还必须知道怎样读，因为在制作各类笔录时，都要记录当事人的姓名。掌握姓名用字要注意以下几个问题：

（1）生僻姓氏用字。如："查"读 zha、"尉迟"读 yu-chi。

（2）同音姓名的用字。如：mi——"米""弭"，tu——"涂""屠"，chen——"陈""谌"，xiang——"向""项"，yu——"于""余""俞"，zhang——"张""章"。

2. 地点的用字。笔录中必须注明当事人的籍贯，叙述案情时也将涉及不少地名。读写地名的用字要注意以下几个问题：

（1）注意生僻地名的读音和写法。如：确山——que shan，郴县——chen xian，嵊县——sheng xian。

（2）同音地名用字。如：林西——冀；林溪——桂；临溪——皖。

（3）注意相同地名及其所在地。如：北港，台、鄂均有此地名。长乐，苏、皖、浙、闽、桂、川均有此地。

3. 关于少数民族的用字。我国少数民族文字大都是拼音文字，但在书写形式上各有不同，比如维吾尔文、哈萨克文，是从右往左书写；蒙古文、锡伯文是从上往下书写，行序从左往右。有的标点符号也不同，如藏文标点，短词和句尾用一条垂直线表示，章节段落结尾用双垂直线，全文结束用四条垂直线；蒙古文用一个点表示逗号，两点表示句号，段落末尾用四个点表示。因此，在应用少数民族文字制作笔录时一定要注意其书写规则和书写习惯，做到规范无误。

4. 方言土语及口语用字。在审理案件过程中，要尽量记录诉讼参与人的原话，制作笔录时必然涉及方言土语及口语的用字。

5. 关于货币的名称。要掌握名称及符号，如美元、日元、卢布、马克、法郎、港元、英镑、泰铢等。其他可参阅《辞海》。

6. 关于计量单位的用字。在案件中经常涉及数量、容量、体积、长度、重量等，因此，笔录中对于计量单位必须有精确的说明与记载。计量单位的应用也常常是打破国家界限的，我们应当熟悉国内以及国际上认同的计量单位的用字乃至换算方法。如：安培——电流；赫兹——频率；焦耳——能、功、热量；伏特——电压；加仑——容量；磅——重量；盎司——重量。其他可参阅《辞海》。

7. 关于房屋结构名称的用字。掌握民事案件中有关产权纠纷、遗产继承都可能涉及的房屋结构名称，如屋脊、椽子、梁、门口、门槛、门框、山墙等。

8. 人体结构名称及法医学术语的用字。如：踝骨——huái，胫骨——jìng，腓骨——féi，髌骨——bìn，下颌——hé，颔下——hàn，眼睑——jiǎn，脾脏——pí。

9. 法律专业术语的用字。如：诉讼保全、留置权、具结、孳息、瑕疵占有、瑕疵责任、用益物权、要约、承诺、要约邀请等。

10. 其他专业术语的用字。作为书记员，在记录时，可能涉及其他专业的用字，如痉挛、镏金、硝镪水、天那水等。可以根据自己的专业重点学习和掌握财政、金融、建筑、医学、化学、物理等与本人办案工作相关的专业术语用字。除此以外，还可以通过以下三种方法掌握：

（1）以 3500 个常用汉字及 6808 个印刷通用汉字为基准，逐字检查掌握状况，将掌握不准的字摘记下来，逐字攻破；

（2）通过《简化汉字总表》及《异体字整理表》逐字检验对简化汉字、繁体字、保留字和淘汰字的把握情况，逐一攻破；

（3）在工作中、阅读时一旦遇到疑难词语或发现自己的错别字，立即查阅工具书，当即攻破并摘记。

（三）提高读写能力

1. 搞清字义、写准字形。

（1）不写错别字。如："濒临破产"不能写成"频临破产"，"铤而走险"不能写成"挺而走险"。

（2）不写不规范的简化字，不生造简化字。如："宣传"不能写成"传"；"信件"不能写成"件"；"同意"不能写成"同"。

（3）不写已被废弃的异体字。如："泪"不能写成"淚"；"峰"不能写成"峯"；"群"不能写成"羣"。

（4）数字用法要按照国家及法律部门的统一要求准确使用。如：①可以使用阿拉伯数字，而且能使用且得体的地方均应使用阿拉伯数字。遇特殊情况可以灵活变通，但应保持相对统一。②应当使用阿拉伯数字的主要情况是：公历世纪、年、月、日和时刻，年份不能简写；计数与计量时用阿拉伯数字。③应当使用汉字的三种情况是：用数字作为词素构成定型的词或词组，如"九五计划"；邻近的两个数字连用表示概数；星期几一律用汉字。

2. 书写工整。字迹工整、美观大方应当成为书记员书写的又一个重要特色。字迹工整主要包括以下几方面的内容：①笔画清楚；②结构匀称；③行款格式整齐规范。

3. 笔录迅速。了解案情、熟悉案情、分析案情要依靠准确而又完整的笔录。提高笔录速度不单是用字以及书写能力的问题，要听得准、记得快，必须有清晰的逻辑思维能力、深刻的分析和理解能力以及在迅速消失的语流中捕捉案情主要矛盾的能力。在具备这些能力的前提下，再以快速书写的能力作为保证，才能真正做到迅速笔录。笔录用字的最低要求是：经过审查略加整理，不错不漏、不需重抄。笔录用字的严格要求是：字迹清晰工整，经过审查无错无漏、无须整理，可直接归档。

（四）明确用字依据

由于法律工作用字广泛、严格，因此应当了解使用汉字的依据或案头应备有供查阅汉字的材料。目前可供查阅的材料包括：

1. 最新出版的字典、词典；

2.《简化汉字总表》；

3.《第一批异体字整理表》；

4.《普通话异读词审音表》；

5.《印刷通用汉字字形表》；

6.《现代汉语常用字表》；

7.《汉语拼音方案》；

8. 1956~1964 年国务院批准以常用汉字代替生僻地名字表；

9.《辞海》《辞源》；

10.《方言词典》《法学词典》及有关专业词典。

二、关于用词

(一) 法律语言的词语体系

1. 法律专业术语。

(1) 特点。

第一，词义的单一性。词义的单一性主要表现为：①每一个法律术语所表示的都是一个特定的法律概念，在使用时，其他任何词都不能代替。如"过失"不能用"过错"或"错误"代替。②法律专业术语即使在民族共同语言中属于多义词，一旦进入法律语言作为法律专业术语时，也只保留一个义项。例如"同居"一词，在民族共同语言中属于多义词，至少有三义项：若干人同住在一起；夫妻共同生活；男女双方没有办理结婚登记手续的共同生活。作为法律专业术语时，只能有一个特定的含义，即男女双方没有办理结婚登记手续的共同生活。③一些法律专业术语在法学字典中有两个义项，如"过失"：在刑法中是指行为人在犯罪时的一种心理状态；在民法中是指过错的一种形式。在司法实践中，只能使用其中的一个义项。

第二，词语的对义性。词语的对义性指词语的意义互相矛盾，互相对立。如：原告——被告、权利——义务、利润——风险、债权——债务。

第三，使用的变异性。如"不作为"，从内部结构看，其结构和"不能写"相同，均为偏正关系的动词性词组，但作为法律专业术语时，"不作为"是具有名词性质的法律概念。

(2) 体系。

第一，表示人物称谓的。如：原告、被告、当事人、证人、代理人、继承人、行为人、第三人。

第二，表示法律事物名称的。如：案件、法律、刑法、民法、合同、判决书、权利、义务、标的物、人民法院。

第三，表示法律行为的。如：审理、代理、要约、承诺、裁定、驳回。

第四，表示行为人主观心理态度的。如：故意、过失、过错、动机。

第五，表示法律程序的。如：一审、二审、再审、终审。

2. 法律工作常用词语。法律工作常用词语指的是工作中经常使用，在立法条文中没有明确规定的词语，如经济纠纷、验证、罪责、案情等。

3. 民族共同语言中其他基本词与非基本词。如：父、兄、弟、姐、妹、丈夫、妻子、公司、经理、司机等。

(二) 用词原则

1. 符合民族共同语的用词规范；

2. 符合法律规范；

3. 符合法律语言的语体特征。

（三）记录时的词语选用技巧

1. 法律专业术语的使用。主要是区分意思相近、易混的法律专业术语。因为这些术语之间的差别比民族共同语言中的同义词更为复杂，所表示的概念之间的界限也严格得多。其使用的准确程度完全依赖于扎实的专业基础知识，书记员必须对每一个法律术语所表示的法律含义、概念特征，每一组意思相近、易混淆的法律专业术语的界限都了如指掌，才能少出错误。

2. 一般词语的选用。

（1）对同义词的辨析和使用。

第一，辨析同义词的语义轻重。如"可以、应该、必须"。在法律条文中，"可以"属于授权性规范，是法律赋予各主体的权利，实施与否由自己决定。"必须"属于义务性规范，没有任何例外和特殊情况。"应该"也属于义务性规范，但仅是一种原则性的规定，在执行中有一定的灵活性，可以有例外和特殊情况。

第二，辨析同义词的概念大小。如"家长、家属、家族"。"家长"是指一个人的父母或其他监护人；"家属"是指本人以外的所有家庭成员；"家族"是指有血缘关系的，同一姓氏的若干人家，可能有几辈人。

第三，辨析同义词的感情色彩。如"爱护"和"庇护"、"团结一致"和"狼狈为奸"、"唆使"与"支持"。

第四，辨析同义词的语体色彩。如"妈妈"和"母亲"、"钱"和"现金"、"打官司"和"诉讼"、"不按合同办事"和"违约"。

第五，辨析同义词的不同适用对象。如："赡养"是针对老人而言的，"抚养"则是针对子女而言的。

（2）确切词语的选用。

第一，记录与法律行为主体有关的表述必须使用确切词语。如"结婚""离婚"当事人的条件。

第二，记录对于法律工作中特殊用语含义的规定，必须使用确切词语。如本法所说的子女，包括"婚生子女""非婚生子女""养子女"和"有抚养关系的继子女"。

第三，记录对于法律行为主观方面的表述必须使用确切词语。如行为主体的心理态度是"故意"还是"无意""有无过失""有无过错"等。

第四，记录对于与法律和法律行为有关的时间效力方面的表述，必须使用确切词语。如宣判时的上诉期限。

第五，记录对于法律行为客观方面的表述必须使用确切词语。具体内容是指行为发生的时间、地点、工具、手段、方式、力度、结果等。

第六，记录司法鉴定意见和制作现场勘查笔录时必须使用确切词语。

第七，记录在经济合同和各种协议书中具有法律意义的时间、地点、当事人、标的、对象以及物品的名称、种类、型号、规格、数量、价格以及交付的日期、违约金等，也都必须使用确切词语。

（3）模糊词语的选用。

第一，记录涉及国家机密、商业秘密和隐私案件的案情表述应该选用模糊词语。

第二，记录涉及污言秽语、庸俗情节的内容应该选用模糊词语。

第三，记录当事人对案情无关紧要的细节陈述可以选用"多次、等地、大量、许多"等模糊词语一带而过。

（4）对简缩词语的恰当使用。

第一，规范。简缩词必须是在语言实践中约定俗成的，其含义必须是明确并为大家所共同认可的，如"中专"是指"中等专业学校"；如果是法律专业术语，必须符合法律规范，如"单处"是指"单独判处"。不能随意制造简化词，以免有损于法律文书的庄严性。

第二，专有名词不能使用简称。法律语言中的专用名词，如司法部门的名称、其他单位的名称、地区的名称必须使用全称。这一方面是为了保持记录的严肃性，另一方面也是为了避免出现差错。如人大，就不知是指全国人民代表大会还是指中国人民大学。

（5）注意保持词义在特定环境中的单一性。在记录过程中，为了保持法律语言的准确性和严密性，在使用多义词时，要注意使用其在特定语言环境中能保持单一的含义，否则就可能出现歧义，引起不必要的纠纷。在一份离婚案件的调解书中，有一条"待原告为被告找好房子后15日内搬家"，其中因为一个"好"字产生纠纷。原告认为是"找到房子"，被告认为是"找到质量好的房子"。

三、关于用句

（一）记录用句的原则

1. 符合民族共同语的句法规范。

2. 符合逻辑规范：①概念要清晰；②判断要恰当；③推理要合乎逻辑。

3. 符合语义的单一规范性。

（1）要防止词义歧解。如"该市各企业组织了法律顾问处"，可理解为：

"该市各个企业都组织了法律顾问处"；也可理解为："该市各企业共同组织了法律顾问处"。

（2）要防止词性歧解。如"张三跟李四去过杀人现场"，可理解为："张三和李四都去过杀人现场"；也可理解为："张三跟随李四去过杀人现场（李四可能处于胁从地位）"。

（3）要防止修饰歧解。如"昨天有4个警察学校的学生外出未归"，可理解为："昨天有4所警察学校的学生外出未归"；也可理解为："警察学校的4个学生外出未归"。

（4）要防止标点歧解。如"丈夫死了年轻的妻子发誓不再结婚"，可理解为："丈夫死了，年轻的妻子发誓不再结婚"；也可理解为："丈夫死了年轻的妻子，发誓不再结婚"。

（5）要防止词序歧解。如"张三因盗窃二次被公安机关拘留"，可理解为："张三因盗窃，被公安机关拘留二次"；也可理解为："张三因二次盗窃被公安机关拘留"。

（二）记录用句的技巧

1. 忠于事实、忠于原意。

2. 保持叙述角度的一致。

3. 注意语序的合理安排。

4. 注意标点符号的恰当使用。常使用的标点符号包括：句号、问号、感叹号、逗号、顿号、分号、冒号、引号、括号、破折号、省略号、着重号、间隔号。

四、关于庭审笔录

（一）笔录中常见的问题

1. 字迹潦草无法辨认。

2. 空字、删字太多。

3. 错别字多。

4. 自造简字、自造符号。不会写就加〇，事后不加以补正。

5. 数字缺位多，如将10 000写成1000，将10 000写成100 000。

6. 涂改、添字过多，在记录纸上乱涂、乱添、乱画。

7. 缺项，无头、无尾、无时间、无地点、无询问人姓名、无记录人的姓名、无谈话对象的姓名。

（二）作好笔录的一些规律和技巧

1. 要有识字广泛、快速书写的基本功底。

2. 要有一定的方音和方言词汇、语法知识，结合本地区方言的特点，熟悉方言的语音及用字。

3. 充分做好庭审前的准备。

（1）做好阅卷笔录，熟悉案情，记清诉讼参与人的姓名、籍贯、民族、职业、年龄，当事人单位的地址、法定代表人的姓名、委托代理人的姓名，各参与人涉及的方言土语，案件涉及的专业术语和其他生僻用字。

（2）结合案情可能涉及的法律条款，笔录时先记下条款序号，可留下相应的空格事后补记，以便将思路迅速转移到下一个问题上。

（3）事先借助一切机会接触诉讼参与人，熟悉他们语言应用的状况与特点，如哪里口音、讲话速度、文化层次、职业特征及表达能力。在送达起诉书副本时可探知被告对起诉书的意见以及可能答辩的地方。

（4）阅读审判提纲，了解审判思路，掌握审判人员的审判风格及提问特点，结合案情了解每一次发问的目的，以便抓住庭审问答的重点，提高笔录速度。

（5）做好纸、笔及庭审笔录时所需查阅资料的准备工作。

4. 掌握笔录技巧。笔录必须抓住重点，求全、求实、求真，因而可以用六个字来概括笔录的工作，即录音、录像、剪辑。录音是如实记载，不改变原意、原话；录像是要记录现场状况，包括当事人的喜怒哀乐等与庭审进程有关的情态动作；剪辑是要去粗取精而不是字字句句不漏。

（1）问答可以用"？"和"："代表。"？"代表审判人员的提问，"："代表答话，如有多个被告，可以用"一被："和"二被："表示。遇到疑难用字后留下空格，闭庭后立即补记，不可带空格入档。

（2）简记问，繁记答。有的问题是问当事人双方的，问题只记一次即可。如：双方有何辩论意见？双方有何最后陈述？不必分开来记。

（3）关于当事人的基本情况。首先要看营业执照材料，核对当事人的名称、地址、法定代表人，再核对法定代表人身份证明书、授权委托书、律师事务所函、律师执业证或身份证。

（4）关于当事人的诉讼请求。重点记变更，没有变更的，可记为详见诉状。

（5）关于证据。记下证据的名称以及用来说明的问题，涉及数字较长的，可事先记下在纸上备用，在庭审过程中，重点要记质证和认证。

（6）关于代理意见。双方在法庭辩论环节的发言，不必详记，但应记下合同行为的性质、效力、责任分担等要点。

 **思考题与练习**

1. 掌握钢笔字快写的要求和要领。
2. 掌握钢笔字快写的方法。
3. 掌握钢笔字快写和快速听写。
4. 司法笔录的书写要点有哪些?

第二编　司法笔录的语体规范

法律语言学是近年来崛起的一门法学与语言学交叉的边缘学科，这一学科是在对法律语言学研究本体即法律语言进行研究的基础上产生的。它源于西方，在英语中原指表述法律科学概念以及用于诉讼和非诉讼法律事务时所选用的语种或选用某一语种的部分用语，后来也指某些具有特定法律意义的词语，并且扩展到语言的其他层面，如"法律长句""法律诉讼语言"等。我国对法律语言学的关注与研究源远流长，而"法律语言"这一术语的提出和明确界定，则是在目前我国法治实践飞速发展的过程中逐渐发展和日趋成熟起来的。作为法律语言载体之一的司法笔录应该成为法律语言学研究的重要对象。本编着重研究和探讨司法笔录中的法律语言问题。

第五章　司法笔录语体与司法问话

内容提要

　　司法笔录的语体与司法问话主要体现在司法笔录的修辞色彩、司法笔录语体形成的语言规范，以及诉讼口语的记录、诉讼口语记录技能的培养等方面。本章对其逐一详细做了介绍。

关键词： 语体　语体色彩　语言规范　诉讼口语　转换

第一节　司法笔录语体的修辞色彩

要做好司法笔录，认识不同的文书形式中法律语言运用的特殊规律，就要学习并掌握有关的语体和修辞的知识，这些知识能指导我们在司法实践中更自觉、更准确地使用语言。

一、语体的形成

什么是语体？它又是怎么形成的？

人们在使用语言时，由于目的、对象和内容不同，使用的语言环境和范围也就不同。比如有的谈自然科学，有的谈政治经济，有的谈法律，有的谈日常生活，有时要用形象的描写叙述去感动人，有时要直接阐明一个道理去说服人。语言用于不同的学科领域或不同的场合，形成了各自的一些特点，这种不同的特点综合起来构成了不同的语言类型或体系。语言的这种类型或体系就叫做语体。尽管语言学家们对语体的分类还没有统一的意见，关于语体的一些基本知识却是一致的。

各种语体有着共同的基础，即语言的语音语法结构和基本词汇及其基本的修辞手段在各种语体中都是一致的。但是，各种语体在用词、造句、修辞等方面有自己的特点。

在词汇方面，各种语体除了有它们通用的词语，还有自己专用的词语。通用于各种语体的词叫通用词，专用或常用于某一种语体的词就叫这种语体的专用词。比如"证人""法庭""审判"等都是法律语体的专用词。这种专用词语都有准确、固定的法律内涵，有单一的解释。某一种语体的专用词语在本语体中集中的普遍运用，就使这种语体的词汇运用了词语方面的语体色彩。

在句子方面，虽然各种语体的句法都是相通的，但各种语体还有它们各自常用或专用的一些句型句式。比如在法律语体中，法律文书就保留着一些压缩形成的固定句型、一些文白参差的句式以及四字短语等。各种语体在句型句式上的差异，形成了句子的语体色彩。

在修辞手法方面，各种语体都有共同的修辞手段，但是，各种语体又有它们不同的修辞要求。而且，同一种修辞手法在不同的语体中运用时亦有一定的差异。

由此可见，词的语体色彩、句子的语体色彩和不同的修辞特点共同形成了某一种语体的语体色彩。下面我们从词语和句子以及修辞特点方面举例具体阐述法律语体的特征。

二、词语的语体色彩

司法人员在运用语言的司法实践中经常强调要使用"法言法语"，这是对法律专门术语和司法常用语的总称。因此可以说法言法语通用于司法实践，专用于法律语言的范畴。没有"法言法语"也就无法形成法律语言。也正是"法言法语"的使用，才使司法文书的语言有了鲜明的语体色彩。请看下面这段"刑事判决书"的文字：

上述罪行，有被害人家属控告、证人证言、被告人犯罪后遗留在现场烟头上的指纹、勒死徐××所用之围巾一条为证，并有现场勘查笔录和法医的鉴定予以证实。证据确凿，被告人亦供认不讳。

上例主要写法庭认定余××犯罪的事实根据。行文中加着重号的词语均为法律上的专用或常用词语。这些词语的使用，形成了准确、庄重的司法笔录语体色彩。

法律专门术语都是适应法律内容（包括立法和司法）的需要而产生的。如前所述，因为它的词汇意义具有单一性和相对的稳定性，所以能够准确地表达法律概念。法国著名思想家孟德斯鸠在《论法的精神》一书中说："在法律已经把各种概念很明显地加以规定之后，就不应再回头用含糊笼统的措辞。""重要的一点，就是法律的用语对每一个人都能唤起同样的观念。"法律专门术语的运用，正符合司法笔录语体修辞的这种要求。所以，制作司法笔录时，必须遵守运用"法言法语"这一修辞原则，该用法律专门术语的地方，不能用其他含糊、笼统的词语来代替。现举例说明：

> 康××劳改 10 年后获释，其妻张××已改嫁到韩家。康××先后 5 次手持凶器深夜跳墙破窗入室行凶。韩××在与之搏斗中用木棍将康××打死。而××检察院对韩××的起诉书中把康××生前的行为说成是"取闹"。韩××的辩护律师首先抓住这一点加以反驳：
>
> "康××从 24 日至 27 日凌晨 4 点左右，5 次闯入韩家……
>
> 这些行为在'起诉书'上被认定为'取闹'，下站村大队干部群众说是'闹事'。我们认为这些行为都属于侵犯公民人身权利和住宅的不法行为。
>
> 我们不否认韩××已构成伤害罪，但是全面考察本案事实，我们认为韩××的行为属于防卫过当。
>
> ……
>
> 首先，韩××维护的是本人及他人的合法权益；其次，其行为本身是在不法侵害进行的情况下，为抵抗、阻止不法侵害而发生的，因而具有被迫的、防卫的性质。
>
> ……"

从"取闹"到"闹事"，再到"不法行为"，不难看出法律专门术语在法律文书中的重要作用。"取闹""闹事""不法行为"这三个词是对同一客观事物所作的不同判定。辩护人在此有意并列使用，通过比较来达到辩护的目的。"取闹"轻描淡写；"闹事"程度严重，但法与非法的界限不清；使用"不法行为"一词概念就清楚了。"防卫过当"这一法律专门术语有其固定的、单一的法律内涵，即上面已经阐述过的首先、其次的解释内容。韩××的辩护律师正是以事实对照"防卫过当"的法律概念来为韩××辩护的。所以，概念准确、判断正确是法律专门术语的本质特征，也是法律语体重要的词语修辞特色。在查清事实的情况下，概念与事实相符，判断才能正确，从中也可以看到词语的选择与逻辑概念判断的正确运用之间的关系十分密切。

三、句子的语体色彩

句子的语体色彩是在具体的语言环境中显露出来的，因为各种语体之间都有它们各自常用或专用的一些句型句式上的差异，这形成了句子的语体色彩。当然，也正像各种语体中的专用词和常用词一样，各种语体的专用或常用句型句式的界限也并不是很稳定的。句子的语体色彩只有在某种语体中使用时，才能鲜明地显示出来。司法笔录语体的形成，除了因为法律专用词和常用词的使用外，还因为有常用或惯用的句子的使用。关于司法笔录语言的句法特征，只以"把字句"与"被字句"的使用为例，来说明司法笔录中使用这种句型表露出来的语体特有的修辞色彩。

"被"字句是介词"被"构成的句子。"被"字句中的主语是表被动意义的"受事主语"。任何犯罪行为的实施，受害者都处于被动地位，因而有被杀、被骗、被害、被劫、被盗、被强奸，等等。在审理刑事案件时，反映在司法笔录中的"被"字句自然不可缺少。从这个意义上来看，"被"字句的运用，是司法笔录句法修辞中的重要手段。请看下面例句：

冯××右胳膊被刺成贯通伤，心脏被刺破，造成大出血休克死亡。

林××左臂被扎成贯通伤，创道达10厘米。

"被"字句无论用在哪一语体中，都有表示被动的语法修辞作用。但在司法笔录语体中使用时，其句子的语体修辞色彩就更为突出。上述一例，"被"字句除了表示受事主语冯××的被动外，还有强调受事主语冯××遭受不幸的修辞作用，强调"被"字后面的（补结构部分）结果。

"把"字句是指用介词"把"构成的句子。"把"字句的主语是施事主语，强调行为结果和行为方式。在叙述犯罪情节的行文中，"把"字句出现较多。例如：

1. 郭××还供认："我把民警和小孩推下去，是想把影响造得大一点。"

2. 被告人李××在审讯中交代："我一口咬定她花了我的钱，叫她有口难辩，把她搞臭。"

在以上"把"字句中，施事主语都是被告人（甲），施事的对象是被害人或某一事物（乙），这种句式的模式可以写成"甲把乙怎么样"，最主要的是强调

"怎么样"这一部分。上述案例中，例1强调行为、方式、目的，即甲把乙推下去，甲想把影响造大。例2强调行为的目的，即甲把乙搞臭。

选用"把"字句，用以强调、突出犯罪行为的方式、目的和后果，无疑是与依法定罪紧密相连的，这正是"把"字句在司法笔录中的句法修辞作用。

值得注意的是，"把"字句在法律语体中常常以"将"字句的形式出现。例如：

1. 被告人张××将陈××骗走杀害。

2. 被告人郑××、安××将过路的两名少女拦截，被告人安××将其中的田××挟持到桥下将其强奸。

"将"字仍是介词，相当于"把"字，不同的是，用"将"字，书面语体的色彩较浓。但当它和文言代词"其"字结合使用时，就带有了文言色彩，在这种情况下，"将"字就不能换成"把"字了。如上例2中"将其强奸"，不能说成"把其强奸"。

在司法笔录语体中"被"字句与"把"字句还常常配合运用，而"被"字有时用"遭"字代替使用。如：

1. 被告人郭××供认：列车进站时把人推下去，不是被电死，就是被轧死，而他的目的正是"要把人弄死"。

2. 李××因遭打不服，手持斧头一把，追赶马××。马××当场将李××刺死。

以上两例"把"字句中的施事主语是被告郭××、马××；犯罪行为实施的对象是被害人（××人、李××）。这些被害人是"被"字或"遭"字句中的受事主语，也是"把"字句的前置宾语。司法笔录的叙事部分强调犯罪情节时，将"把"字句和"被"字句配合使用，不仅使行文简洁紧凑，而且显示出司法笔录语体特有的修辞色彩。

第二节　司法笔录语体形成的语言规范

法律语言作为法律的载体，它的应用必须规范化，这是由法律规范的性质所决定的。法律规范是由国家制定或认可的，由国家强制力保障实施的一般行为规范，是社会规范的一种，是人们行为的尺度、准绳，人人都必须遵守。任何人违反了它，都要被追究法律责任和承担法律后果。

在法律的实施和执行过程中，司法语言的规范化规律是在不同的司法语言环境中受具体的语境构成因素的制约而体现出来的。无论在表述内容还是表述形式上，都体现出多元化的分支特点。研究司法语言的规范化，就必须把语言在何种司法场景中使用、采用什么样的交际形式、使用语言人的各种法律因素都考虑进去。

司法笔录的语言应用是司法实践中书面法律语言的重要组成部分，它有自身的语体特点和形成规律，这种规律化体现出司法笔录语体形成的规范化过程，其语言的变异可以分为下列三个阶段：

1. 诉讼口语转换成笔录语言的规范。

2. 笔录语言转换成司法文书语言的规范。

3. 各类司法文书对同一事物表述的修辞差异。

下面我们分别就这三个阶段进行讲述和分析。

一、诉讼口语转换成笔录语言的规范

诉讼口语主要包括民事诉讼当事人（原告和被告）和刑事诉讼参与人（指当事人、被害人等）的诉讼口语。司法机关审理各类案件时，或用问答式、陈述式、辩论式的口语，或用司法笔录的书面语形式交替使用来完成。而笔录这种书面式的口语记录形式，伴随着整个诉讼程序的始末，如实记录了案件的诉讼过程。由于笔录是在法律诉讼程序的各个阶段与诉讼口语同步生成的，所以在各类笔录的制作过程中，产生了诉讼口语和书面语言之间的转换关系。诉讼活动中语言运用的这种口语表达和书面记录语言同步进行的司法语言交际形式，在诉讼参与人和书记员之间进行，是法律语言运用中的一个转换环节。在把诉讼口语转换成书面式的笔录语言时，由笔录性质所决定，笔录必须在内容和风格上忠于原诉讼人的口语。因此，在法律语言应用的这个环节上，只是把口头诉讼的有声语言转换成了笔录式的书面口语，全民共同语并没有发生向法律语体规范化的变异。笔录在法律语言应用的这个阶段，不仅仅是全民语言向法律语言转换变异的过渡桥梁，同时笔录语言已经成为法律语言规范的变异对象。

在这个环节上，法律语言的应用主要强调笔录的语言文字要符合现代汉语的规范。正确使用祖国的语言文字，是我们应用任何专业语言时应做到的最基本的规范化要求。国家关于语言文字规范化有一定的标准，关于正音、正字的标准是明确的，词汇、语法的规范也有它的"约定俗成"的规律。司法实践中各种笔录常见到的使用语言文字不规范的现象，大致涉及的都是最基本的语言文字知识，也是最实际最应该掌握的。笔录的语言文字应用中常见的一些不规范现象，有下面几种：

（一）司法笔录中使用的常见错字、别字举例

在司法笔录中有些字常常容易被写错，而且长期得不到很好的纠正。例如下

面一些字：

1. 这是有意韩餐我。
2. 先号住了我的袄领子。
3. 撕打中他撕破了我的衣服。
4. 刑事侦察。
5. 原冀山西。
6. 违反了刑法条文。
7. 受到关制。

这些字是常错字，与笔录者的业务水平有很大关系，这些写法往往是民间常见的错误，所以纠正起来往往很困难。

纠正（破折号后面是正确写法）：

韩餐——寒碜

号——薅

撕——厮

察——查

冀——籍

反——犯

关——管

在笔录中经常使用又容易写错的字还包括一些比较难掌握的动词：

1. 杵　chǔ——他给了我胸口窝一杵子。
2. 懵　mēng——他把我吓懵了。
3. 蹭　cèng——手上蹭上了血迹。
4. 踹　chuài——他一脚把门踹开。
5. 撸　lū——撸下了我的手表。
6. 攮　nǎng——用刀照他右腿攮了一刀。
7. 撅　juě——我撅折了一根树枝拿在手里。
8. 扒　bā——扒下衣服。
9. 趴　pā——把他打趴下了。
10. 驮　tuó——我用自行车把他驮到现场。

(二) 司法笔录中使用的常见错读错写字举例

在司法实践中，有些字的读音被普遍读错，从而导致字也被写错，并且很顽固，长期得不到很好的纠正。例如下面一些字：

1. 逮捕——dài bǔ　错读为"敌普"或"歹普"。

2. 刚正不阿——ē　错读为"啊"或错写为"啊"。

3. 不讳——huì　错读为"伟"。

4. 震慑——shè　错读为"聂",错写为"聂"。

5. 酗酒——xù　错读为"凶"。

6. 寻衅——xìn　错读为"讯",错写为"畔"。

7. 羁押——jī　错读为"记"。

以上列举的在司法笔录中常常出现的使用语言文字的不规范现象存在的原因较为复杂,一方面是因为笔录语言用字广泛,在形形色色的案件中,诉讼人的行为、动作复杂,生活用语繁多,加上口语表达快、书写慢,造成记录上的困难;另一方面,书记员的语文水平、能力的局限性也会造成笔录质量差,错字、别字、不合规范的简化字频繁出现。改变这种不规范现象的唯一办法就是提高司法从业人员的综合文化素养,从而杜绝此类错误的发生。

二、笔录语言转换成司法文书语言的规范

笔录语言保留着诉讼人的口语个性特征,其中包括诉讼人口语中的原用词语、句式以及诉讼人说话时的语气、态度、动作、情绪等内容。司法实践运用中的这种语言现象使我们发现这样一个规律:在形形色色的各类诉讼活动中,书记员用笔录的形式把各种诉讼人的个性语言录入了法律诉讼程序的流程轨道,于是,笔录语言成为全民共同语演变成法律语言的转折接轨点;笔录以其具有法律效力的司法文书的法定性质,成为制作"起诉书""调解书""裁定书""判决书"或其他司法文书的原始依据。当把笔录语言转换成上述各类司法文书的时候,全民共同语所发生的变体(即演变)可以从词语、句式的转换修辞对比中明显地呈现出来。

（一）普通词语与法律词语的转换

这里的法律词语包括法律术语和常用惯用语。普通语体向司法文书语体转换演变的语言修辞过程,首先体现在把普通词语转换成法律术语或司法常用惯用词语这一修辞过程中。只有把握这个规律,才能以各类笔录为依据准确地使用法律语言制作各类司法文书,由此更加显现出做好司法笔录的重要性。我们以下面一段语言材料为例进行具体分析〔这段笔录记录的是河南郑州一件离婚案中被告（女方）的诉讼口语〕:

　1. 被告（女方）：要是离婚,两个孩子得给我,高××（男方）要一次给够孩子的生活费,房子也得给我们住,不然的话俺就不同意离婚。

这段笔录如实记录了被告的诉讼请求。经过法庭的调解,男方接受了女方的要求，调解成功，此案审理终结。关于上面所举的那一段调解笔录中女方的诉讼请求，担任此案书记员的实习大学生在制作调解书的行文中是这样写的：

2. 如果离婚，两个孩子必须给她，高××一次给够孩子的生活费，房子由她住，不然不同意离婚。

比较 1 和 2 两例语言，不同之处在于把笔录式的口头语言转换成了调解书的书面语言。在词语方面做了如下的修辞转换：

（1）要是（离婚）——如果（离婚）。

（2）得（给）我——必须（给）我。

（3）要一次给够——一次给够。

（4）（房子）也得给我们住——（房子）由她住。

（5）不然的话俺就（不同意离婚）——不然（不同意离婚）。

以上五处于词语修辞方面的同义修辞改动或转换情况表现为：（1）、（2）一般口语转换为书面语，第一人称转换成第三人称；（3）去掉多余的口语词；（4）压缩并转换口语，转换人称；（5）去掉口语中的方言成分，省略人称代词，压缩口语，并转换成普通的书面语。

以上修辞表明这位大学生在把笔录式的口语转换成普通书面语时把握得比较好，但他在制作司法文书方面没有达到应有的规范标准。他的实习指导教师（一位有实践经验的审判员）对这段文字做了如下的修辞改动：

3. 如果离婚，两个孩子必须由女方抚养，高××一次付清孩子的抚养费，房子由女方继续居住，否则女方不同意离婚。

以上最根本性的词语修辞转换表现为：凡是该用法律专用术语或常用词语的地方，都换上了与原意相同的法律专门术语或法律常用词语。这种修辞改动符合司法文书语体修辞的规范化要求，也即司法文书语体修辞的要求。试比较改文与原文一些关键法律词语的转换。

（1）给她——由女方抚养。

（2）生活费——抚养费。

（3）给够——一次付清。

（4）她住——女方继续居住。

（5）不然——否则。

（1）中的"给她"和"由女方抚养"法律内涵不一样。由女方抚养的法律意义是，孩子还是父母亲双方共有的，而"给她"则不能准确包涵这种意思。（2）中"生活费"改为"抚养费"更为准确，抚养费是法律专用词语，有法律上的特定含义。（3）中"给够"改为"一次付清"。（4）中"房子由她住"改为"房子由女方继续居住"。以上都选用了离婚调解书中的常用词语和说法，这样使语义更加明确、周密，不会产生歧义，执行起来方便、具体。

以上三个示例所展示的对同一事物表述中的修辞活动过程说明，在把各种具有个性化的诉讼笔录语言转换成司法文书的语言时，在词语选择方面应当满足以下要求：该用法律专用术语（或曰专用词语）的地方，不能用其他词语来代替。只有正确地使用法律专用术语和常用语，才能使法律语言规范化，这既是司法笔录语体规范化的要求，也是把全民共同语转换为法律语体的修辞过程。

在司法实践中，各方当事人的诉讼语言各种各样，把他们的诉讼语言（包括口语和书面语）转换为司法文书语体时，情况要比上述示例所展示的修辞过程还复杂。下面的案例可以进一步说明在案件审理过程中把全民共同语转换为司法文书语体的修辞过程。

> 河南郑州地区的一位农村妇女郝××，在离婚起诉状中写道："76 年经别人介绍认识，在谈的中间，孔说的他本人的情况不实，结婚后我知道了，我对孔不感冒。"

这段起诉状上的文字全部依照诉讼人的口语写成，显然不符合正规的司法文书语体的要求。但是这种出自民间的离婚案件"民事起诉状"，仍然是法院制作判决书的重要依据，法院开庭审理此案时，郝××又陈述了不少双方争吵的琐事，审判员让郝××的委托代理人——县妇联干部申××说说。申××说：

> 她（指郝××）说的也怪全的了，我也没啥说的了。

审判员又转向被告孔××，问他有什么意见，孔××却说：

> 过年她都不让我吃饺子，把碗给我夺过去了。

可以看得出来，审判员与当事人之间的司法言语交流，因所答非所问受到了一定的影响。面对着当事人文化水平低又不善于表达和理解的情况，审判员一方面要设法运用接近当事人思想认识的谈话方法和语言，做耐心细致的民事调解和审判工作，使法庭审理获得成功；另一方面，当双方当事人同意离婚后，审判员就要根据案情，参考原告"起诉状"上的文字内容及书记员所记的"庭审笔录""陈述笔录"等制作"民事判决书"，这时在言语组织的修辞上，需要把纷杂的口头语言，转换成庄重的司法文书语气。郝××与孔××"离婚判决书"的事实部分是这样写的：

> 原被告双方 1976 年经人介绍自愿结婚，婚生女孩两个。婚后双方经常因家务琐事吵嘴、生气、打骂。故原告以夫妻感情不和为由，于 1983 年 3 月 17 日起诉来院，请求与被告孔××离婚。

推敲判决书上的这段文字，不难发现如前面例 1 中已经分析过的修辞规律一样，即用法律词语替代一般词语，用规范书面语替代方言、俚语，排除不符合法律语体色彩的各种修辞。正因为"登记结婚""婚生""原告""夫妻感情不和""以……为由""起诉来院""被告""离婚"等词语的选用，才形成了司法文书特有的语体修辞色彩。试想，如果把"夫妻感情不和"还原成"女方对男方不感冒"，那岂不成了笑话。

（二）普通句式与司法笔录常用句式的转换

司法笔录特定的制作格式，有限的、较短的篇幅，简明准确的表述要求，都使得它的语句既简练，包容量又大，因此形成了司法笔录语体中的一些特有的惯用句式。当我们根据各类笔录或有关的语言材料制作司法文书时，要有意识地把所需要的诉讼内容，装入这样简练的句式里进行表述。对已有的语言材料进行句子组合时，总的修辞原则是：或压缩，或合并，把长句压缩成短句，把几个单句合并成复句。何时压缩，何时合并，这要根据具体语言材料做行文的修辞处理。下面以一桩离婚案的二审"调解书"的行文修改为例，来展示把普通诉讼语句转换为司法笔录句子的修辞规律：

高××（男方），不服原审法院判决，上诉于本院。高××认为，王××（女方）心狠手辣，不尊敬公婆，打骂丈夫，不爱子女，和王无法继续生活，坚决要求离婚。

"调解书"的这段文字是一位法律系实习生写的。他的指导老师是一位富有司法审判经验的民庭审判长，对原文做了如下的修改：

高××不服原审法院判决，以王××不敬公婆、打骂丈夫、虐待子女、惨无人道为由上诉于本院，坚决要求离婚。

倘若作为一般文字，原文在选词造句方面，文通字顺，没什么错误。指导老师显然是以他敏感的法律意识和他在长期的司法实践中已形成的法律语言运用习惯，用符合司法笔录语体的修辞方式重新组合语言，来进行表述。试把原文和改文加以比较，可以发现以下修辞特点：

1. 改文中把原文的两个单句调整、压缩为一个复句。具体步骤是把后一个单句压缩，调整语序，再与介词"以"结合，形成"以……为由"的固定格式，做前一个单句的动词谓语"上诉"的原因状语。

2. 删去了"原审法院"和"和王无法继续生活"等词语。

3. 把"心狠手辣"换成了"惨无人道"；把"不爱"改成了"虐待"。

推敲以上修改调解书时运用语言的修辞活动，再比照归纳其他民事"调解书""判决书"等文书的用词特点，我们发现，其中的案由、案件来源部分常常用一个浓缩了的原因状语"以……为由"，把起诉或上诉人的原话内容包容进去，这已成了这类文书中的固定句式；联系上下文，"和王无法继续生活"也可有可无，应视为多余信息删掉。

以上的改动完成了文书语体的修辞，使"调解书"的语言因常用固定句式和简练行文的使用，显露出法律语言凝练、庄重的语体色彩，同时也使我们看到一般的笔录语句转换成司法文书语体的修辞过程。

至于为什么把"不爱"改成了"虐待"，把"心狠手辣"换成了"惨无人道"，这不是修改者的主观修辞意志，而是上诉人对民事调解书原文中使用"不爱""心狠手辣"这两个词有意见，理由是他上诉时，没说过这两个词语，而是说了"王××虐待孩子到了惨无人道的地步"，经查阅卷宗里的陈述笔录证实，上诉人确实没有说过上述两个词语，原话使用的是"虐待"和"惨无人道"。"调解书"上既然引用的是上诉人的原话，就应该准确无误。于是法院接受了上诉人的意见，做了如上的词语修改。这点经验也是值得我们注意的。

三、各类司法文书对同一事物表述的修辞差异

审理案件时，无论口语还是书面语，始终针对与本案相关的人和事进行陈述、答辩、辩论，这些语言的运用情况，都分别在讯问笔录、庭审笔录等各类司法笔录中体现出来。由于说话和使用语言的对象、目的不同，对同一事物进行表达的语言就有不同的语体色彩。认识并准确地把握它们之间的大同（内容相同）小异（修辞色彩各异），做到制作的各类司法笔录行文得体，是法律语言规范的要求。为了说明问题，我们引用"郭××采用危险方法危害公共安全"一案中的有关语言材料做些具体比较。

下面三段文字记叙的是被告人郭××将车站工作人员周×推落铁轨的作案经过，属于针对同一客观现象的不同语体行文：

例1. ［审讯笔录］因为我头一次用力不够，就掉下一个，其他人都跌倒了。这时，一个女工作人员伸手拉掉下去的那个小孩，我往后收了一下手，又猛地一推女工作人员的腰，把她推下去了。

例2. ［起诉书］被告人郭××乘机猛推正在候车的北京市东城区紫竹林小学的学生队伍，致使该校五年级三班的数名学生被推倒在站台上，其中李×（男，11岁）上半身悬空在站台上，被同学拽住。陆××（男，11岁）被推下站台。该站派出所值勤民警周怡（女，21岁）即上前抢救陆××，被告人郭××又将周怡推下站台。

例3. ［公诉词］陆××小同学被推下了站台。在这个紧急关头，地铁前门站派出所的值勤民警周怡同志，不顾个人安危，挺身而出，上前抢救陆××。正当周怡伸手往上拽陆××的时候，被告人郭××又穷凶极恶地用力把周怡推下站台。

比较三段文字，例1是被告郭××的口供。法庭辩论时，公诉人在公诉词里将它作为犯罪的证言从审讯笔录中原文引来，运用时加了引号，保留着口语色彩。例2是检察院对郭××的起诉书中的一段行文，它对郭××的犯罪事实、犯罪情节作了客观、具体、准确的叙述和说明，未加任何修饰描写，没有模糊语言。它是科学的、诉诸理智的书面语言，平实而严谨。例3是摘自公诉人以被告的犯罪事实为根据，出庭支持公诉发表的公诉词。行文带有鲜明的爱憎倾向，具有鼓动力量。这种富有感情色彩的语言，显然与审讯笔录、起诉书的语言修辞色彩不同。

倘若再深一层比较例1、2、3三段中有关同一内容的语句在修辞上的差异，我们发现：虽然各种语体有着共同的语法结构和基本词汇，但各种语体除了有通用的词语外，还有其常用或专用词语。专用词语的运用，产生了词的语体色彩；在句法方面，各自常用或专用的一些句式，各类语体句式上的差异，产生了句子的语体色彩。词和句子的语体色彩只有在各自的语体中使用时，才能鲜明地显示出来。试做分析：

例4. 这时，一个女工作人员伸手拉掉下去的那个小孩。（审讯笔录）

例5. 这时，该站派出所值勤女民警周怡（女，21岁）即上前抢救陆××。（起诉书）

例6. 在这个紧急关头，地铁前门站派出所的值勤民警周怡同志，不顾个人安危，挺身而出，上前抢救陆××。（公诉词）

作为被告的口供，例4的笔录是清楚明白的。因为被告郭××作案时，并不知道被害人的职业和姓名，只能用"一个女工作人员""那个小孩"这样的模糊语言。这完全符合被告人口供的口头语体修辞情境。

当把郭××供词中这一事实写入例5起诉书的时候，行文中明确指出"女工作人员"是该站派出所执勤民警周怡（女、21岁），"那个小孩"是北京市东城区紫竹林小学5年级3班的学生陆××（男、11岁），"拉——抢救"的改动有两个目的：①起诉书中被害人的自然情况必须具体明确。②把"拉"改为"抢救"，使行为人的动作性质更准确。可以看出，起诉书在修辞上排除了口语的随意性，多用法律专门术语或常用语。如"该""即"以及前面用过的"致使""被"等词语，都是起诉书中常用或专用的词或句子，有的几乎形成了程式化的语言模式。正是这些专用词语的使用，突出了司法笔录修辞用语的特点，使之符合法律语言的规范。

在起诉书客观准确地说明了事实的基础上，例6的公诉词中又添加了"紧急关头""不顾个人安危，挺身而出"这些带有感情色彩的修饰语；并把"该站"改为"地铁前门站"，把"值勤民警周怡（女、21 岁）"的特有书写形式改为"值勤女民警周怡同志"，这些改动是由公诉词的性质和作用决定的。公诉词是检察人员出庭支持公诉时发表的演说词，而不是正式的法律文书。它的作用是揭露、指控犯罪，打击犯罪，并对旁听的公众宣传教育，所以，它的语言富有鼓动性，行文带有强烈的爱憎倾向。以上词语的添加和改动，使行文语气通畅，便于口语表达，其修辞目的自然是强调对犯罪的指控和对周怡的赞扬，以便引起法庭注意，感染公众。这样的行文是严肃而动情的，符合出庭支持公诉的修辞情景。

公诉词虽然在修辞上带有感情色彩，但行文必须庄重，不能像文艺语体修辞那样尽情地铺饰、渲染，它仍受司法文书语体的制约。为了比较以说明问题，我们不妨引用一段歌颂周怡同志抢救陆××的诗歌，以示文艺语体与司法笔录语体在修辞上的不同之处：

> 正是这一双小手，
> 从危难与时间的夹缝中，
> 抢救了
> 那个十一岁公民的生命，
> 以及
> 剑与盾的光荣。

（邵燕祥："赠周怡"，载《北京晚报》1983 年 10 月 2 日。）

作者用诗的语言，张开了想象的翅膀，热情地赞颂周怡同志舍己救人的品质。作为诗歌，这样的比喻和象征的修辞方式是可取的，但是如果将其用于公诉词，那就"文不对题"了。

 ## 第三节 诉讼口语的记录转换

一、诉讼口语转换成笔录语言的制约因素

在诉讼活动中，对同一事物的表述、问答或论辩的内容，是随着诉讼程序的进行用口语和书面语交替使用来完成的，而笔录这种书面形式的口语记录形式伴随着整个诉讼程序的始末。各类笔录都是如实记录诉讼活动的司法文书。由于它们是在法律诉讼程序的各个阶段与诉讼口语同步生成的，所以在各类笔录的制作过程中，发生了诉讼口语和书面语言之间的转换。诉讼活动中诉讼参与人和书记员之间进行的这种表达和记录（说和写）的司法言语交际形式，是法律语言运

用中客观存在的一种规律，是法律语言运用中应研究的重要内容。

法律上对笔录的制作有具体的要求。比如笔录制作中只能用汉字符号，传输手段只能是手写，要求书记员能够"快""准""清""全"地记下诉讼参与人的口述语言。好的笔录要求既能保持原说话人的口语特点，又能真实全面地反映诉讼时的情景。因为笔录既是法律诉讼活动的依据和证据，具有法律效力，也是反映原始诉讼的重要资料，是案件检验的历史凭证。书记员要按要求完成各种笔录的制作，必须熟练地把听到的口语迅速地转换成笔录语言。要做到这一点，除了具备一定的语言驾驭能力外，掌握转换规律也是非常重要的。

（一）口语表达与书面记录速度差异的制约

口语表达与书面记录速度之间存在的时间差，是把诉讼口语转换成笔录语言形式首先遇到的困难，也是一个起重要作用的制约因素。

根据速记工作者的科学定量分析，一般人的讲话速度约在每分钟 120～170 个字之间，最快的可达到每分钟 200 个字以上。那么汉字究竟能写多快？速记语言学家丁西林统计：汉字笔画，每字平均 11.4 笔，这样每小时可写 650～1300 字，平均每分钟 11～22 个字。一个受过高等教育的人，用行书来书写，长时间听写的速度平均每分钟速记也很难超过 40 个字。20 世纪 50 年代北京亚伟速记学校作过几次汉字快速记录的实验，用钢笔横向书写，尽量使用行书、草书和简化字，听写 3 分钟，最快每分钟可以写 48 个字，不过这只是 3 分钟短时间的记录，而且行草、草书不能用于公文，当然笔录更不适宜用草书。

以上数据资料说明，用汉字记录完整的口语是追踪莫及的，无论如何，都不可能做到"有言必录"。好的笔录只能是口语的"精确缩影"。在口语中，多余的信息量同书面语言相比较，所占的百分比要大得多。书记员作笔录转换时，去掉这些相当数量的多余信息，保留下来的语言信息量并未受到损耗，只是浓缩了。这种浓缩是在完整地保存了原语言信息意义情况下的文字符号的缩减。这个过程就是法律语言运用中诉讼口语转换成笔录语言的一个普遍规律。缩减的程度、方法，则根据诉讼口语表达的方式和情况而定。后面将举例阐述。

（二）诉讼口语形式的制约

诉讼口语表达形式是指诉讼参与人之间进行言语交际时所用的口头语言形式。一般有问答式、陈述式、辩论式。这三种形式是随着诉讼程序的进行而交替使用的。比如在刑事案件的审理中，庭审笔录最集中地反映了诉讼口语与笔录之间的转换关系。在"庭审调查""法庭辩论""最后陈述"这三个阶段，诉讼口语表现为：问答式、陈述式、辩论式。这三种不同的诉讼口语形式，都要求书记员当庭转换成"庭审笔录"，全面反映庭审全貌。在听与记录同步转换的情景下，书记员对诉讼口语的梳理转换水准，除了受掌握熟知案情、通晓法律知识等主观因素及诉讼人口语表达水准的客观因素制约外，诉讼口语的表达方式也是个重要的制约因素。这是因为不同的口语形式转换成笔录语言时规律不同。问答式、陈述式、辩论式诉讼口语是笔录语言中主要的三种转换形式。下面探索其转换过程中的某些修辞规律。

二、问答式诉讼口语的记录转换

司法语言中的问答式口语完全属于问话对象明确的"定向交流"。就转换的集中和难度而言，庭审笔录比较典型，我们拟以刑事案件庭审阶段的问答式司法言语交流为例，来对转换笔录本身的语言材料做具体的语言转换分析。

在庭审调查阶段的问答式司法言语交际中，发问者是审判长，发问的对象是被告人。审判长所问的问题被告人都要回答，紧紧扣题，即问什么，回答什么。问和答都比较简明扼要。

问：你是用这把三角刮刀捅的张××吗？（出示凶器三角刮刀）

答：是。

问：你捅了张××几刀？

答：3刀。

问：都捅在什么部位上？

答：捅在胸部。

这种问答式定向表述是针对特定的语言环境和特定对象的，上下文的语境为问话的言语内容提供了省略的条件。但是，该以怎样的省略为准呢？书记员在进行记录转换时，就需要从语法修辞的角度去合理处置。

审判长对被告人用三角刮刀捅人这一犯罪行为进行庭审调查时，首次发问用了一个完整而严密的是非问句：你是用这把三角刮刀捅的张××吗？（出示凶器三角刮刀）

是非问句的特点是：发问人把一件事情全部说出来，要求对方做肯定或否定的答复。所以是非问句中的成分不能省略，记录转换时，必须记全。

接下去审判长用了两个特指问句：你捅了张××几刀？都捅在什么部位上？

特指问句的特点是：用"谁""什么""怎么""哪儿""几"等一类的疑问词来表示疑问所在，要求对方回答特指部分的内容。记录转换这类问话时，一定要记清特指部分，其他内容根据上下文语境的语义衔接，可以酌情把握省略哪些句子成分。

下面是做庭审笔录时，把诉讼口语转换成笔录语言的三种修辞示例：

A：（第一句全部记下）

问：你捅了张××几刀？

答：捅了3刀。

问：都捅在什么部位上？

答：捅在胸部。

B：（同上A）

问：你捅了几刀？

答：3刀。

问：在什么部位？

答：在胸部。

C：（同上A）

问：捅了几刀？什么部位？

答：3刀，胸部。

以上三种问答中的记录转换示例，用在笔录中都是可行的。因为这些问答句，都保留了特指部分的最佳语言信息。根据上下文的语境因素，经过省略后的问句和答句，语义完全清楚明白。又因为两次问答的内容紧密相联，所以可以归并到一起记录转换。C例正是把这两个单句合并到一起压缩成了一个复句，使单项问答式变成了连续问答式。这样节省了时间，也不影响原意。压缩话语，或是压缩句子，使之浓缩成最有用的语言信息，这是把诉讼口语转换成笔录语言的一种重要修辞手法，也是比较普遍的一种转换规律。

法庭调查阶段，审判长为了查明某个问题，对某一犯罪事实的经过或情节问得比较细致。这时审判长往往对同一问题反复地问，并且不断地要被告人重新回答一次。这样问话的目的，或是看看几次回答的口供有无变化，或是对某些重点问题的回答，为了引起法庭的注意，审判长采用重复被告人（或证人）答话内容的方法，使法庭听众对重复的内容有明确深刻的印象，同时也在暗示书记员，他所重复发问的这些内容是重点，要全部记录下来。这些问答中，重复句必然出现。对这种问答情况，凡属前后回答有出入的地方，都必须一一记录，并另起一行形成并列格式，使人一目了然。对那些确实完全一致的内容，已有记录在卷的，就不必再记了。

上述情况说明，浓缩的转换手法，有时也要灵活掌握，并不是所有情况下都可以省略和压缩的。关于记录转换的技巧问题，另节再做阐述。

在民事案件询问式的问答记录转换语言中，修辞的侧重又有所不同。书记员除了要注意把问和答记准确外，要特别注意保持当事人原话的语言个性特征。如果当事人使用的是方言，转换时仍应保留方言特色，不能转换成普通话。例如：

张××因杀人（中止）、强奸未遂罪被判18年有期徒刑。其妻高××，提出与他离婚。张××提出两个孩子不能归女方抚养，可以暂时由孩子的爷爷、大伯抚养。法院民庭审判人员对张××的两个孩子做了询问，书记员当场做了如下询问笔录：

（先问张×芳，张×亮在外。）

问：你多大了？

答：13岁。

问：叫啥？

答：张×芳。

问：你父亲叫啥？

答：忘了。

问：你母亲呢？

答：高××。

问：女儿咋不知爸爸叫啥呢？

答：（轻声）叫张××。

问：你知道你爸爸现在在哪儿吗？

答：俺妈就说俺爸犯了错误，不告诉在哪儿，怕影响俺学习。

问：你爸对你好不好？

答：他重男轻女，对俺弟弟好，对我不好。

问：你妈呢？

答：俺妈对俺和俺弟弟都好。

问：你妈和你爸打架不？

答：打，从俺记事时就打。

问：谁打谁？

答：俺爸打俺妈，俺妈不还手。

问：你妈要同你爸离婚，你知道吗？

答：听俺妈说了。

问：你说他们该离不？

答：离了也行。

问：离了你跟谁？

答：（大声）俺跟俺妈。

问：跟你爸吧，你爸要你。

答：不。

问：你弟弟跟谁？

答：他也跟俺妈，他说他喜欢妈妈。

问：把你和弟弟分开行不？

答：不行。

问：跟你妈过难不？

答：有俺姥爷帮忙呢。

问：法律规定父母离婚与父母不脱离父母子女关系，比方你跟你妈，等你爸出来，他还是你爸，你还可以帮助他。

答：知道了。

问：你说的这些话算数不？

答：这全是我的心里话。

（张×芳外出，张×亮进。）

问：张×亮，你多大了？

答：11 岁了。

问：你知道你爸爸的事情吗？

答：以前不知道，我妈说他出差去了，最近才告诉我说，我爸办坏事了，要和他离婚。

问：他们离婚你愿意吗？

答：大人的事儿，我不管，我妈要离就离吧。

问：离了你愿跟谁？

答：我跟俺妈。

问：你爸爸愿意让你跟他。

答：不，俺爸对我不好。

问：你愿意跟你爷爷或大伯生活吗？

答：俺爷爷本来就有病，他都 70 岁了，我不跟他。俺大伯有两个孩子，他们光和我打架，俺大伯向着他孩子，我不跟他。

问：你们姐弟俩都跟你妈有困难啊！

答：我愿意跟俺姥姥过，俺姥姥也要我。

问：你爸爸回来怎么办？

答：我不搭理他，也不跟他过。

问：你说的是真话？

答：是真话，全是真话。

这份笔录在把原问话人和答话人的口语转换成笔录语言时，注重保留了原问话和答话的语言特点。此案发生在河南郑州，问话对象是当事人的两个孩子，从笔录语言材料中，我们可以看到，民庭司法人员很会根据问话对象的年龄、文化程度及问话目的来组织问话语言，进行发问，问话亲切和蔼，语言通俗，完全口语化，并带有明显河南郑州一带的方言特点。如"俺""不中"，是河南方言词语中常见的，"咋""啥"也是口头语言中的疑问词。询问笔录语言中，都保留了这些语言色彩。从这份笔录中还可以看到，由于司法人员问话言语链的语言组织得好，所问的问题使问话对象容易回答，也愿意回答。答话完全符合 13 岁的女儿和 11 岁儿子的身份、心理和年龄特征。之所以有这些良好的效果，除了问话人和答话人言语交际内容和表达的主客观语境因素外，书记员在把询问口语转换成笔录语言时的语言功力也是非常重要的。书记员很好地把握了口语、方言直接转换的规律，也很好地把握了言语交际双方问答语言的特点，使这次询问笔录再现了当时的情景。将这样的询问笔录拿给孩子的父亲看时，他熟悉自己孩子的语言，如同亲耳听到了孩子们回答司法人员提出的那些问话。又由于问话记得很清楚，孩子回答问题的原话也记得很明白，张××所提出的请求——孩子归他，为什么没能得到孩子的同意，他一看笔录也就一清二楚了，正因如此，张××看了笔录，深深地被感动了。他流着泪在离婚调解书上签了字。

三、陈述式诉讼口语的记录转换

陈述式口语在诉讼活动中使用较多，一般由诉讼双方在讲述事实、列举证据时所用。但人们使用陈述式口语进行表达的水平高低相差较大。有的人思维和言语逻辑性强，陈述事情清楚简洁；而有的人思维不清楚，表述事物时说话啰唆，语无伦次，表达不清。在诉讼过程中，无论面对哪种水准的陈述，书记员都要记下相应内容的笔录。陈述式口语转换成笔录语言时，常见的难点除与说话人的表达水准有关外，还在于陈述事实时时空点多、所叙述的事情情节复杂、人物关系复杂、称谓多等因素。如果再遇上陈述人说话缺乏条理，或重复，或多语病，记录转换难度就会加大。遇到这种情况，记录时要舍弃诉讼人讲话中的夹杂成分，如过多的口头禅、重复的内容等，有的还要调整语序，使陈述的事情条理清楚。下面是从一件民事案件的调解中，用录音机录制下来的当事人陈述（上诉理由）的原话，我们拿这个原始的语言材料做个分析，说明陈述时诉讼口语转换的某些规律。

原告：杨××，71 岁，河北唐山人，退休工人。

问：你上诉的理由是什么？哪一点不通、不服？

杨××：好！什么意见不服呢？是家业、最后粮食一切的。他们（指其儿媳及儿媳娘家人）这个办法啊，我意见大了。他们拉走这个东西用什么方式呢？一道道的。用啥方式还是拉走了。在什么时间？我说这个你要不信，完全可以调查调查。人死了（指杨××的儿子），早晨间死的，头晌午埋的，末晌摇晃大亮地来了好几辆大车，来人敢情拉东西来了。拉好几天，连着。这时候挡也挡不住。人家来了这帮子人，我们这家没人，就三口人。来这帮子人拉东西，不让拉？不让拉不中，挡也挡不了，打也不是人家的个儿。嘿嘿，这时只好上法院给来告了。上诉来了，报告来了。报告了，法庭给写了封信去啦，给大队，叫制止拉东西。随后呀，又拉了两天东西。写封信又拉了两天了。

问：这是一点，还有什么？

杨××：一天把三千来斤粮食全拉走了。家具什物全拉走了。也没通过我，谁也不知道影儿，就拉东西走了，等后来知道信儿了，怎么？嘿，人一走全拉光了，这我才有意见。

上面陈述式口语带有夹杂成分，但口语特点的生动灵活性也颇表现了人物的身份性格，怎样做记录转换为好呢？可以有多种记录转换语言组合产生，这其中有产生最好的那一种，参与这次诉讼调解的书记员所做的记录转换语言如下：

杨××：我对他叫人拉走家里的东西和粮食意见大了。人是早晨间儿死的，头晌午埋的，末晌午他们就来了好几辆大车拉东西，他们家来了好多人，我们家只有三个人，不让拉不中，挡也挡不住，打又不是人家的个儿，所以我就上法庭告了他们，法庭给大队写了封信，叫大队制止他们拉东西，这之后又拉了两天。

审判员：还有什么？

杨××：没有通知我，一天就把三千来斤粮食都拉走了，等知道了信儿，全拉光了。

以上是书记员所作的笔录转换语言，尽量采用了杨××的原话，保留了杨××说话口语的个人风格。拿抄录下来的杨××的原始口语录音语言材料和书记员当时记录转换的笔录语言相比较，可以看出，在转换记录语言的修辞手法上，针对杨××说话比较啰唆，带口头禅，但又生动灵活的特点，记录时排除了杨××原陈述口语中的杂质和重复的话，采取了取实舍虚的修辞手法。凡涉及案件事实和主要情节、性质及诉讼焦点等实质内容的言语都详记下来，对枝节问题或答非所问、与案件无关的言语则都舍去不予转换。这样既不失原意，又保持了杨××陈述式口语的语言风格。

对陈述人的表述直接筛选，将本案中的事实用最确切的言语进行概括、归纳，这是常用的一种记录转换方法。比如压缩一长段话时，可以摘取陈述人最关键的原话，把长话变短；也可以把摘取的原话用书记员自己的语序重新组合后进行记录转换，但要保留陈述人言语的原意原貌。

在一起伤害罪案件中，某当事人陈述打架经过时说道：

> 院子里有几个人看见了，他们不知道站在那里干什么了，聊天了，还是看热闹了，反正在院子里站着呢。

这一段陈述语言啰唆，不能全记录下来，但也不能全舍掉，因为这几个人可以作为证人，可能为案件提供可靠的证据。书记员把这几句话摘取归纳后是这样记的：

> 院子里有几个人站着呢，他们看见了。

这是根据原话原意的归纳，语言也简洁明确。

四、辩论式诉讼口语的记录转换

法庭辩论是在法定的诉讼语言环境中，控诉与辩护双方，为完成特定的言语交际任务而进行的一场针锋相对的争辩。双方展开辩论时，思维紧张、活跃，"听"与"说"的言语交际进入了一种较高层次的要求。论战双方唇枪舌剑的言语，使辩论者的语言思维处于兴奋状态，言语交际的速度大大加快。这种情况对书记员"听"的能力，语言反馈、组织概括话语的能力，快速记录书写的能力都提出了高的要求。只有在具备了上述能力的前提下，书记员对辩论式的诉讼口语进行笔录转换时，才能做到：掌握辩论双方各自的论点、论据、论证、论证结论，分条记录转换下来，对论述过程可以从略记录，从略要求简而不漏、准确而不庞杂。比如，对公诉人和律师互答互辩之中的诉讼口语，要重点记录下双方列举的事实依据和法律依据，而对一般的分析、议论，可舍去"虚"的部分，归纳概括"实"的内容记下。下面以一起交通肇事案的法庭辩论部分的一段记录转换为例，以示具体说明：

法庭辩论

辩护人的辩护观点（无罪辩护）：

1. 起诉书认定被告人行车时速在 20 公里以上的事实不准，要公诉人拿出具体数字来。

2. 车辆的方向系统和制动系统失灵是造成事故的原因，认为起诉书认定被告人在汽车转弯后没有及时回打方向和采取紧急制动的事实不能成立。

3. 认为鉴定结论和试车检验结论不能作为定罪的根据。因为鉴定结论不真实，与某些人的陈述有矛盾，试车检验是空载冷刹，而事故发生时是满载热刹，条件不同，效果亦不同。

对辩护人提出的否定起诉书认定的犯罪事实这一观点，公诉人以充分论据进行答辩。书记员分条对答辩的主要内容作了简而不漏的记录转换：

> 认定该车的方向系统正常，制动系统基本良好，是有充分根据的：首先，鉴定结论为"方向系统正常，不会有突然被卡住的可能，方向机分解正常"。其次，试车检验"方向没有失灵而有效，制动系统除右中、前轮欠灵外，其余正常，制动距离为 5.2 米"。再次，现场勘验"方向装置好，无刹车痕迹"。最后，一些乘客证明"没有刹车感觉"。上述证据已充分证实事故发生的原因是由于被告人疏忽大意，在超速行车的情况下，没有及时回打方向、没有紧急刹车造成的。

 ## 第四节 诉讼口语记录技能的培养

在诉讼活动中，口语表述与记录转换同时进行。诉讼口语的转换总是随着诉讼程序的流动，在收听诉讼人的口头语言与记录成各种笔录的语言时，由书记员边听边用笔记录下来的。它的这种不同于其他法律文书的制作方式和过程，对广大法律从业者的工作提出了语言驾驭能力的高要求。紧张记录时，耳听手写、大脑思维、过滤语言信息，总是密切配合的，这其间所涉及的能力，不仅是书写速度的问题，还和其他相关能力关系密切。这方面，许多优秀的法律工作者在实践中积累了行之有效的丰富经验，我们不妨在借鉴的基础上，做些基本理论上的探索。

一、接收诉讼口语信息和重新组合成记录语言的能力培养

在把诉讼口语转换成笔录的书面语言时，在"听"和"写""思维概括""选择诉讼言语信息组合记录成笔录"这一连串的修辞转换的过程中，仔细地听，迅速地记，聚精会神，调动耳、目、手、脑的全部功能，把诉讼口语（包括说话人的情感、动态）全部反映到笔录中，需要记录人培养自己多方面的技能。

（一）听的能力

记录人要有意识地培养自己"专注地听"的良好习惯，更要提高自己迅速而准确地辨析关键性语言的能力。审理各类案件时，当事人的文化程度、性格、心理因素和口语表达能力的不同，都会使记录转换遇到各种困难。一位优秀的法律工作者，不仅要善于听有条理的讲话，还要能听不太有条理的甚至相当紊乱的讲话，尤其是后者。有的当事人说起话来杂乱无章、不着边际，有的啰啰唆唆、颠三倒四，要较长时间耐心仔细地听取这样的发言，并把说话人的原话、要点很快在自己的头脑中形成清晰的认识，再不失原意地记在笔录中，这要经过记录人紧张而辛勤的劳动。

"听的能力"要求记录人在听的过程中有边听边思考的能力，做到精神保持高度集中，思路敏捷，反应快，记得准。既要思索对方刚讲过的内容，又要继续听取对方下面的讲话内容，并迅速捕捉到其中的要点，能在说话人的全部语言信息中判断筛选出必要的语言信息。现代心理实验证明，"一心"是可以二用的。

（二）思维概括记忆的能力

一般地说，人们在接受对方讲话的过程中总是伴随着一定的思维和记忆活动。因为听话时的声波稍纵即逝，记录人在整个记录过程中必须精神高度集中以便强化自己的思维、记忆活动，加强这种思维和记忆的目的性和自觉性，而且要善于辨析说话的要点，直接筛选当事人讲话的关键语言并记录在案。比如在开庭审理过程中，凡审判员重复发问、追问或责成被告重新交代的问题，都会在书记员听和思维记忆的过程中起到强化作用。法官示意书记员，这些问题是本案的要害，是记录的重点，应原原本本地把当事人的语言记录下来。类似这样的外因给的强化作用是比较好接受、好做到的。然而，过硬的基本功还要看记录人自身内因的听和思维、记忆、概括能力的强化程度。关于这一点，原天津市南开区人民法院的张秀兰同志有很好的教训和经验。她说："我记得头一次开庭，审判员一发问，自己从心里直发毛，只顾手记，顾不上脑子想，记了前面忘后面，一些本来会写的字也想不起来了。闭庭之后，一看记录，不但字迹潦草，而且很多话没记上，意思也不完整，有的内容与事实不相符。由于庭审笔录没记全、没记准、没记清，影响了认定犯罪事实和分析责任。"这是她初当书记员失败的教训。主要原因是听、思、记、写的脱节和失调。当她苦练了听、思、记、写的基本功后，提高了写和思维判断、概括的能力，在实践中收到了显著的成效。庭审时，她能随着审判员的发问把事实部分的关键情节准确地筛选记录下来；对说起话来漫无边际的诉讼当事人，能抓住其陈述中有关案件事实的部分；而对那些"文化水平低，语言表达能力差，想起什么就说什么，前言不搭后语"的当事人的发言，她并不忙于马上记，而是先仔细听清当事人的意见，然后归纳出比较完整的连贯词句再记；但对一些关系重大的内容则要力争记原话，同时把那些与案件无关的、没有意义的言辞删去。这样，她逐渐摸索出了一套对各类不同案件记录的方法和详略规律。

归纳概括一段话的意思，基本方法有两种：一种是直接摘取当事人的陈述语句，把长句压缩成短句；另一种是用自己的话去概括。记录时，根据情况，这两者可以结合起来交替使用。关于第一种方法，总的来说，与案件有关的人物、时间、地点、动机、手段、目的、后果以及犯罪的预备、实施、未遂、既遂等情况，都应不错不丢地全部记录下来，因为这些要点都是证明犯罪、查明情节、认定性质的关键所在；而对诉讼参与人陈述的那些与案件无直接关系的经过、情节等，则可以根据书记员熟悉案情的程度，发挥自己的主观能动性来决定其舍取。

天津市中级人民法院刑一庭书记员张淑英同志，为了提高自己归纳、综合、概括的能力，平时就反复对一本小说或一部电影的内容用简短、准确的语言加以概括。长期加强训练的结果，是她在庭审记录中能够有效地集中精力，准确地把被告人的大段叙述以及公诉人、辩护人的长篇发言精练地概括出来，并能不失原意地记录下来。

二、快速书写的能力与方法

前面已经阐述过，用汉字记录汉语口语，无论如何都不可能做到有言必录。"说"和"写"之间在速度上存在的时间差，是每一位书记员在实际工作中都会碰到的矛盾，也是必须解决的矛盾。

怎样解决呢？一方面要看到汉字记录汉语有局限性，速度不可能提高，所以一般只能抓主要内容记；另一方面就要苦练书写速度，这是书记员的一项重要基本功，而且不是一朝一夕能够练就的，必须天长日久、持之以恒地练下去，直到把字写快写好。所谓好，就是字体要正规、清晰、好认。

当然，在司法实践中，临场练习、工作实践的锻炼和经验积累也是重要的。除了熟能生巧的规律外，快速记录还有一些行之有效的方法：

（一）善于取舍

无论是哪一种诉讼口语形式，进行笔录转换时，都要遵循"取新舍旧"的原则。"新"是指在庭审或其他诉讼程序中出现的新证据、新线索、新的事实等新情况，这些都要一一详尽地记录下来。而对那些在案卷中已有过的材料，或者已存有书面文字的材料，如起诉书、证言笔录、鉴定意见、书证材料等，均可只记名称、出处，文字从略。另外，在"问答式""陈述式""辩论式"三种不同形式的笔录转换中，均有不同的取舍方法，将在下节具体阐述。

（二）方法灵活简便

加快记录速度的方法有多种，每个人在长期的司法实践中根据自己的情况，都可以积累出一套行之有效的经验。常见的一些方法介绍如下：

1. 归纳综合法。除了前面已经说过的一些概括归纳的方法外，还可以对连续性或相类似的问答进行归纳，综合成一次性的问答。比如，问当事人身份、简历、家庭情况等问题时，可以把单相短句问答归纳转换为并列的多相长句问答来记录。尤其在法庭辩论和陈述式的口语记录转换中，归纳综合方法使用得比较多。

2. 简称、缩语和统称的使用。对诉讼中的口语表述者，记录转换时第一次用全称，以下可用简称。比如，审判长可以用"审"或标点符号"？"代替。陪审员、公诉人可用"陪""公"等。当事人或其他询问人，可取其姓为简称。如果同一案件中有同姓者，则分别取其名字中的一个字为简称即可。使用简称要前后连续一致，不能随意更换以免造成混乱。

缩语要视具体情况而定，一般是把长句压缩成短句，在不失原意的情况下，省略一些附加成分。

一些被压缩简化了的全称，成为被承认而广泛应用的，可以在笔录中使用。比如下列一些被压缩简化了的统称：

《中华人民共和国行政诉讼法》——《行诉法》

中级人民法院——中院

湖南湖北——两湖

以上，必须是被承认而且流行常用的。比如可以用"两湖""两广"，但不能用"两河"（河南、河北）。

3. 空白省略法。凡是省略之后联系上下文能看出原意的，都可以使用空白省略法。这种方法一般用于初当书记员的人。因为记录速度比较慢，与口头诉讼语言相差较大，只好采取一种补救的方法，这时可以用跳跃式的空白省略法先记下，事后再很快将省略的字补入。比如：

　　　　对这一浪　事　提　严　批　。

　　　　对这一浪费事实提出严肃批评。

诉讼活动中，书记员记录时会遇到各种复杂的情况。各种笔录是重要的法律文书，因此对笔录的要求很严格，甚至有法律上的具体规范。比如庭审笔录，倘若当庭没记全、没记准、没记清，在记录的后面空了一段，准备闭庭后补记，那么这种笔录就不合法。然而，如果在记录的过程中有个别话没记全，留下了"尾巴"或者有个别字词写不上，就不要占太多时间去想，宁可造成遗漏，再抓住和利用庭审中及庭审后的一些空隙时间，进行"拾遗补漏"。这些空隙主要是：审判员对被告人进行教育和解释法律问题时讲得多，书记员可少记；宣读证言时，只需记有关的人名和预审卷册、页数，在辩论阶段进行重点归纳时，也会留有一些短暂的时间，用来拾遗补漏。

4. 预先填空法。在庭审笔录中，查明被告人身份及交代各项权利这一部分多采用"填空"式。初涉记录工作者只要了解了这种方法就很容易做到。一般有经验的记录人，都能根据不同案件，在不同的笔录中恰当地使用这种方法。比如宣布开庭，宣布合议庭组成人员和诉讼参与人名单等常规性内容，都可以预先填写。对一些必不可少变化不大的程式化规范性内容的问答语句，可先记下问句，庭审时填上答句即可。

三、阅读卷宗的能力

前面谈到把诉讼口语转换成笔录语言时，强调了书记员听的能力和快速书写能力。这仅是从转换过程中的两大主要技能来说的。做好笔录是一项难度比较大的语言文字转换工作，除了要善于听又能快速书写，还和书记员的阅读能力、驾驭语言文字的能力密切相关。要做好笔录，就要熟悉案情，就必须认真阅卷。有时一个案子的卷宗有好几本，厚厚的一摞，如果看上两天，即使看得头昏脑涨仍理不出头绪来，那怎么行呢？阅读能力的高低影响着阅卷的质量和效率。书记员除了平时多读多看，培养自己一定的阅读水平外，还应该有意识地训练自己把阅读、理解、记忆结合在一起进行快速阅读的能力。

快速阅读法是从文字当中迅速吸取有用信息的方法。这种方法绝不是只求速度的无意浏览，而是注重质量的一种创造性的劳动。著名语言学家张志公先生对此有过精辟的论述。他说："要读得快，同时就要求理解得快，并且理解得准确，能够很快地从所读的东西中得到所需要的东西，而没有重要的遗漏、没有错解或者理解得不太够的地方。读得快，也要求记得快，要在几秒钟、几分钟、总之很短的时间之内把理解了的需要的东西输入到头脑中。因此，快速阅读的能力包含着快速理解和快速记忆的能力。快不等于不仔细，快容许略但不容许粗，更不容许错，快速阅读的能力不是一个孤立的能力，理解、记忆、速度三方面构成阅读能力的整体。"一个优秀的书记员，要既懂得认真阅卷对制作好笔录的重要性，又不会被大量的卷宗牵扯过多的精力。他凭着阅卷的经验和一定的阅读能力，能准确地从大量的卷宗文字中选取最佳信息，知道先看什么，怎么去看。比如精阅和略阅哪些内容，记住哪些内容就能很快熟悉案情，通过思维对事实和现象进行分析，确认并掌握住案件的重点、难点、疑点，记住当事人的基本情况及讲话特点，包括口音、方言、土语等，为开庭记录做好准备。

阅读时，不同的案卷当然有不同的侧重面，这是因为不同类的笔录，记录时的要求有所不同，即民事、刑事和经济三类案件的笔录侧重方面不一样。比如在阅读经济纠纷案卷时，有的书记员要求自己做到三记住：①记住原、被告及第三人的单位名称、地点，诉讼各方法定代表人、委托代理人的姓名、年龄、性别、工作单位、职务、住址等。②记住诉讼标的，对有关数字、名称、规格、型号、商标、技术规范、产品符号、专业术语等，尽可能背下来。③记住案件纠纷由来和案件涉及的有关当事人的情况。

做到这些，在当庭把诉讼口语转换成笔录时就主动多了。

四、驾驭语言的能力

语言是人与人之间传递信息、交流思想的工具。法律面向全社会，参与诉讼的当事人来自各个阶层的各行各业，他们的语言表述有各种层次、各种特点。书记员必须有良好的语言素养和对语言的敏感性，能较好地驾驭语言，对各色语言做出最佳的转换，才能制作出优秀的笔录。下面具体谈两个方面：

（一）掌握一定的语法修辞知识，并能在司法实践中灵活运用这些知识

掌握了句子的结构特点，就能比较准确地对长句子进行压缩，使语言简练。大脑中储存的汉字词汇多，法律专用词语、常用的有关术语记得熟，一些方言土语、生活用语中的生僻字都会写，这些都将为制作好笔录提供有利的条件；懂得了词语的褒贬意义的感情色彩、近义词之间词义的细微差别，能够保证准确地遣词造句，正确地记下当事人说话时的表情特征以及有关的行为动作。比如：拉、拽、抻、扭、拧、拦、抢、搡等同是手的动作，但他们所表现的用力程度、方式都不一样，行为人的意图和造成的后果也不同；蹬、踏、踩、踢、踹等腿脚部的动作也是如此。书记员在制作打架赔偿案件的笔录时，经常会碰上这类字。

原天津市中级人民法院刑二庭贾秋霞同志根据上诉人的不同心理表现，记录时能如实反映庭审情况，说明她有较好的运用语言的能力。她说："庭审中经常遇到上诉人哭的情况，但哭的原因各不相同，因此表现出来的哭的方式也不相同。我就在庭审笔录中把哭的具体特征写明。如'无声地流泪''抽泣''失声痛哭'等。还有的上诉人是一些惯犯、累犯，在庭审过程中，装傻充愣，往往在不得已时才哼一声，这时我就把他们'低头不语''故作镇静'，或'言语支吾''点头默认'的瞬间变化记录下来，有时上诉人一句话的声调不同，含义就各异。这时我就用感叹词加标点符号，如实记录下来。"

这些说起来极为简单，做起来也极为容易，难的是你能够敏感地觉察到这些应该记录下来的内容。这就要求书记员有较好的修辞素养和语言敏感性。

（二）熟悉方言土语，提高使用语言的应变能力

方言是语言的分支，语言跟方言的区别是相对的。语言的使用范围宽、包罗万象；方言的使用范围窄，比较单纯。方言土语首先表现在口头语中。书记员熟悉并掌握方言土语的面越广越好，熟悉方言土语的语音，对当事人使用的方言土语就听得懂、听得准。为了记得准，还要注意这些方言土语的写法，这样记录时才能传神地记录当事人的原话、原意，反映出客观的事实。

原天津市和平区人民法院刘捷同志，对此谈了自己的经验。他说，当口头土语用文字根本没法写出来时，在保持原意的前提下，变换成书面语。例如："哏"

写成"有意思","趸一个"写成"找一个"等。他又说："后来听老同志说，不少口语都是可以找到文字根据的，这使我受到了启发：记录时如果记口语，不单省时间，还往往可以使一个字代替好几个书面语言文字。如'哏'比'有意思'少了字和笔画，用不着琢磨变换用什么书面语言最合适了。"

使用方言土语不仅完全符合当事人的说话口气，保留了真实性，更主要的作用是准确，有利于正确地分析案情。比如刘捷同志就谈到，"趸一个"有时包含"有机会就偷一个"和"没有目标地乱看"的意思，要是记为"找一个"，就不含贬义了。

（三）除了熟悉方言土语外，记录人还应有对语言的应变能力

语言应变能力包括多方面的内容。比如记录人应该能听各种不同水平的发言，根据说话的不同特点进行记录。不同类型的笔录是在不同的语言环境中记成的，如庭审笔录和询问笔录、谈话笔录，在语言风格上就有区别；民事调解和刑事审判的笔录，语言风格也不一样。这些都要求记录人掌握多种语体的语言风格，懂得语体修辞的语言艺术。

综上所述，听和思维概括的能力、快速书写的能力、阅读能力、驾驭语言的能力等，都是书记员把诉讼口语转换成笔录语言的重要基本功，从基本技能的训练培养来说，又都属于语言文字的学习范畴。要能胜任书记员工作，"快、准、清、全"地制作好各种笔录，就必须在熟悉掌握一定法律专业知识的同时，注重练习语言文字的基本功，这是司法笔录语言的应用内容之一，不可忽视。

思考题与练习

1. 什么是语体？它是怎么形成的？
2. 熟悉诉讼口语的几种记录转换形式。

第六章 司法口语概述

内容提要

本章主要介绍了普通口语中的"听"与"说"、司法口语的语境制约因素以及司法口语的影响性功能等知识。

关键词：司法口语 语境 语境制约 功能

法律工作是社会生活中最为纷繁复杂的，因为与法律打交道的是我们社会中的各色人等，个人素质与修养良莠不齐，这就注定了法律工作本身固有的"先天难度"。比如法律工作者经常需要与违法犯罪人员利用语言斗智斗勇，所以司法口语显得尤为重要。同时它又是法律工作者必备的基本技能，更直接决定了司法笔录的内容。

司法口语包括"司法问话""司法谈话""司法演讲"和"法庭辩论"四部分。其中，司法问话主要指询问、讯问和审问。司法谈话包括调解性谈话、管教性谈话、法律咨询性谈话。司法演讲指司法工作者在特定的语境中，面对特定的听众，以事实为根据、以法律为准绳，以有声语言和人体语言为媒介，传播法律信息、评价事理、表明观点的一种司法口语。其中，法庭演讲和法制演讲是司法演讲的两大主干。法庭辩论指在法庭上由诉讼双方就调查的事实和证据如何认定、是否构成犯罪等问题进行互相论证和反驳。

为叙述方便，在本章中，我们将司法口语抽象为"说话"，侧重点放在"说"与"听"两个基本构件上。

 ## 第一节 口语中的"听"与"说"

一、说话的语境特点

说话，是介于叙述与议论之间的一种有声语言表意形态，它指两人以上处于同一时空的面对面的言谈应对。这个定义告诉我们，任何种类的"说话"，都是由"说"与"听"两个因素构成的，缺少其中一个因素，就不能构成"说话"表意形态。"自言自语"尽管也是一种"说"话，但它欠缺了"听"者，因此，它不能纳入"说话"的范畴。

"说话"这一表意形式，是人类交际活动中运用最为广泛、受语言环境制约最为显著的形态。语境，即使用语言的环境，也可称作"言语环境"，简称"语境"。人们的"说话"活动，总是由一定的交际对象在一定的时间和一定的空间里，因某种缘故、就一定的事务、希图达到一定的目的而进行的。这就表明，构成语境的因素包括两大层面：①客观性因素，指时间、地点、场合、对象等。②主观性因素，指说话人的职业、身份、修养、文化与阅历以及彼时彼刻的心情等因素。也有学者将语境分成"外显性语境"和"内隐性语境"两类，其界定基本类同于上面所述的客观性因素和主观性因素。

说话，是一种表述与领会同步进行的双向言语交流活动，因此，它的语境构成呈现出以下几方面特点：

（一）时空性

说话，离不开确定的时间和空间。这里的时间与空间既可以是具体的某时某地，也可以是概括的时代或某类社会形态。不同的时代和不同的社会历史状态，有着不同的政治环境和时代风尚，它们不仅支配着人们的思想与行为方式，而且还制约着人们对语言的理解和运用。譬如，北齐儒将郎基，因战功被封为侍御史，成为朝廷的最高检察官。郎基为官清廉，不求个人私欲，他常说："我的官所之内，连术枕也不须制作，这样也就不会有金钱名利的烦恼缠绕我身。我唯一的愿望，就是著书立说，修养自己的天性。"著名文学家潘子义十分敬仰郎基的人格，曾对他说："在官写书，也是风流罪过啊！"潘子义所谓"风流罪过"，意在称颂郎基为官著书写文、高雅清廉的品格。因此，在那个特定的时空中，他与郎基对话就不会存在什么障碍；反之，如果在当今用"风流罪过"去赞扬哪位为官的学者，他大概要诉之法庭，告你一个"诬告罪"。可见，"说话"是受着时间和空间制约的。

（二）场合性

"说话"总是在极为具体的场合中进行，时间与空间均可具体到很细微的程度，与之相联系的还有说话的内容、范围、方式及目的等语境要素。说话的内容、范围的不可限定性使说话的"场合"显得十分突出。在花前柳下的窃窃私语，就不能放在大庭广众中去说；安慰一位未亡人，最好不要站在其夫的遗像前进行；夫妻之间的争吵，也不能在办公室里展开。场合性语境因素，对话语交际的制约作用是不容忽视的。

（三）对象性

俗语所谓"到什么山唱什么歌，见什么人说什么话"，指的就是"说话"的对象性语言环境。对象不同，说话的方式、目的、范围、内容都会有所不同，即使同一个话题，与老朋友说和与陌生人说也不一样。

对象不同，说话人就须顾及感情的亲疏、关系的远近、水平的高低、人品的直辟，从而调整说话的角度；如果忽视"说话"对象的差异，将会使表意传情的交流活动受到妨害。马克思曾对海涅说："离开您使我最痛苦，我真想把您也打进我的行李中去。"假若其对象不是他的亲密无间的朋友海涅，这样说话就会使对方难堪或莫名其妙。我国先秦"说话"理论的创始人之一鬼谷子在其名著《鬼谷子》中，对说话对象这一语境因素的制约，有着极为精湛的论述，他说：

> 故与智者言，依于博；与拙者言，依于辨；与辨者言，依于要；与贵者言，依于势；与富者言，依于高；与贫者言，依于利；与贱者言，依于谦；与勇者言，依于敢；与愚者言，依于锐；此其术也，而常人反之。

（四）前提性

说话的功效，与说话的前提性语境有着密切的关联。前提性语境因素包括共同知晓的事件、说话者各自的客观情况、说话的用意。美国前总统克林顿，入主白宫后，曾对记者说："英美关系源远流长，有着相同的价值观，你们希望我与英国首相通力合作，尽管他在刚刚过去的大选中公开支持我的对手。"这个谈话的前提是：英国保守党的竞选专家曾向布什——克林顿竞选总统的对手——的助手传经送宝，并允许其调查克林顿在英国留学时的签证申请。有了这个众所周知的前提，克林顿对记者的谈话就取得了极佳的效果。

（五）情境性

"说话"的情境性语境指说话者表意时的心情和处境。说话人的心情是制约说话效果的很重要的因素，而心情的复杂多变又与其他语境要素有着不可分割的联系。譬如，突然失去了亲人，这种悲伤的心情，在不同场合、不同对象面前，其心情的表露并不完全一样。在与亲朋密友说及此事时的哀伤心情，浓烈之极，可以酿成恸哭，而与一般吊唁者叙说，则可以连眼泪也不流。

处境因素，既可以是人们所处的社会环境以及个人在一定社会环境中的职业、身份，也可以是具体的说话处境——工作关系、朋友关系、亲戚关系、师生关系等。这些都可以归结为说话人在一定表意场合中的"处境"。中央人民广播电台《午间半小时》节目主持人傅成励是个极受听众爱戴的知识分子，他风格持重稳健而不乏幽默。在世界戒烟日那天，《午间半小时》要做一期宣传戒烟的节目。傅成励认为这个具体的"处境"与自己的"烟民"身份不相符，他说："这次宣传戒烟的节目，由我主持不合适。"于是改由另一个人主持。当这位主持人将傅成励的话向听众广播后，竟收到了意想不到的效果——听众更加热爱傅成励，认为他是一个表里如一的诚实人。傅成励极聪明地利用了自己的"处境"，为交流创造了良好的条件。

综上，我们介绍了"说话"表意形态的语境构成因素对说话的制约性。语境之于"说话"，犹如阳光、空气和水之于人类一样，是须臾离开不得的，因此，我们在"说话"时应充分利用语境，提高表意的功效。

二、"说"的艺术

"说话"虽然是比较随意的一种口语表意形态，但对技巧方术的讲究，也是不可不追求的。因为它作为内容的外在形式，对说话的目的有非常重要的制约作用。据传，在古希伯来，有两位法学院的学生为一个问题争执不下，于是他们去找无所不能的拉比作评判，请看他们三位的谈话：

"尊敬的拉比"，一个学生问，"在学习法典时能吸烟吗？"拉比很生气地说："不行！"另一个学生走近拉比说："他说得不对，是这样，高贵的拉比，当人们吸烟时，他能同时学习法典吗？"拉比高兴地说："当然！当然可以！"

第二个学生仅仅调换了话语的次序，便轻易取得了拉比的认同和赞许，可见"说话"对技巧的依赖性是很强的。

"说话"是由"说"与"听"构成的，说者既可以是表述者，也可以是应答者，既可是主导者，也可是从属者，因此，追求"说"的艺术、讲究"说"的技巧，便显得很必要亦很重要。从"说"的角度，大致有以下几方面的艺术技巧可供训练参考。

（一）随意法

运用这种技巧说话，一般多属聊天性质的随意适性的漫谈。它以营造气氛、加固感情为目的，并不专意于信息交流；它一般没有时空的限制，也不大受话题的制约，只求适性随意。春节家人团聚，天南海北，古今中外，传闻趣事，无所不说，无所不谈；老友新朋，邂逅于大街小巷，别后情怀，沧桑人世，工作科研无不涉及；同事之间、上下级之间，路上碰面，嘘寒问暖，天灾人祸，长话短说，短话长谈。无须多言，这种看似无技巧的"随意"艺术，却是人类说话中"说"的最普遍、最基础的技艺。这种技巧的运用，能使人们之间多添一份温馨、减少一些戒备。在中华民族传统交往活动中，人们总是把"随意"式的"说话"，当作表意传情中的一大乐事。

"随意"式的技巧，够不上严格意义上的技巧技能，但它确实是"说"者应持的一种基本方术。这种技巧的核心要素就是适应性，不受说话目的性的强制，甚或本无明确的"目的"。因此，运用这种技艺要注意其适用的场合与范围。

（二）应答法

这是一种随口诘难性的回答式的"说话"技巧。这种方式话语组织灵活，应答随口而出，它常常能反映出一个人的品质、文化素养和反应的敏钝。我国古代常常以某人应答的技巧作为评判标准来评价一个人的聪慧程度。例如刘义庆在《世说新语·言语篇》中记述的一件事：

> 梁国杨氏子，九岁，甚聪慧。孔君平诣其父，父不在，乃呼儿出，为设果。果有杨梅，孔指以示儿曰："此是君家果。"儿应声答曰："未闻孔雀是夫子家禽。"

孔君平利用谐音，风趣地说了一句"杨"家果子，而九岁小儿应声答对的机敏聪慧，更令人叫绝。

我们汉民族是忌讳别人直呼自己父母祖辈的名号的，古人尤甚之。大文论家陆机就曾遇到有人戏谑呼其祖、父之名的难堪事，请看他是如何应答的：

> 卢志与众坐问陆士衡："陆逊、陆抗，是君何物？"答曰："如卿于卢毓、卢珽。"士龙失色。既出户，兄谓曰："何至如此，容彼不相知也。"士衡正色曰："我父祖名播海内，宁有不知？鬼子敢尔！"

陆机（士衡）的祖父是陆逊，父亲为陆抗；卢志的祖父名卢毓，父名卢珽。卢志当众直呼陆机祖父与父亲名号，这是极为失礼也是陆机不能容忍之事，因此，陆机就作了针锋相对的应答，有力地回击了卢志的无礼。陆机的应答实则是用婉曲形式表达了直对的内容。《现代人报》载有一段赵朴初应答式说话的事例，现转摘于此，以供学习：

> 在一次演讲结束后，一位女大学生站起来对赵大师说："你们佛家主张不结婚、不生育，照这样下去，人类岂不走向灭绝了吗？"赵朴初主席微笑地对她说："请问小姐，你想不想出家？"那位女学生慌忙回答说自己根本"不打算出家"。这时，赵大师接口就说："这么说，不是至少还有一个人肩负着繁衍人类后代的伟大使命吗？你怎么能说人类会走向灭绝呢？"

佛教协会主席的回答机智巧妙，反诘句简洁明快，一语中的。对姑娘的问话，一般人会演绎成大段的说理或其他论述方式作答，然而赵朴初大师采取机巧的应答式，既回答了诘问，又缓和了气氛。由此可见，应答法需要答者的机智聪慧，随机应变。

（三）委婉法

这种"说话"技巧常常用于政治、外交、商贸等重大会谈前后的非正式谈话场合中，它一般不受时间、空间的严格限制，也无事先策划规定的目的用意，说话的各方都处在一种轻松率意的状态，当然也不排除看似不经意而实则暗含用意的话锋。委婉式技巧以含蓄幽默为其内质。

法国总统密特朗与总理巴拉迪尔是政坛上的老对手。当巴拉迪尔还是财政部长时，一次在出席首脑会议后返回巴黎的飞机上，密特朗邀请巴拉迪尔坐到他对面的座位上，总统低头用餐，巴拉迪尔埋头看书。密特朗有些不耐烦，便开口问巴拉迪尔："你看到什么地方啦？""国王的晚餐，总统先生。"

总统的部长冷冰生硬地回敬了总统一句，密特朗讨了个没趣。冤家本来就路窄，而不知趣的总统还把那不乐意与他共处的"对手"叫到面前，巴拉迪尔只好以看书作挡箭牌，避免与总统交谈，但是，耐不住寂寞沉不住气的总统似乎想"逗"一下他的财政部长，没想到下属给他嘴里塞了一颗软钉子。巴拉迪尔的答话中，尊敬中透着不敬，庄重中含着谐谑，委婉方法运用极有分寸。

毛泽东是政治家，也是运用委婉式谈话技巧的高手。1965 年 7 月 26 日，他在接见回归祖国的李宗仁夫妇及其机要秘书程思远先生时，劈头第一句话便是："哈哈！德邻先生，你上当了！"李宗仁不禁一怔。"蒋介石骂我们做'匪'，你这次回来，岂不误上贼船了吗？"听完此话，李宗仁先生才释然。

毛泽东这种幽默的委婉式说话技巧，一下子就把两位曾经对立若干年的政治家见面时的尴尬局面变得和谐自然了，李宗仁夫妇的拘束之感也一扫而光。

委婉法还有随着语境变化而灵活调换说话角度与内容的特点。这种随机应变的"说话"，常常能起到沟通感情、融洽气氛甚至缓冲矛盾的作用。

1972 年，美国总统尼克松访问苏联。他在苏联某机场候机，准备前往另一个城市访问参观。然而，在即将起飞时，飞机的一个引擎突然发动不起来。在场的勃列日涅夫又急又恼，为了挽回外交礼仪的损失，他指着民航部长，问尼克松："我们应该怎样处分他？"尼克松随机应答："提升他，因为在地面发生故障总比空中好。"

言语灵活幽默，缓解了勃列日涅夫的心理压力，使紧张的气氛立刻轻松起来。

（四）直接法

这是一种单刀直入、开门见山地"说"的方法，也就是鬼谷子指出的与"勇者言，依于敢"的技巧。这种技法主要针对那些容易冲动而又缺乏心计的对象。这类人喜欢简捷明快、直截了当，说话伊始便切入正题。绕弯暗示、含蓄委婉，是这类说话技法的大忌。譬如，有两个罪犯打架，管教干部将他们喝开息架以后，立即找两人谈话，了解事情的起因，分清是非，平息了纠纷。在双方余怒未消之际，采用这种直奔主题的方法进行谈话，极具实际意义：一方面避免事态继续发展，另一方面便于解决矛盾。因为罪犯在这时，心理防线已完全拆除，内心活动全部外显，管教人员极易抓住矛盾的焦点，这样，解决矛盾也就不难了。如果对这类人或罪犯采用与直接法相反的技巧，那无异于隔靴搔痒，倒会使他们显出更大的不耐烦而更加冲动起来，反而会将矛盾激化或使矛盾缠结难解。电视连续剧《篱笆·女人·狗》中，葛铜锁与其妻关系不好，其中原因之一是性格上的差异，而性格差异就表现在说话方式的不同。葛铜锁喜欢直来直去，枣花不敢也不能对铜锁"直言"；而铜锁与狗剩媳妇情意深笃，确实该归功于狗剩媳妇的快人快语，她对铜锁说话采用的是"直接式"，一点儿含藏都没有。可见，对不同的对象采用不同的"说"的技巧，并非小事，普通人是这样，对特殊的人——罪犯更是这样。

（五）暗示法

这种技法不同于"委婉法"，虽然也有迂回曲折的成分在，但它的质的特点是以弦外之音或绵里藏针的方式进行"说话"的。暗示法常常采用双关、谐音等修辞手段完成，例如有一则宋代著名政治家、文学家欧阳修曾"妙讽""不知羞"的故事，请看其中"暗示法"的绝妙运用：

> 宋朝时，有个人自以为能吟诗作赋，所以目中无人。后来听人说，欧阳修诗才超人，他不服。为了一决高低，他背上包袱去访欧阳修。途中，他见路边有一棵很大的死树，便诗兴大发，对树作诗两句："门前一古树，两股大丫枝。"两句出口来，一时递不上后两句对词。恰巧欧阳修走来，就替他续了两句："春至苔为叶，冬来雪是花。""诗人"不认识欧阳修，回头傲慢地说："想不到你也会作诗？你认识欧阳修吗？"欧阳修摇了摇头。那人又猜测说："你一定是去找欧阳修的。"欧阳修点点头。于是他俩一同上路。两人同渡河时，"诗人"在船舱内又作起诗来："两人同登舟，去访欧阳修。"欧阳修又帮他续了两句："修已知道你，你还不知修（羞）。"

欧阳修借助"修"与"羞"同音，暗示了"诗人"毫无自知之明的狂妄不惭。在对罪犯管教中，面对那些自尊心很强的罪犯，管教人员也常常使用这一技法。

> 有一个罪犯，进劳政队一年，劳动、改造各方面表现都较好，但他沉默寡言，思想负担极重，管教干部几次找他谈话，均未能找到开启他

心灵的钥匙。一次，一位管教干部尝试用"暗示法"与他进行谈话，他说："真快，已经到了秋天了。我记得你是立春前一天进来的，对吗？这就是说你在这里已经度过了春、夏、秋三个季节了。秋天可是个收获的季节啊！"管教干部利用"秋天"收获的自然规律，暗示这个罪犯：你来的日子不短了，该有个明朗的表态——说出心里话，卸下思想包袱了。经他这么耐心的启发、暗示，这个罪犯果然说出了同监犯威胁自己的事实。

暗示法还包括一个变异的方法，即软中带硬、绵里藏针法，讯问谈话多采用这种技法。我们举一个电冰箱爆炸事例，用以充实论点：

2003 年 7 月的一份《扬子晚报》刊登消息：南京某居民一台某品牌的立式单门电冰箱爆炸。生产电冰箱的厂家专门组织力量进行调查，调查人员与用户谈话时，发现用户对冰箱爆炸的任何情况都不愿意说，只要求赔偿一台与原型号不同的冰箱。后经日本专家检查，发现冰箱虽然爆炸，但其压缩机仍在正常工作，制冷系统也都完好无损，于是确认爆炸与冰箱本身的质量无关，用户的要求显然属于无理。但是，厂家为了搞清这次爆炸的原因，愿意满足该用户的要求。然而，在此后的几次调查中，用户依然守口如瓶，不说爆炸详情。出于无奈，厂家的调查人员使用软中带硬的"暗示法"，他说："这次爆炸肯定不在于电冰箱的质量，真正原因是什么，我们一定要查清。我们准备请轻工部派员帮助进行技术鉴定，如果到时查出是属于使用不当引起的爆炸，一切经济损失及法律上和道义上的责任，都应由用户自己来承担。"听了这种暗示性话语，该用户不得不承认，这次爆炸是由于自己在冰箱里存放了易爆物品丁烷气瓶而引起的。

（六）转换法

它指采用转换话题或角度的一种"说"的技巧。这种方法常常在双方针锋相对、各执一词、互不相让时使用。

有个罪犯入狱以来，各方面表现一直较好，正当管教干部考虑给他减刑，申报表即将讨论上报时，他却偷偷与几个罪犯利用春节放假期间，在狱中喝酒。事发后，他连连检讨，认罪服罚，却拒不交代酒从何而来。几次谈话，一到这个话题，就僵住了。此时，管教干部没有强攻，而是采用转换话题法，与他说起各种酒的性能、酒精含量、产地等，由市场上酒的行情很自然地引到了原来的话题上，罪犯顺口就说出了他们那次喝的酒的来源。

转换法的运用，要防止话题转换时，离题过远或切题过近的两种弊端，同时，在由新话题向原话题转换时，要自然顺畅，不可勉强，以免造成"硬伤"，难以弥补。

三、"听"的艺术

"说话"是说与听双向交流的表意过程，也就是说，在进行"说话"的口语活动中，不仅要会说，而且要善听。俗语有"会说的不如会听的"。先古哲人也告诫世人，天生一张嘴两只耳，就意味着苍天要求人类少说而多听。在司法实践中，也有"民事在听"的说法，它要求法律工作者在同诉讼参与人谈话时，一定要细心聆听他们起诉或应诉的事实依据和理由，从而依法高质量地进行司法活动。

"说话"表意流程是表述者与接受者或者说是主体与客体共同完成的一个信息交流过程，二者相互作用、相互制约，使得表意活动得以进行。因此在"说话"的言语交际活动中，没有"说"显然是不行的，同样，"听"也是不可或缺的。

尽管在司法工作中，法律工作者是"说话"的主要表述者，对方是接受者，但是，法律工作者的"听"依然是不可忽视的、极其重要的"说话"行为，法律工作者缄口静听，更容易体察对方的心态，从而更容易抓住问题的关键。也就是说，在"说话"表意活动中，"说"与"听"的地位和作用同等重要，忽视任何一方都不可能达到"说话"的目的。

在日常生活中，善于聆听是建立良好人际关系的一个有力手段。人类生存于社会，有许多基本生活需求，被人尊重是其中之一。心理学研究告诉我们，认真地"听"对方"说"，就是对说者的"尊重"，这是对他人基本需要的满足。如果对对方的"说"漫不经心或毫无反应，则是对他人人格的不尊重，是一种不礼貌的行为。美国著名作家马克·吐温曾经给人传授"获得知心朋友"的诀窍，他说："给予人适当的颂扬，并尽量聆听别人嘴里说得最多的话，而不加辩驳。"而"听"，既然是"说话"不可或缺的一个构成部分，那么，要"听"得认真准确，取得意想的效果，还需要讲究具体的"听"的技巧，下面我们谈三个方面的技巧。

（一）善听弦外之音

在双方"说话"过程中，常常会出现"弦外之音"，需要听者细心揣摩。"弦外之音"的产生，是由于事物之间的相互联系，当"说"者谈出了甲事物时并没有说出乙事物，可乙事物同甲事物有着密切的内在联系，此时，乙事物也就等于暗中被点了出来，使听者由甲事物联想和推判出乙事物来。可见事物之间这

种潜隐联系是"弦外之音"产生的前提条件。司法工作中的"说话"的特殊性，要求司法工作人员要具有优于常人的揣摩话语的弦外之音的能力——听解能力。当罪犯喋喋不休地说些"不相干"的事情时，司法人员应立即联想出与这些"不相干"事情相干的另外一些事情来，结合特定的语境分析归纳，确定其话语之外的那个"乙"事物。譬如：

> 管教干部对前一天夜里某监室里出现的异常现象进行调查时，几个犯人慑于闹事者的淫威，不敢直言实说，只是一个劲儿地说，晚上没出什么事，大家休息得很好，并且特别点出那个企图闹事者的名字，说他尤其安静，没做什么违犯监规的事。在这一片肯定声中，管教干部"听"出了弦外之音，了解了实情，避免了一起事故。

再如：

> 电影《尼罗河上的惨案》中，那个大侦探波罗，是一个善听的典范。侍女用了几个"如果"式的假设句来回答波罗的问题，然而，波罗立刻听出侍女是个知情人。波罗从侍女的"如果"中听出了言外之意，而为侦破案情找出了线索。

又如：

> 京剧《沙家浜》中的阿庆嫂，也是一个善于听出弦外之音的高手。她从刁德一"阴阳怪气"的话语中听出了对自己的怀疑，于是才在"茶馆"中演出了一段剖白戏。

弦外之音的表现，除了上面我们谈及的利用正面烘托和利用假话语来寓含以外，还常常利用讽刺方法来表现，例如：

> 公子道："孙友名富，新安盐商，少年风流之士也。夜间闻子清歌，因而问及。仆告以来历，并谈及难归之故，渠意欲以千金聘汝。我得千金，可借口以见吾父母而恩卿亦得所天。但情不能舍，是以悲泣。"说罢，泪如雨下。娘放开两手，冷笑一声道："为郎君画此计者，此人乃大英雄也。郎君千金之资，既得恢复，而妾归他姓，又不至于自为行李之累，发乎情，止乎礼，诚两便之策也。"

杜十娘所说全是反话，其弦外之意是恨李甲的薄情寡义和孙富的诡计。

（二）善听最佳信息

这里的"最佳信息"是指话语中的关键、要害所在。"说"与"听"的表意流程，是借助有声语言符号来完成的。这种媒介符号，一过即逝，不留痕迹。因此，善于聆听者，都以专心静听、全神投入的态度参与"说话"活动。只有这样，才有可能从"说"者的表意流程中，抓住"最佳"信息，以便准确应对。

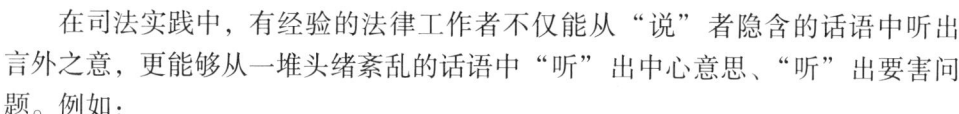

在司法实践中，有经验的法律工作者不仅能从"说"者隐含的话语中听出言外之意，更能够从一堆头绪紊乱的话语中"听"出中心意思、"听"出要害问题。例如：

> 某甲到律师事务所进行法律咨询，拖泥带水地说了近两个小时，律师只用了几分钟就回答了他的问题。律师这样说："首先，你必须找你们单位，解决房子的产权归属问题；其次，只有当产权归属明确了，你才能考虑是否起诉。"

有一起"牵牛案"，区公所政法员在听取"牵"牛者的话时，就极巧妙地抓住了"最佳"信息：

> "牵"牛者话语零乱烦琐，枝蔓纠缠。然而，待"牵"牛者话音一落，政法员就对他说："你说了这么些话，就是想利用事实来证明村长给予你的处罚不公正，所以你便'牵'走了他家的牛。"然后分条列项地对"牵"牛者说出了村长对他罚款的具体原因。这样容易很快分清是非，也易于合理合法地解决纠纷。

善于听出要害问题，除要静心聆听外，还需具备及时梳理、归纳信息的能力。静听是首要条件，但是仅有这一点还远远不够，还要边听边概括话语要点，听完后即能归纳出中心所在，这就是我们所说的"善听"的全部内涵。有位律师，在听取被代理人说话时，没有处理好边听边梳理的关系，而是被动地顺着被代理人的话语走，结果没有抓住话语的最佳信息，导致被代理人的合法权益受到一定程度的损害。有一起故意杀人案，被告人认定自己必死无疑，放弃了作进一步申辩的权利。受托律师在会见被告人时，在认真听取他对杀人过程的叙述中，注重梳理归纳被告人语言中的"要害"问题，抓住了"最佳"信息——被害人首先动手，用改锥直刺被告人的面部，只是由于被告人头一歪才未伤及要害部位。被告人亦向律师出示了自己面颊一侧靠近发际处的一道伤痕。有了这个信息，在庭审时，便可以将其作为减轻刑罚的情节要素提出来——尽管它并不能改变案件的性质。

 ## 第二节　司法口语的语境制约因素

一、法定的时空语境及特殊的言语交际对象

司法口语的运用受法定的时空语境的制约，是由法律规范化的特殊性决定的。法律规范是由国家制定或认可，体现统治阶级意志并且以国家强制力保障实

施的行为规则，是任何一位公民均应遵守而不可逾越的行为准则。

司法口语的主体在与受体进行口语交际时，必须合乎法规。司法口语交际不同于一般口语交际。一般非司法口语交际是双向性情愿性的，如果其中一方不愿意进行交际或者感到"不投机"，可采取少说少问的方式，甚至可以中断交际。然而，司法口语交际不仅要求有一定的法学理论知识，必须正确使用法言法语，而且还必须将口语纳入法律规范的轨道。譬如，公安人员的口语运用，主要体现在公安机关行使侦查权和进行专门调查的讯问和询问工作中。在讯问犯罪嫌疑人时，常常会有犯罪嫌疑人提出"如果我全部交代了罪行，能否给我从轻处罚"的问题，这时公安人员就不能信口开河地任意回答"能"或"不能"，以免造成被动后果，可以合理合法地劝说他老实交代，并表示我们会依法适当予以处置的。在询问证人时，无论公安人员对案情的判断多么准确，都不能对证人做任何暗示，这种场合的暗示实则等同于"设套儿"。譬如，当证人所说与公安人员的推测不一致时，便用面部表情、手势或叹息等表示对证人回答的"设套儿"性的否定；或者用反问的方式暗示证人该怎样陈述，如当证人陈述犯罪嫌疑人并没有用枪对被害人进行威胁时，公安人员便用"真的没有用枪吗？""是不是没有用枪？""你看清楚了吗？""你是否真看清楚了？"这样连续的反问，会诱导证人对自己的感觉与记忆发生怀疑，引出并不符合实情的"证言"。

在司法口语中，常常会出现公安人员先假设一个大前提，然后暗示证人接受这个大前提的情况，例如公安人员这样询问证人："犯罪嫌疑人使用的枪是五四式的吗？"这句话的大前提是肯定了犯罪嫌疑人使用了枪，现在需要证实的是枪的型号。证人会不自觉地在这个大前提的诱导下回答"是""不是"或者"不知道"，但是无论证人如何回答，都是在证实犯罪嫌疑人用枪的前提下进行的。因此，这种司法口语就是违反法律规定的，因而是不合法的。

司法口语表意对象的特定性，是司法口语受制于语言环境的又一表征。在第一节我们曾涉及这一话题，在此我们再作申说。在司法交际活动中，说话者与听话者同处于两个特定的场合，具有法定的关系，因此，司法人员在运用口语时须看准对象。看准对象，主要是要摸准对方的基本情况：职业、年龄、文化水平、生活环境等，以便选择词句，组织言语。司法界流传着一个笑话：为了一个重婚案，法庭有关人员去该犯家乡——一个偏僻的山村取证。询问其母："你儿子有配偶吗？"该母不知所云，只是摇头。这位审判人员没有看准对象，闹出了笑话。

美国某司法机关，筹款支持成立了一支名为"监狱背后"的童子军，并组织这些童子军定期到监狱去活动，其意图就是给有子女的囚犯以母亲的责任感和权利感，减轻她们因与孩子分离而产生的痛苦，同时也是为了治愈心灵受到重创的孩子们，以免她们变成潜在的罪犯。在这一活动中，监管人员对母亲的谈话与对其子女的谈话就大不相同。对女囚们仍然以威严的方式晓之以理、动之以情，而对其子女，则以和悦的口吻，告诉孩子们真相实情，并对这些孩子讲授有关健康、生理及伦理知识，促使他们从母亲犯罪的阴影中解脱出来，防止重蹈其母犯罪的覆辙。

"说话"所涉及的对象，不仅仅是一个被动的受话者，还对"说话"的效果产生一定的反作用。这一点，在司法口语的运用中，也应引起注意。正如科德（S. Pit. coyder）所说："如果我们不把听话者和说话者的特征和行为都考虑在内，就别想搞清楚他们的谈话内容。"我们只有在了解活动参与者的全部情况，如他们的个性，他们的信念、态度和文化素养，他们彼此间的关系，他们的社会地位，他们从事的活动，他们谈话的用语，先前发生过什么事（包括语言方面和非语言方面），后来又发生了什么，他们在什么地方，以及其他有关他们及其处境的许多事实以后，才有可能将司法口语有效地进行下去，从而制作好每一次司法笔录。

二、客观性语境的言语选择

司法工作者在进行口语交际时，在受到客观性语境制约的前提下，是如何有效地选择和调整言语表意形式的呢？我们将从交际的目的、对象及场合三个方面来论述。

（一）司法口语交际的目的

司法工作者无论处在什么法定的位置，进行口语活动采用的言语形式必须首先服从表达目的的需要，否则，便失去了口语交际的要义。为了达到预期的交际目的，说话者必须依据话语传述与反馈的情况来调整选择自己的言语行为。

有一宗团伙犯罪的案件，被告人被指控犯有指令其他同案犯抢劫杀人的罪行，被告人却极力开脱自己的责任。审判人员问他是否指示组织其他案犯抢劫杀人，被告人承认曾有过指令，但又强调说，案发时自己不在现场，抢劫杀人之事与他无关。审判人员针对他的回答，又问："你不在现场以前，你可曾撤销了你的指令？"被告人回答："没有"。审问至此，审讯的目的已达到：指控的犯罪事实已问清楚。

这一成功事例告诉我们，这位审判员在庭审中，其言语形式的针对性和目的性是很明显的，因此，才能引导被告人说出事实真相而不得不服罪。

有时，在司法口语交际活动中，说话人可依据说话目的的要求，采用针锋相对的强硬言语形式，以达到维护法制的目的。

　　某被告人，在法庭调查阶段中，始终答非所问，进而又进行"演说"，最后竟咆哮公堂。面对这种情况，审判长先对其予以警告："被告人×××，已经向你宣布了法庭规则，这是你必须遵守的，同时，你也必须如实回答法庭的审问。现在法庭正在调查起诉书所指控你的犯罪事实，你必须如实陈述事实，正面回答是或者不是。你的辩护意见，可以在辩论阶段陈述。你说的与指控事实无关的话语，法庭是不允许的。现在本法庭警告你：必须停止这种错误做法。"审判长作了如上警告以后，被告人还不听警告，审判长向他宣布了有关法律规定："被告人×××，《刑事诉讼法》第199条和《人民法院法庭规则》第19条规定，审判长或独任审判员对违反法庭纪律的人员应当予以警告；对不听警告的，予以训诫；对训诫无效的，责令其退出法庭；对拒不退出法庭的，指令司法警察将其强行带出法庭。本庭已警告你多次，你却一再违反法庭秩序，如还不听警告，本庭将依法采取措施。"被告人利令智昏，仍不听警告，于是审判长当即宣布："被告人×××违反法庭秩序，情节严重，予以押解出庭。"随后由法警将被告人押解出法庭。

　　审判长义正辞严、针锋相对的言语形式，有力地维护了法律的尊严，及时保障了法庭的秩序，给被告人以有力的回击和严肃的教育，使庭审活动能够正常进行下去。在司法口语交际活动中，为了达到预期的目的，司法工作人员总是想尽一切办法、采取一切有效手段，控制自己的言语行为，选择相适应的口语形式来表意。

　　(二) 司法口语交际的对象

　　司法口语涉及的表意对象，如前面所述，是特定的。对于这些特定的对象，我们在进行口语表意时，不仅要顾及其文化水平，还要依据对象的思想水平和处境、心情来选择言语形式。一个人的思想水平，同文化水平一样，制约着他对话语的理解能力。

　　古典名著《三国演义》中，罗贯中写了这样一件事：曹操因行刺董卓未遂，仓皇逃到其父至交吕伯奢的家里。吕为了招待曹操，出外沽酒，此时惊魂未定的曹操听到后堂有磨刀声，并听见有人说："缚而杀之，何如？"便理解为吕伯奢也要邀宠于董卓，欲将自己捆起来杀掉，于是曹操就让他的随从人员将吕伯奢一家男女老幼尽皆杀光，直到看见一口捆起来的猪，才意识到自己错解了那句话而误杀了恩人。

　　这个故事告诉我们，对同样的一句话，不同心境的人的理解是不相同的。曹操当时如惊弓之鸟，戒备心理超乎寻常，因而才误解了那句话。

在司法口语表意活动中，司法工作者选择言语形式时也必须注意表意对象的处境与心情，否则，表意结果可能与初衷相悖。例如：

> 有一起凶杀案，被害人的丈夫作为嫌疑人接受调查，在调查中，刑侦人员发现该嫌疑人曾在一个朋友面前说过"总有一天，我要扭断她的脖子"的话，他本人也承认说过此话，只是强调那仅仅是一句"气话"，并不是真心话。经过细致的调查分析，刑侦人员了解到，该嫌疑人所说的那句颇具杀人动机的话，实出于一时的冲动，是刚与妻子发生过争吵，被妻子赶出家门并在大街上流浪了一夜以后，在朋友家说的气话。仅凭此言就断定其为凶手，是不客观的。刑侦人员充分注意到表意对象当时的心境，因而避免了武断，使此案的侦破沿着正确方向向前推进，最后终于查出，凶手乃其妻的男友而非其丈夫。

可见运用司法口语时顾及表意对象的处境与心情，对于司法工作者来说，其意义可谓重大。一言以蔽之，司法口语交际要想达到预期的目的，就必须顾及表意对象的知识水平、思想认识水平和心境等因素，并选择适宜的话语形式，否则，将适得其反。

（三）司法口语交际的场合

司法口语表意，作为人类社会交际的一部分，也同其他交际活动一样，不能不受到社会环境的影响。在这里，我们拟将"社会环境"等因素简言为"场合"，以便叙说起来方便。

司法口语交际中的场合往往是特定的，任何司法口语交际活动都不能不顾及当时的"场合"，应依场合不同而选择与之适应的言语形式。例如，有一位公诉人在法庭发言中，不太注意口语表意的场合：

> 被告人史××是个有名的大谝（pian），平日里不务正业，吃喝嫖赌，打群架，扰乱社会秩序；同时，流氓成性，奸污侮辱妇女多人。××年×月×日上午9时，同村妇女刘××领着4岁女孩串亲，路遇被告人骑自行车去××镇买涂料，他在征得刘××同意后，将4岁小女孩带上先行，到×村水渠边，将该女孩奸污。刘××赶到后，发现孩子嚎哭不已，并喊尻子疼……

上引话语中，公诉人员就不太注意表意的场合，在语词的选用上欠严肃和妥当。如"大谝""尻子疼"均属方言语词，应换用民族共同语中的"油嘴滑舌""阴道疼痛"一类语词；"打群架""奸污""侮辱"等也应用法律术语"聚众斗殴""强奸""猥亵"等来替代。因为法庭这个特定的"场合"，它是威严的、凛不可犯和不许戏谑的地方，作为法律的执行者，如此运用言词是极不严肃的。

在司法口语交际中，对于模糊语词、黑话、切口及委婉语等的运用，尤应注意场合性。

三、主观性语境的言语把握

如前所述，主观性语境主要指表意者的身份、职业与思想文化修养等因素。司法工作者在进行口语交际时，要想达到预期的表意效果，除了适应客观性语境以外，还得与自己的身份、职业以及人生观、自然观、处世观等人文因素共同形成的一种价值取向相一致。作为个体，其人文修养主要指人格、节操、品行等综合因素，它弥漫浸润于个体与社会各个细胞各个角落，在一个人的举手投足间显现出来。正如善慧大师的"禅语"所言："水中盐味，色里胶青，决定是有，不见其形。"司法工作者的人文修养贯穿于其口语表意行为的始终，与主观性语境的几个要素融到一起，难以剥离，因此，在叙说下面几个要素时，也同时兼有了其人文修养。

（一）司法口语交际的身份与职业

司法工作者的特定身份及职业影响和制约着他的言语行为。司法工作者在进行口语表述时，不仅要将言语内容传输清楚明白，还得依自己特定的身份与职业去把握言语行为，须臾不可忘记自己作为"记录者"的特定身份与职业，在这方面罗振岭警官是值得效法的。

罗振岭在自己几十年的"预审"生涯中，遇到过形形色色、各式各样的犯罪嫌疑人，但最不一般的犯人当属"中国第一庄"的庄主禹作敏。请看他与禹作敏的三次"谈话"：

第一次。预审开始后，禹作敏走进审讯室，大模大样地坐在沙发上，并用昔日"庄主"的口气说："问吧，问吧！"罗振岭并不急于"问"，而是毫无怒色地对他说："你是被告人，得坐在受审席上。如果累了，你可以坐在沙发上休息。"

第二次。审讯的第一个回合，一直审到天黑。此时禹作敏不愿意回到监号去，便向罗振岭发难，他说："换了地方我睡不着！家里有医生按摩，我一人一间还睡不着呢。"罗振岭淡淡一句回他："那你也得回监号去睡。"禹作敏企图再作"努力"，说："你不就是怕我死吗？我禹作敏不会自杀的。"罗振岭依然不愠不火、坚定有力地回答他："不是怕你死，这是规矩！"

第三次。在追问四名凶手又逃又躲又藏的具体情节时，禹作敏仍以守为攻，坚称不知。他说："我是能谈则谈，不能谈的，一辈子也想不起来了！"罗振岭却强化了语气力度，他回答道："不对！人在日常生活

中都有'记忆点'，你不会例外。在我的印象里，你一向敢作敢当，到今天这个份儿上，你太没意思。身为'一把手'，把事往别人身上推，脸是不是也太大了？你本来就坑害了一批人，难道还要把罪加到他们头上！"迫使禹作敏作了交代。

从以上三次审讯中，我们可以看出，罗振岭的每一句话都受其身份的制约，每一个语词都与预审员这个职业相和谐，既具有罗振岭的个性特点，又完全符合司法工作者口语表意的一般原则。

（二）司法口语交际的文化修养

司法工作者的文化修养决定着司法口语的质量。例如：

某部队发生一起盗枪案，被告人盗窃手枪4支，子弹100多发。在法庭上，辩护人辩道："根据军职罪法律法规的规定，盗窃大量枪支弹药的，属情节特别严重，应判处较高刑。而被告人的行为不属情节特别严重，因为4支手枪、100多发子弹不能算是'大量'的。假如说这就是大量的，那么一个兵工厂生产4支手枪、100多发子弹，难道能说是生产了大量的枪支弹药吗？"在这里，辩护人将不同性质的事物，硬放在一起进行类比推理，貌似非常"有理"，实则犯了一个逻辑错误。对此，公诉人进行了揭穿，他是这样反驳辩护人的："生产枪支和盗窃枪支是性质完全不同的两桩事，怎么能进行类比呢？按照辩护人的逻辑，一个人盗窃了5万元人民币也不能说是大量的，因为制币厂如果印了5万元人民币，能说是大量的吗？显然，辩护人的逻辑是十分荒谬的！"

公诉人以其"技高一筹"的反驳方法，揭穿了辩护人诡辩的要害，显示出公诉人较高的文化修养。与此相反，有少数司法人员文化修养不高，开口说话时不时就"说漏嘴"，而将自己陷入被动。

有一起伤害罪案，被告人拒不认罪，出庭支持公诉的检察人员不是依据事实揭露其罪行，而采用挖苦的口吻，说："真是贵人多忘事呵，才过去两天你就忘记了！"当时，被告人就抓住"贵人"一词不放，非要公诉人说个"明白"。结果使法庭辩论被迫中断，影响很不好。

这种言语行为固然与不依据事实揭露罪行的做法有关，但在很大程度上是文化修养不高所致。

（三）司法口语交际的受体心理反应

司法工作者的口语行为，还要受到表意受体的心理反应的制约。司法口语表意的双方处在一个法定的关系中，这种关系既为司法工作者口语表述显示了一定的信息流向，也使司法口语的受体形成一种心理期待；而这种心理上的反应又反过来影响着司法工作者对言语的组织与选择，迫使他们在表意时，不得不顾及受体对口语表述的态度和对话语内容的理解，从而达到预期的表意目的。譬如，刑侦人员、检察人员、审判人员等，在询问证人时，其主要是通过口语来进行的。询问人员对言语的选择、句式的组织，直接受证人心理反应的影响。当证人以伪证、拒证等形式表现出一种对抗心理时，询问人员的言语行为就容易出现差错。

有一起雇佣杀手杀人案件，在侦查取证时，有个知情者（证人）陈述得很流利，对某些情节及凶手的外形体貌都作了极为肯定的说明，态度很"真诚"。刑侦人员循着此"证言"深入侦查时，才发现该知情者提供的证言是真假参半的，这些假证言，使侦破工作走了一段弯路。当他们再面对该知情者时，就急不择言地说："你不老实！不老实将与罪犯一样惩处！"一下子就将矛盾激化，该知情者反而采取一问三不知的拒证态度，使询问暂时中断。后来刑侦人员调整了言语形式，换用了平和的语气和平等的态度，使该知情人将雇主及其胁从者的行迹指认出来，侦破工作顺利完成了。

可见，在司法口语中，表意受体的心理反应对司法人员的言语行为有着不小的影响，而司法人员的言语行为又反过来对受体产生作用，这种影响与作用更要求司法人员在口语表意中要慎重地选择言语形式。

制约司法人员口语行为的主观语言环境因素，还有司法人员的处境、心情等临时性要素，这一点在第一节已涉及过，此不赘述。

 ## 第三节 司法口语的影响性功能

由于语言在人类社会表情达意的过程中具有与人类生存活动密切相关的功能，其中最重要的是交际功能和影响功能。"影响功能"是借用苏联人波鲁鲍夫的术语，其实它就是人们常说的"制约"功能。司法口语的影响性功能，有下面三种：

一、劝诫功能

司法口语都具有劝诫功能，即劝说、警告受体承认某件事实、接受某种结果。司法工作人员常常使用下面一类劝诫性的话语：

既然要杀人犯罪，就不可能将所有罪证都掩盖下来，总会留下蛛丝马迹的。

若要人不知，除非己莫为。雁过还要留声，我们怎么会无缘无故拘留你。

看来你是不想说实话，但我们必须提醒你：对于你所犯的罪行，我们已经掌握确凿的证据，现在我们审问你，是给你一个主动交代问题的机会，希望你不要错过。

前两条劝诫性话语的前提是任何案件的发生都是客观事实，而这种客观事实的存在就是对犯罪行为客体的可知性存在，任何企图隐瞒、掩盖罪责、抵赖不交代的想法，都是站不住脚的错误想法。第三条劝诫性的话语的提出，必须建立在掌握了一定证据的基础之上，否则难以起到劝诫性的作用。对于翻供或不承认罪行的被告人，特别需要进行劝诫。例如：

有一起故意杀人案，在审讯中，被告人时而承认自己杀了人，时而又翻供，如此反复几次。审讯人员在审问中充分警告被告人法律是威严的，任何企图隐匿、抵赖罪责的行为都是枉然的，同时又说明我们是不会冤枉无罪者的。经过这样的劝诫，被告人终于说明了真相：杀人者是被告人之兄，被告人为了替有妻有子的哥哥"顶罪"，便把犯罪事实揽在自己身上，所以才出现供认与翻供交替发生的现象。

再如：

某法院在审理一起渎职罪案件时，被告人却无理地指责法庭是"非法审判"，并说他将"不接受审判"，还拒绝进入被告席。这时，审判长很严肃地告诫被告人："被告人×××，人民检察院对于你的案件，根据《刑事诉讼法》第××条的规定，已向本院提起公诉，起诉书也早已依法送达给你。本院依据《刑事诉讼法》第××条规定，组成本合议庭，审查了你的案件，认为起诉书指控的犯罪事实清楚，证据充分，决定开庭审判。因此，本法庭审判你的案件，完全是合法的。你对本法庭的指责和拒绝入被告席，是毫无道理的，是违法的。你有罪还是无罪，在依照法律程序审理之后，自有公断。本法庭依法保障你的辩护权利，你在辩论中可以充分陈述理由。你只有接受审问，才能最终查清案情，得到公正处理。"经过这一番劝诫，被告不仅走进了被告席，而且表示愿意接受法庭的审判，使整个案件的审讯正常有序地进行了下去。

二、控制性功能

司法口语的控制性功能，是指通过口头言语的导控，促使被告人或罪犯作为或不作为的一种教育功能，具有掌握和控制其行为的作用。这种功能的实现以导控受话者的意志为前提，并且还必须建立在受体的接受性前提下。它要求司法人员无论进行哪种形式的司法口语活动，都要及时准确地把握被告人或罪犯的心理态势，然后才能决定选取"说话"的方式、语式和语调、内容以及"说话"人的态度等。而要准确掌握受体的内心活动，就得细心观察、揣情、摩意。揣情，指揣测被告人或罪犯等受体内隐的思想感情；摩意，指用计谋使被告人或罪犯等受体将内情内意外化显现。鬼谷子在他的《鬼谷子》中，对此术有精到的论述：

> 揣情者，必以其甚喜之时，往而极其欲也，其有欲也，不能隐其情；必以其甚惧之时，往而极其恶也，其有恶也，不能隐其情。情欲必失其变。

> 感动而不知其变者，乃且错其人勿与语，而更问所亲知其所安。夫情变与内者，形见于外，故常必以其见者而雷斗知其隐者，此所谓测深揣情。

鬼谷子认为，一个人内心的隐情在最高兴和最恐惧时，最易外露，在这种情况下进行观察揣度是很准确的；如果在其最激动时依然没有过多地内情外显，就暂时不要与他交谈，而是询问与他亲近的人，从中了解其性格、脾气，以便揣度其内情。他还认为，人的内心情意总要通过人体语言表现出来。因此，观察其言谈举止，就容易揣度其隐情。

揣情是摩意的基础，揣知其内心隐情以后，以对方所期盼的事情去顺摩对方并促使其依控制者的意愿去行动。我们不妨再看看鬼谷子的高见：

> 微摩之以其所欲，测而探之，内符必应。其应也，必有为之。故微而去之，是谓塞窔（读 jiao）、匿端、隐貌、逃情，而人不知，故成其事而无患。摩之在此，符之在彼。从而应之，事无不可。

揣情、摩意之术运用得好，就能充分保证司法口语控制功能的实现。例如：

> 有一起特务罪案，被告人系境外潜入的特务李××。律师受法院指定，担任李××的辩护人。在最初几次会见中，被告人总是声称自己无罪，要求撤销对他的起诉。律师经过对他的"揣情"摸底后，了解到由于自幼生长在境外某地，被告人受反动政治教育而与中国共产党对立情绪很深。于是律师便展开了对被告人改变其思想认识的谈心教育，然后又向他指出，只有真诚悔过，彻底认识自己所犯罪行的严重性，才有出路。在被告人思想开始发生变化时，律师又进一步揣摩其心理状态。发现被告人尽管嘴上说"不怕死"，但其心虚怕死的内情却逐渐外化显现出来。律师及时抓住这个关键时机，因势利导，增强被告人求生的欲望，促使其认罪服法。经过如此揣情摩意的教育谈话以后，李××终于对自己的罪行有了新的认识，最终心悦诚服地听从了律师的"建议"，真诚地认罪服法。

三、感化功能

司法口语的感化功能，是指司法人员通过劝导、思想交流、情感沟通等口语手段，感化影响受体的心理，从而达到预期目的的一种功能。

感化功能特别重视对司法口语受体内心的探索。心理相融是接受感化的基础，"说话"的内容、情态都由感情渠道与受体相渗相融，会使受体自愿接受并服从。如果司法工作人员在进行谈话时不了解受体的心态、情绪，毫无针对性地盲目"布道"，往往会引起受体的逆反心理或表现出口服心不服的虚假行为。因此，要感其情，必知其心，把握受体的心理相融点，与受体之间建立起一种心理相融的通道，使其消极心态逐步转化为正常交流心理。这种侧重于情感性的感化方法，是审讯人员获取真实供词的很好途径。例如：

> 有一起故意杀人案，凶手是由其母亲陪同向公安机关自首的。但是，在审讯中，她对自己杀人的结果供认不讳，却闭口不说"为什么"。问得急了，她就说："我杀了人，我有罪。"其余的问题拒不回答。后来主办此案的人员因有他事，将此案移交给一位女预审员承办。这位预审员以女性特有的率真与温情，晓之以理，终于打开了这个凶手的心理通道，使凶手和盘托出自己杀人的原委。原来，这个青年女工，因长期遭受同车间一个老职工的奸污、侮辱、诽谤和威逼，难以摆脱，又未能找到正确解决问题的途径，于是在极端激愤的情况下，萌发了杀人念头，动手用榔头连续敲击被害人头部，致被害人头部多处裂伤和血肿。她原以为只要承认了杀人就行了，因此拒不供述杀人的原因，她说自己"宁可去死，也不能丢这个面子"。女预审员在审讯口语中，充分发挥了它的感化功能，很顺当地预审完结了这件案子。

感化功能在一些狡猾的老年犯罪嫌疑人中，也能起到良好的作用。有一起杀人案，公安人员从犯罪嫌疑人史××住处搜出一条染有血迹的长裤，经化验，长裤上的血迹与被害人血型一致。同时，公安人员还了解到犯罪嫌疑人曾患有肺结核，吐过血。审讯时，预审人员没有直奔主题，而是与他谈起他的肺病情况：

> 预审员：听说你以前得过肺病，还很严重吗？
>
> 犯罪嫌疑人史××：是的。
>
> 预审员：那么，现在你的病怎么样？
>
> 犯罪嫌疑人史××：治好了。
>
> 预审员：听说这种病难除根，你是怎样治好的呢？
>
> 犯罪嫌疑人史××：是的，这个病可难治了，我跑遍了本市的几家大医院，治了近三年都没有明显的效果。去年春天，我的一个朋友从一

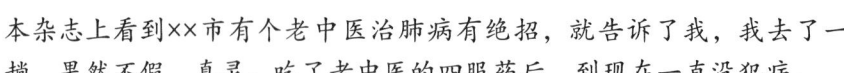

本杂志上看到××市有个老中医治肺病有绝招，就告诉了我，我去了一趟，果然不假，真灵。吃了老中医的四服药后，到现在一直没犯病。

　　预审员：也一直没有再吐血吧？

　　犯罪嫌疑人史××：那当然。

　　预审员：（出示染有被害人血迹的裤子）那你看看你的这条裤子，这上面的血是从哪儿来的？

　　犯罪嫌疑人史××：这……这……这是我吐血沾上的。

　　预审中：你的肺病不是已经好了，也再不吐血了吗？

　　犯罪嫌疑人史××：唉！我交代，我……我杀了人……

由于预审员在审问中施以情感的默化，犯罪嫌疑人与预审员之间交流渠道畅开，犯罪嫌疑人在这种不知不觉的情感的潜在作用下，放松了警惕，交代了罪行。

有一份广为流传的教育感化罪犯的讲话，是发挥感化功能的一个典范。它针对初入监罪犯的具体情况，情深理透，在促使罪犯尽快转变认罪态度、逐步矫正犯罪恶习、洗心革面等方面，起到了难以估量的感化作用。请赏读其片断：

　　……大家只要稍作回忆，就会使自己的违法犯罪行为在脑海中清清楚楚地浮现出来。这些行为有哪一桩哪一件不是危害了国家、集体和人民呢？你们的这些行为，造成了多么严重的后果，你们想过吗？有一个农村妇女，从国山乡陪同生病的丈夫来城里看病，身边带着东借西凑的近千元钱被扒窃，重病染身的丈夫不能得到及时诊治，远离家乡，举目无亲，她悲痛欲绝，幸被路人相救才免一死。有一位老农民，别无生财之道，他迫不得已卖掉了养了一年的一口猪，结果钱款被窃。回家后老伴埋怨，他又气又急，悬梁自尽。面对老汉死尸，老伴亦自尽身亡。你们好好想想，你们的罪行多么令人憎恨！……你们这些罪行不仅国家不能容忍，人民极端愤恨，就连你们的亲人也都极为反对。你们还有什么理由不悔恨自己的犯罪，不下决心痛改前非呢？不要只考虑个人，而不考虑自己给社会、给他人带来的危害和痛苦……你们都很年轻，人生之路还很长，要认罪服法，接受改造，一定不要再走错路、弯路……

对罪犯入监后的集体"说话"教育，是不大容易说好的，要么只有法理、道理，抽象而枯燥，难以触动罪犯；要么列举犯罪种类及手段、后果，难以上升到精湛的理论，不能促使罪犯猛醒。上面引的这个讲话片断，有理论、有事例，更有深厚而炽热的感情，感化效果非常理想。

思考题与练习

1. 司法口语的语境制约因素包括哪些?
2. 司法口语的影响性功能有哪些?

第七章　司法问话

内容提要

本章重点介绍了司法问话中的三种主要形式：询问、讯问、审问，以及三者的语境、策略、技巧等相关知识。

关键词：策略　询问　讯问　语言链　审问

第一节　询　问

一、询问语境

询问是司法机关的法律代言人，是依据法律和事实，就被告人的罪行，对被害人、有关证人进行调查核实时所运用的一种口语表述类型。法律依据可见《刑事诉讼法》第124~127条的有关规定，还可见《民事诉讼法》及《律师法》的有关规定。询问是获取证言的主要途径，证人证言是诉讼中运用最广泛的证据之一，它对揭露犯罪、认定犯罪事实、查明犯罪人、查明案情等都起着极大的作用。

（一）询问语境构成因素

询问是一种复杂的言语交际活动。它的主体可以是侦查人员、检察人员、审判人员、公诉人、辩护律师等；客体是证人、鉴定人、被害人、受害人、当事人等。在询问取证或调查调解的过程中，表现为询问人的询问、质疑、求答和被询问人的回答、辩解、补充、反驳等。询问人能否在言语交际过程中占优势地位，取决于其对询问语境的把握。

询问语境的构成因素主要有询问主体、询问客体、询问的时空环境等。由于询问的主客体和时空环境较为复杂，询问语境也变得复杂起来。询问人在培养其良好的自我心理态势的基础上，还要因人、因时、因地而异，创造出最佳问话语境。

（二）询问对象及心理把握

询问对象众多，可以是知情人、目击者、被害人、受害人等各种证人，还可以是当事人、嫌疑人等。应针对不同对象了解其心理活动，慎重选择问话方式以及语言词汇等。例如，刑事案件中的证人可能因被害人受到不法侵害的事实而对加害人产生了一种憎恨心理，这种心理促使证人积极作证。询问人应抓住时机，依法针对犯罪的有关事实取证。证人也可能因受到威胁、恐吓而不敢作证，或者回避实质性的问题。询问人应用法治观念对证人进行启发教育，获得证人的信赖，消除其恐惧心理。民事案件中的证人大都与当事人相识，他们当中有些人因不想得罪当事人中任何一方而产生一种畏难心理，因此证言趋于折中。询问人应设法消除证人心理上的顾虑，从而使他们说出真实证言。有些人因个人利害关系，感情用事，产生一种偏颇心理，因此证言主观色彩较浓，缺乏客观真实。对此，询问人应加以开导，指出利弊，要求证人尽量作出全面客观的证言。总之要体现出询问的耐心、细致，体谅证人的处境和心理，尽力做到与证人心理相融、言语相通。

此外，还应根据不同社会群体中的证人选择问话方式及语言词汇等。比如与农民证人和文化层次较低的证人交谈时，语言应多些乡土气息，少些书卷色彩，力求通俗易懂、明白晓畅；与女证人交谈，尤其涉及个人隐私时，最好是女询问人出面，或必须有一位女性在场；与上了年纪的证人交谈，应把说话速度适当放慢，同时还要适时辅以启发提示；与未成年证人交谈，最好是请家长和老师共同参加，消除证人的紧张情绪。凡此种种，归纳起来应总结为"见什么人说什么话"，如果不把握对象心理特征，使对象对询问不感兴趣，或缄默不语，询问便会陷入困境，甚至导致严重后果。例如，检察人员在询问一桩强奸案的被害人——一位农村女青年时，执意要其陈述被害过程以及心理反应等，被害人被迫作答，但事后，她认为无脸见人，便上吊自杀了。

（三）询问的时间、地点

1. 询问场所。《刑事诉讼法》第124条规定，询问证人可以在证人的所在单位、住所或证人提出的地点进行，也可以通知证人到检察院或公安机关进行。此外，询问还可以在刑事案件发生的现场、民事纠纷发生的场所进行，范围较广。中国人注重谈话环境。同样一个话题，在丹桂飘香的野外，在炉火融融的室内，在冰冷的候车室，结果会大不一样。询问场所的选择，要根据询问内容和询问对象的个人情况、家庭情况以及证人与案件的关系等情况而定。例如，对顾及单位影响的证人，为了减轻其心理压力，可不在证人所在单位进行询问；有的证人不愿让亲属知道他与案件有一定纠葛，询问应避开证人住所进行；询问若在检察院或公安机关进行，会使对象产生出一种法律的威慑力和正义的感召力，因此对个别有较大嫌疑的人和对案情进展起关键性作用的证人，可通知他们到司法机关提供证言。例如，检察院接到举报，一位女会计涉嫌与一桩贪污案有牵连，检察人员通知证人到检察院，亲切称呼女会计为"同志"，首先肯定了她为所在企业的经济建设作出的成绩，其后对她讲明政策法律晓以利害，最后指着墙上的国徽对她说，在庄严的国徽面前，不要愧对财会人员的职业道德。女会计听后，很快作出选择，交代了案情。

2. 询问时间。询问较之讯问和审问而言有相对的灵活性，在询问时间限定上也较有灵活性。"听君一席话，胜读十年书"，此话强调夜晚交谈的妙处。夜的宁静和神秘似乎能给谈话增添更多的情致。中国古有雄辩家、游说客，他们或以"舌"劝敌撤退，或以"舌"缔结盟约，或以"舌"转危为安等，都善于利用谈话时机。例如：

> 《三国演义》中"曹操煮酒论英雄"一回，操与玄德凭栏饮酒。操问玄德何人为当世英雄。玄德故作无能，列举了袁术、袁绍、刘表、孙军等人，曹操都说不是。玄德问："谁能当之？"操以手指玄德复自指曰："今天下英雄，惟使君与操耳。"玄德闻言大吃一惊，手中所执匙箸不觉落于地上。时值天雨将至，雷声大作，玄德乃从容俯首拾箸曰："一震之威乃至于此。"玄德利用雷雨之机掩饰心理不安，消除了曹操对他的怀疑。

询问时间的把握对询问的成功起着举足轻重的作用。比如对伤害罪的被害人，尤其是有生命危险的被害人，一定要抓紧时间及时询问，否则就会贻误案情。又比如，一桩抢劫案的被害人由于惊恐害怕不愿与侦查人员配合，闭口不说罪犯的相貌特征等，侦查人员找准机会，在被害人最痛苦的时候到医院去看望他，并在医护人员的帮助下获得了证言。

二、询问方法

成功的询问应是技巧性和法定性的有机结合。一般说来，询问的内容包括：①时间、地点；②人物及物品特征；③手段；④经过；⑤证据；⑥对被告人的认识及了解的情况；⑦案件涉及的人和物等。司法人员要想目的明确，获取有实质性价值的证言，就应该十分讲究询问方法。常用的询问方法有：

（一）闲谈法

采取轻松自然的方式进行询问，不仅可以缩短询问双方的距离感，减轻或消除询问对象的心理压力，同时还可以更具体、更准确、更真实地取得证言。例如，一桩谋财杀人案的破案工作就是用闲谈询问的方法突破缺口的：

> 死者陈×，男，34岁，身体健康，为人胆大。据死者家属反映，一周前，死者送内弟出门回来，即对家人说，邻居杨×又告诉死者邻乡杨

舅父家有100斤桂油，要死者携款一同前往购买。死者携款4800元外出，一周未归。侦查人员经过调查询问排除了王×作案的可能，杨×有重大嫌疑。杨是该乡镇政府办事员。侦破小组让一位与杨认识的侦查员以熟人身份进行询问。

问：现在你们政府机关办事员的月工资有多少？

答：三百几十元。

问：就靠这些死工资手头有些紧吧？

答：可不是。

问：听说你也做点小生意。

答：也算不上做生意，有时当当介绍人，吃点中介费。

问：听说最近你做成了一笔桂油生意。

杨×闻此言脸色大变。侦查人员紧追不舍，获取确凿供词，当天即将杨×逮捕归案。

闲谈询问还可以由司法人员就某一事情或事实召集群众会谈，发表看法。在闲谈聊天的过程中捕捉到案件线索和真实证据。

（二）回忆法

证人对案件事实感知后不一定都能记忆。记忆印迹不仅可能有失，而且有时不免将记忆的事物加以扩大、歪曲或混淆。记忆与年龄有关，儿童长于机械记忆，青年人长于意义记忆，老年人难于记忆新材料，但对青少年时期的经历往往记忆深刻。记忆还存在个体差异。有的人长于记地名，有的人长于记日期，有的人长于视觉记忆，有的人长于听觉记忆，有的人长于触觉记忆，有的人记忆能力受情绪和心理影响等。记忆是陈述的基础。询问人要利用多种方法，针对具体证人，唤起他对事件的回忆。这种启发回忆的目的在于启发对象回忆起某些线索或细节。例如：

侦查人员从杀人案的重大嫌疑对象陈×处获得该案唯一的证物——女被害人的一块手表。侦查人员向死者父母询问，围绕手表是不是女儿的、手表是何时何地买的等问题，启发两位老人慢慢回忆起女儿生前的一些事情，与什么人交往等，从中发现重大线索。

（三）重点提问反复提问

询问证人时，对重要问题要抓住不放，反复提问，在几次甚至多次证言中找出真实证言，查明案情。例如：

奸淫幼女案的被告人罗×从初审、庭审，到最后定罪量刑时，其口供中的重要事实情节与被害人（7岁）的证言出入很大，并一直否认案发当天他到被害人家借扁担和事后给被害人钱的事实。询问人抓住借扁担和给钱这两个关键问题，多次询问被害人。被害人的几次证言前后矛盾，交代情节过程一次比一次深入具体，超出了 7 岁儿童的叙述能力。最后被害人不得不承认她告发被告人奸淫她是迫于其母的威逼，所有证言都是母亲事先编好让他背下来复述的。被告人没有到她家借扁担，也没有用扁担抵住门；没有同她"作怪"，事后也没有给她钱；裤子上的东西（指精液）是她吃稀饭时掉下的米汤。司法人员经过反复核实查证，终于澄清了被告人的冤屈，作无罪释放。

三、询问言语组合

在询问言语交际中，问方虽为主方，但客方对象大多是一般公民。因此主方必须把客方摆在平等地位上，以诚恳平实的言语耐心地启发客方多讲话、讲真话。例如询问一位六十多岁的老太太：

问：您老身体还硬朗？

答：还好。

问：您老眼睛还好使吧？

答：还行。

问：罪犯闯进王×芳（强奸案被害人）屋里时，你当时在哪里？看见没有？

答：没有看见。当时是晚上八点多钟，院子里最清静，在院子里住的几家人这时都出去耍还没回来，王家只有王×芳在家，我家只有我在家，其余各家都没有人。我坐在里面一间屋纳鞋底，听到王×芳的喊声才从里面走出来，站在门口对着王家屋里问："王×芳你刚才喊啥子？"问了两声没人回答，以为是自己的耳朵出了毛病。天快黑尽了，看不太清楚，我就转身回屋去了。正在这时，从王家跑出一个男人。

问：你能认出那人是谁吗？

答：是的。不过，我没看清他的脸。我从背影上看，好像是电工赵×华。

问：那人哪些地方像赵？

答：高矮差不多，跑起来的姿势也像。

问：还有哪些地方像赵？

答：赵上身爱穿一件红色背心，背心上有号码，是 8 号。那晚上跑出去的那个人上身也穿的红色背心，只是未看清号码，他一晃就跑过去了，没看清。

问：那人穿的什么颜色的裤子？

答：浅灰色或浅蓝色长裤，总之颜色不太深。

问：从你听见王叫到你看见那男的跑出来，大约有多长时间？

答：大约有六七分钟。

问：你的意思说，那人像赵×华，是这样吗？

答：是这样。

第一句问话关心诚恳，消除了证人的心理顾虑，泛泛问身体健康情况。第二句问话仍表关心，但具体询问眼睛情况，为下面的询问做准备。接下来用一系列特指问句，启发证人回答具体问题。"你能认出那人是谁吗？""那人哪些地方像赵？""还有哪些地方像赵？"采用先总后分、先概括后具体的言语组合方式，确认出证人的认知程度。

四、询问语言链例析

一次成功的询问，其言语链总是一个有机合理的组合，留下许多可资借鉴的东西。试看下面的言语链例析：

例1. 律师询问证人：

林肯是美国历史上一位优秀的总统，他也是一位出色的律师。一次他替一名被指控为谋财害命的被告人辩护。林肯查阅完全部案卷，看出全案的关键在于起诉一方一位叫福尔逊的证人的证词。该证人起誓说，10月18日他在月光下看清了被告人用枪击毙了死者。林肯发现证词中漏洞百出，于是在复审时，他这样询问证人：

林：你发誓说认清了小阿姆斯特朗（被告）？

证：是的。

林：你在草堆后，他在大树下。两处相距二三十米，能认清吗？

证：看得很清楚，因为月光很亮。

林：你肯定不是从衣着方面认出来的吗？

证：不是的。我肯定认清了他的脸庞，因为当时月光正照在他的脸上。

林：是在什么时候看到的？

证：10月18日晚上11点钟。

林：你能肯定当时的时间是11点吗？

证：充分肯定。因为我不久回屋后看了时钟，那时是11点15分。

林肯转过身来，面对法庭和听众说："尊敬的法官先生和陪审团的先生们，我不能不告诉大家，这个证人是个彻头彻尾的骗子。他刚才一口咬定 10 月 18 日晚上 11 点钟在明亮的月光下认清了被告人的脸。请大家想想，10 月 18 日晚上 11 点钟那天正是上弦月，晚 11 点钟月亮已经下山，哪里还有月光？退一步说，也许证人对时间记得不十分精确，当时的时刻稍有提前，即使是那样，月光也应是从西往东照草堆的，那么他的脸上是不大可能有月光的，证人怎么可能从二三十米外的草堆后面看清被告的脸的呢？可见，证人刚才的证词完全是在撒谎。"

这段询问言语关键在于现场环境分析，在分析中巧妙运用反证法驳倒对方证词。律师一开始并不直接揭穿谎言，先用一连串的特指问句，使对方一再肯定自己的谎言，然后突然发难。两个让步复句使对方陷入绝境，犹如迅雷不及掩耳之势，一举夺取全胜。

例 2. 侦查员就伤害案询问目击者：

问：今年 3 月 10 日，简×华和万×秀发生冲突的情况你清楚吗？

答：他们为什么争吵我不清楚，但是打架的时候我恰好在场。

问：请你谈谈他们打架的经过。

答：当时我从那里经过，听见两人争吵得很凶。一个说："你那样子要吃人！"另一个说："你那样子要咬人！"我就走近去看，正看见简×华跳过去咬了万×秀一口。

问：咬在哪里？

答：咬在万×秀的肩膀上。当时万×秀就喊："咬死人了啊！"同时在简×华脸上抓了两下。

问：简×华又怎样呢？

答：这时一个半大娃儿给简×华一根擀面杖，递给她就走了。简×华举起擀面杖朝万×秀头上一棒，就把万打昏过去了。

问：你认不认识拿擀面杖给简的那个娃儿？

答：不认识。

问：那个娃儿有多高？大概多大年龄？

答：有一米五左右高，十五六岁的样子。

问：穿的什么衣服？

答：记不清楚了。当时没注意到衣服的情况，只觉得他头上光光的，像是才理过发。

问：你觉得他穿的是衬衫还是背心一类的东西？

答：这一点没看清楚，但衣服的颜色一定是浅的，因为我对深色衣服的印象一向比较深。

　　这是一个比较成功的询问例子。侦查人员针对证人精明有条理的特点，问话准确简明，从而答话清晰、具体、全面。先让目击者泛泛谈事件经过，而后具体询问每个细节。

 ## 第二节 讯　问

一、讯问语境

　　讯问是人民检察院或公安机关的办案人员依照法定程序就案件事实对被讯问者进行的审讯活动的一部分，是司法笔录的根本依据。它是获取证词、确认犯罪手段的必要途径，也是一种复杂的司法言语交际过程。

　　（一）讯问语境构成因素

　　特定的语境对语言有相应的制约性，讯问必须把握语境。讯问语境的构成因素有讯问主体、讯问客体（对象）、讯问的时空环境等。

　　讯问主体是具有特定司法身份的公安侦查人员和检察人员。公安侦查人员的讯问是审讯的第一个环节。讯问人员的态度对被讯问者的心理、讯问的效果和以后审讯工作的开展等都有极大的影响。因此公安侦查人员必须具备良好的素质，察言观色，把握对象心理，同时还要消除对立情绪，创造有利的说话气氛。检察人员的讯问，不仅要进一步复核公安机关侦查预审阶段掌握的犯罪事实和证明，而且更重要的是善于发现其未曾掌握的犯罪事实和证据，这有助于查清全案。因此检察人员要认真分析案情，既可以利用已掌握的证据去组织讯问语言，又要克服先入为主的习惯心理。

　　讯问对象是社会人群中有犯罪嫌疑或犯罪行为的人。他们的性别、年龄、职业情况、文化水准、性格气质、家庭婚姻、宗教信仰、智力状况、心理态势等各不相同，导致讯问语境变得复杂多样。这些也是讯问的隐性语境因素，组织问话语言的依据就是构成问话语境的因素。讯问主体除了要了解案件发生的时间、地点、作案手段、作案人身份、受害者状况等外显性语境因素以外，还要把握隐性语境因素，要利用积极的语境因素去影响构成语境的不利因素。

　　（二）讯问对象及心理

　　讯问在办案人员和对象（被讯问者）之间进行，办案人员为主动方，被讯问者为被动方。掌握对象个人的隐性语境因素至关重要。如讯问对象是个顽固的惯犯，办案人员可利用已掌握的证据，去组织问话语言，形成强大的心理攻势，以降伏对象。一般说来，青少年犯罪有较大盲目性和冲动性，其社会阅历浅，可塑性较大。老年犯罪嫌疑人往往存在偏执和病态现象，具有自私、保守、诡诘、健康状况较差等特征。对以上情况了解得越细致、越深入，就越能把握控制对象，讯问时就能较快地找到突破口。例如：

　　某桩杀人案的被告人，是一位原本年轻漂亮、温柔善良的女检察官。在其夫的威逼下，她枪杀了另一位检察官——她曾经热恋过的情人。案发后，她将全部罪责归于自己："你们不必问什么。我是法律工作者，什么都懂，杀了人就必须接受法律最严厉的惩处，我随时准备被押赴刑场，接受枪处。"言毕，闭口不语，拒绝回答与案件有关的问题，侦破于是陷入僵局，负责此案的女检察官与被告人私交颇深，她以朋友的身份，动之以"友情"，启发被告人开口："你不会让我和你所有的亲朋故友在困惑中看着你走向刑场吧？"被告人闻言，泪如雨下，检察官抓住有利时机，又利用被告人最爱独生女儿这一点，调整角度，动之以"亲情"："我最清楚你对女儿的感情，她是你所有的希望和寄托。你想过她的未来吗？你可以让你倒在枪口下的灵魂得到安宁，但你能毫无牵挂地走向另一个世界吗？你不能不把一切告诉女儿，她现在尚不懂事，可等她长大以后，如果她知道母亲是十恶不赦的杀人犯，而不知详情，对她该是一种多么残忍的折磨啊"——检察官的话虽不长，却说得诚恳、中肯，切入了被告人的心理要害。被告人说："为了你和帮助我的人，为了我的女儿，我把一切告诉你吧。"她将自己不幸的婚姻，以及围绕婚姻所发生的一切，原原本本地告诉了检察官，使案情真相大白于天下。

讯问对象对讯问主体的讯问必然要作出某种反应，这种反应可以是有声语言的回答，也可以是无声语言的表情、动作或态势。如点头表示肯定，摇头表示否定。有声语言反应还包括语音、语调、语速、吐字清晰程度等。在同样的语言能力下，如果对答速度较快、吐字清晰流畅，往往真实程度较高；对答速度较慢、语言含混、吞吞吐吐、犹豫不定，则往往有虚假成分，讯问主体应仔细观察对象的语言反应，迅速作出判断，采取相应对策和措施。例如：

　　二战期间，荷兰著名的反间谍专家平托上校审讯一位纳粹高级间谍，连续讯问了4次，都未发现对方有任何可疑处。间谍声称自己是法国农民，不懂德语。最后一次，上校用法语说一些无关紧要的话。突然他改用德语，说："好了，我满意了，你自由了，你现在就可以走了。"上校敏锐的观察到间谍闻听此言后，长长出了一口气，动了动肩，像是卸下了沉重的担子。当间谍转过头去，发现上校嘲弄的目光时，悔之已晚，身后两名士兵紧紧抓住了他。

（三）讯问的时空环境

"语言是一种社会事实"，这句话解释了语言与社会环境的关系。在特定的环境里，词语有明确的专指含义，在不同的环境里，词语可以转化。例如在餐馆里，服务员与顾客有这样的一段对话：

服务员：这张桌子已经有人订了，你能不能换个座位？

顾客：没关系，你把这张桌子搬走。

服务员：可我搬不走这个座位。

"桌子"在餐馆这个环境里，有桌子本身和顾客座位两层含义。

讯问场所包括讯问地点、空间环境、陈设布置等。讯问场所直接影响到讯问对象的心理和语言表述，例如我国预审一般设在监狱或看守所内，四周防守严密。室内一门一窗，避免外界干扰和其他人员进入，陈设简单，避免多余物品或装饰分散讯问对象的注意力；讯问人员（或书记员）的座位高于被讯问者；被讯问者面前一石桌、石凳，均固定在地面，以防被讯问者搬动桌凳，自伤或打击讯问人员，这种讯问环境给人一种安静、安全感，利于消除心理障碍。

我国《刑事诉讼法》规定，对不需要逮捕、拘役的被讯问者可以传唤到指定地点，或到其住所、所在单位进行讯问。如果讯问对象是较为看重家庭的被讯问者，可以到他家里进行讯问，用骨肉亲情打动他，启发他说出案件真相。此外还应对他生活的社会环境有所了解和把握。

二、讯问策略

（一）讯问的心理策略

讯问是一种带有强制性的司法言语活动，司法人员有权讯问，被讯问者必须回答。但是，被讯问者往往心存侥幸，隐瞒真相，或避实就虚、避重就轻，讯问的双方因此形成对立的心理态势。在这种情况下，对于司法人员来说，要找到突破口，获取被讯问者的真实口供，就有一定的难度，因此必须注意讯问策略。讯问心理策略大致有如下几种：

1. 政策攻心。讯问人员讯问被讯问者，是代表国家司法机关审理案件，要坚持实事求是，严格按照党的政策和国家法律办事，对被讯问者进行政策攻心教育。教育的内容包括政策、法制、形势、前途等。换言之，既要使被讯问者懂得法律的公正、威严、不可侵犯，隐瞒、欺骗只会受到更严厉的处罚；同时又要使被讯问者知晓，坦白交代、认罪伏法才是唯一的出路。

政策攻心要因人而异，针对不同的案件性质、认罪态度进行思想瓦解，促使被讯问者交代案情。

2. 心理接触。讯问活动实际上是讯问人员与被讯问者的心理接触过程。讯问心理接触一般带有主从关系的特点，即讯问人员居于主导地位，被讯问者居被动服从地位。因此能否建立良好的心理接触关系，取决于讯问人员采取的接触措施。它包括三方面的内容：①讯问人员主动调节自己的心理活动，保持沉着冷静，避免感情用事，使自己的行为、问话能有效地服从案件需要。讯问中任何欺骗、粗暴、威胁和造成对方肉体精神痛苦的方法都会产生不良效果。②讯问人员应当假定自己为被讯问者，把自己置身于对方的思维状态中，设身处地地设想被讯问者可能出现的心理活动、防范措施和语言反应。③讯问人员应通过自己的行为、心理如以诚相待、语言文明、具有说服力等影响对方，并使其产生正常的、积极的心理态势。

3. 对证讯问。讯问人员要对掌握的案件事实和证据材料做认真分析、正确评价，防止主观臆断，借助已掌握的客观材料对证讯问。

对证讯问时，对于在什么问题上使用什么证据，使用证据对被讯问者的思想将会产生什么影响，被讯问者可能作出何种反应，以及会出现的结果等，都要事先周密考虑。对证讯问要选择时机，如果时机不当，被讯问者会蛮横抵赖或沉默抗拒，造成被动僵局，因此，要找准利害环节，发现被讯问者的思想弱点，或不能自圆其说的漏洞，或自相矛盾之处，创造有利时机。对证讯问必须符合两个原则：①合法，不搞刑讯逼供、诱供。②力求收到最佳效果，对证讯问可直接出示证言、物证，也可暗中点破，还可以点滴使用，连续打击，总之使用证据材料一定要可靠、属实、得当。材料不可靠的，宁可不用；时机不成熟的，绝不滥用。

（二）讯问技巧策略

1. 迂回讯问。迂回讯问是指初审或追审新的重大问题，司法机关在掌握证据还不够充分、案情还不够明了时，采取的一种由外到内、由表及里的讯问方法。迂回讯问一般采取这样的步骤：①扫清外围。先把与案件性质和主要罪行有关的外围问题查清。这样入手可把追问的范围放大，还可适当消除被讯问者的防范心理，为后面的讯问打下基础。②触及关键。在扫清外围的基础上逐步缩小范围，查清与证实案情和主要罪行密切相关的问题。③直捣核心。在被讯问者进退无路之际，抓住时机讯问主要罪行或关键情节。这一发问方法，在讯问活动中经常运用，且成功率较高。尤其对一些案情本身比较复杂，且性质恶劣、严重，被讯问者在讯问活动中拒供心理严重，防御体系严密，有一套反审讯伎俩的案件，这一发问方法更具有实用价值。在具体运用时，一般先从一些表面上与案情无关而实质密切关联的问题问起，以提高被讯问者回答的兴趣。讯问言语的语气要柔和平缓，尽量不给被讯问者以新的压力，在拉家常似的言语活动中，使被讯问者放松戒备，通过这种方式，把被讯问者可能形成诡辩的道路一条一条地堵死，使被讯问者在不知不觉中进入讯问人员的"圈套"。一旦时机成熟，则采取突然发问的方法，提出一些与前面提问有密切关系的案件的主要环节或被讯问者的主要罪行，促使被讯问者陷入进退维谷、无言可辩的境地，从而迫使被讯问者不得不如实供述自己的罪行。如审讯一起电击杀妻案中，被讯问者否认是他作案，讯问者采取这样的方法进行发问：

问：你爱人平时身体如何？

答：一般没有什么大病，有时爱感冒。

问：你爱人同家庭、单位关系如何？

答：很好，她与同事和两家的老人之间的关系都很好。

问：你同爱人平时关系如何？

答：这你们可以调查，几乎一年多都没吵过架。

问：18 号上午，你回家后，家中有哪些人？

答：我、妻子、岳母及未满三个月的女儿。岳母 8 点 20 分左右去买菜，9 点刚过就回来了。

问：这期间有没有人来过？

答：没有。

问：你岳母买菜这段时间，你和妻子做什么了？

答：我给女儿煮米粉，爱人洗衣服，她洗完衣服，说累了，上床躺下了。我煮好米粉，上床，就发现她死在床上了，是被电击死的。

问：你怎么知道是她被电击死的？

答：她脸上有电灼的伤痕，肯定是被电击死的。

问：她怎么会被电击死呢？

答：不知道。

问：电击死亡分三种情况：一是不小心触电，二是自杀，三是被他人用电杀死。你妻子死于哪种情况？

答：不是不小心触电，就是自杀，不是他人杀的。

问：依据呢？

答：家里没有其他人。

问：你相信科学吗？

答：当然相信。

问：那么我们告诉你，通过科学鉴定和法医勘验，你爱人确实是电击致死的，不过既不是不小心触电，也不是自杀，因为：首先，她死于一种自制的专用工具，不是不小心触电；其次，这种自制的工具，不可能造成自杀（根据有关专家鉴定，此工具不能造成自杀，法医勘验死者面颊，被电灼焦，留有痕迹）。况且你说你们关系很好，同事关系也很好，不可能忽然自杀。那么只有一种可能，就是他杀。你刚才讲了，岳母离家后没有来过任何人，只有你爱人、女儿，再有就是你在家，三个月的孩子不会杀人吧。

答：（无语）。

问：我们所获证据是科学的，科学是任何人都无法推翻的。

这样被讯问者被逼入绝境。讯问人员开始问被讯问者同爱人的关系及爱人与单位及家人的关系时，估计到被讯问者必然会讲自己同爱人关系好，以此来否定其作案的可能性，被讯问者果然如此供认，这样就把她个人自杀的可能性排除了。而后，又问被讯问者那天有没有其他人来过，来排除其他人作案的可能性，这两步完成后，就为追问被讯问者杀妻埋下伏笔。讯问人员紧接着用科学技术鉴定来否认不小心触电和自杀的可能，这时被讯问者想再诡辩也不可能，陷入欲进无途、欲退无路的绝境，无可奈何之下只得供认。所以迂回发问在具体实施时，必须采取一定的隐蔽手段，不能使被讯问者觉察出讯问人员的讯问意图，否则就不称其为迂回发问了。

2. 循序发问。循序发问与迂回发问有些相似之处，即都是先扫外围，再提问中心问题，但它又与迂回发问有不同之处，即迂回发问是在有掩护的条件下进行的，进攻的目标只有讯问人员才清楚，被讯问者并不知道讯问人员讯问的真正意图。而循序发问是在讯问人员和被讯问人员双方都明白各自意图的情况下进行的，它不需要任何条件作掩护，而在许多情况下是无法掩护的。这是一种由小胜到大胜、由局部胜利到整体胜利的讯问方法，它要求对被讯问者的全部犯罪事实，排列主次轻重、难易急缓，而后按照先易后难、先轻后重、先次后主，循序渐进地发问的方法，一步一步地提问，把那些容易攻破的问题先拿下来，置被讯问者于被动，并打乱其心理防线，为拿下主要的、严重的犯罪事实扫清障碍，创造条件，然后再集中主力，迫使罪犯交代主要罪行，取得斗争的全胜。所以这一发问方法，常用于罪行较多、情况复杂、缺少直接有利证据，被讯问者又比较顽固狡猾的案件。讯问中，讯问人员要表现出必胜的信心，言词要准确、明白，语气要清晰、干脆、坚决有力，特别要注意言语运用的策略性，要一步步地加大压力。如讯问一起间谍案件的接头地点：

问：你来广州干什么？

答：回来看一看。

问：看谁？

答：看朋友。

问：哪个朋友？

答：贾××。

问：家住哪里？

答：住成都。

问：那你为什么不去？

答：他写信叫我在广州等他。

问：哪里等？

答：他没讲，说到时间会来接我的。

问：你住在什么地方？

答：流花宾馆。

问：那你为什么不在流花宾馆住？

答：那儿人多。

问：那你准备住哪里？

答：一个朋友家。

问：朋友家在哪里啊？

答：中山路××号，不知道叫什么，没见过面。

问：那你怎么找他？

答：我说去找贾××，他就会接待我。

问：你怎么知道？

答：贾来信中说的。

从这段问话可以看出，被讯问者在讯问人员的环环进逼的情况下，供出了贾××写信讲好在广州中山路××号接头。开始问起了来广州干什么，被讯问者只是含糊地回答"看一看"。讯问人员马上问他来看谁，暗示他是来找人的，被讯问人害怕说出广州人，就讲是一个成都人。紧接着又问为什么不去成都，被告只得说在广州等，但又拒绝说出接头地点，再问他住在什么地方，并否认他讲的流花宾馆，被讯问者这时已明白他的行动已在讯问人员的掌握之中，只好供出中山路××号等。这从被讯问者来广州干什么到促其供出接头地点，一步步地按顺序由浅入深、由表及里、由现象到本质的发问，毫无遮羞之嫌。而且，讯问人员与被讯问者都知道讯问的意图。值得注意的是，循序发问方法的使用，事先要有周密的审讯计划，明确要解决的主题，要切实掌握情况，所有问话要紧扣主题，要有被讯问者作假供的思想准备。否则，一旦脱节，便会被打乱部署，达不到审清主要问题的目的。

3. 离间发问。在一些集团性案件中，这一发问方法是经常使用的。三十六计中的反间计，就是使敌人营垒中的人为我所用，我们也可将此法运用于讯问言语中。

离间发问主要是用于同案犯之间的攻守同盟、哥们儿义气，瓦解他们的精神支柱，离间他们的罪恶联系而采用的发问方法。对于一些有组织的犯罪集团，可利用案犯之间的地位、作用、利害冲突等矛盾和裂痕，分化瓦解、各个击破，同时区别对待。

首先把罪恶较轻、愿意交代的被讯问者分化出来，利用贴切的言语表达法律规定，说明、鼓励他们接受党和国家的挽救，坦白交代、揭发同伙，再利用他们的供词，围攻罪大恶极、态度恶劣的首犯或主犯，促使他们矛盾激化，在利己和自私的心理支配下，让他们互相对咬，达到各个击破的目的。如审理一个反革命集团案中的一段对话：

问：颜×贵是什么人，你和我都很清楚。你李×杰的角色，我们也是清楚的，如有迷途知返，必须痛下决心，况且你们一伙人，又有谁是值得信赖的呢！

答：对老颜这伙人，我心中是有数的。

问：你曾追随颜×贵，但颜×贵究竟对你怎么样？他根本就不相信你，只不过是暂时利用你一下罢了。颜×贵不是曾经说过，将来有你没他、有他没你，到哪天非干掉你李×杰不可？

答：（急不可待）他真说过这话？

问：颜×贵想把你置于死地，你还蒙在鼓里，到现在他给你的那份"东西"，还不敢向政府揭露。

答：他给我一份什么东西呢？

问：当然不是金钱和日用品，而是颜、何二人怕被你留做把柄的一个核心机密。

至此被讯问者做了如实供述。这段问话充分利用了颜×贵和李×杰之间的利害冲突，从颜有将李置于死地的企图入手，离间他们之间的关系，达到审讯目的。

值得一提的是，这一讯问方法，在言语表达上要坚决，语气要肯定，言词要清晰，表情要严肃。

4. 重复发问。顾名思义，就是对某一问题重复多次进行发问，直到把问题讲清楚。这种发问方法是被讯问者拒供，或者有意回避讯问人员提问时，反复多次发问的言语表达形式。

先是给被讯问者不断施加压力，使其感到讯问人员提出的问题是不容回避的，当然，这样重复是有条件的，如果被讯问者拒供时间持续较长，那就要考虑改变发问方法，或者转变讯问的问题。但在变更时，要向被讯问者明确提出此问题是不容回避的，是迟早要做交代的。如在审理一起盗窃汽车进行抢劫的案件时，被告只供盗开汽车，而不供抢劫的罪行。讯问人是这样发问的：

问：你盗车干什么用？

答：（无语）

问：（加重语气）你盗车是干什么用的？

答：开车去城郊转转。

问：你盗车究竟为了干什么（再次加重语气）？

这种发问十分明确，讯问人员紧紧抓住被讯问者盗车是为抢劫做准备这一目的，使被讯问者清楚地意识到讯问人员对抢劫这一实质问题穷追不舍，自己的罪行定然已暴露。这里重复两次表达的言语意义是一样的，但语气不断加重，给被讯问者以强大的精神压力，造成非交代不可的局面，如果被讯问者仍拒不供认，则要向他指出，现在不讲，将来也要讲，问题不容回避。千万不能给被讯问者一种顶一顶就顶过去的印象。

重复发问的另一目的，是使被告人暴露矛盾。这次讯问，被讯问者可能做假供；在另一场合，再向其提同样的问题，使之暴露因假供而必然出现的矛盾，然后利用矛盾再深追狠打。

5. 借言发问。借言发问是借用被讯问者说过的谎话，来问被讯问者的另一种发问方法，这也就是俗话说的"以子之矛，攻子之盾"。使被讯问者有一种自食其果、搬起石头砸自己脚的感觉。

借言发问的内容，只能是被讯问者说过的原话，如果确已无法记清原话，则用原意表达也可以，但应绝对避免使用讯问人员主观加工过的，或不是被讯问者说过的原意的话，否则其效果会适得其反，甚至会被被讯问者抓住把柄，成为他的口实。在讯问过程中，可以从以下几个方面借言：①从被讯问者供述中的明显漏洞借言。②从被讯问者表白的谎言中借言。③从被讯问者供词中自相矛盾的词句中借言。

在发问时，我们可以顺其借言所表达的意义来发问，也可以反其意进行发问。如审讯一个既有盗窃罪行又有反革命罪行的人：

问：李××，你最近动了不少坏脑筋吧？

答：我这个人文化程度低，请政府多多教育。

问：现在回过头来看看你文化程度低的问题。

答：（不语。）

问：文化程度低并不可怕，只要理解坦白从宽，仍有出路。

讯问人员第一句探索发问，问了以后，被讯问者极为敏感，马上用文化程度低来掩盖自己的反革命罪行，讯问人员意识到被讯问者在这个方面防卫意识较严密，而转向追问盗窃问题，在盗窃问题问清后，借用被讯问者说过的文化程度低的论调，进行发问，一句话就把问话内容拉回来了。且间接点明被讯问者文化程度低只是借口，暗示其反革命罪行已被讯问人员掌握。

6. 跳跃发问。跳跃发问是一种不同于常规的发问方法。当被讯问者的防御体系十分严密，编造了一整套谎言时，讯问人员为了揭露被讯问者的谎供，撕开被讯问者的防御体系，在讯问言语的表达上打破常规的问话顺序，跳过被讯问者早已准备的防线，直插被讯问者没有准备的问题，通过忽前忽后、忽东忽西的跳跃，使被讯问者措手不及、防不胜防，从而不得不交代问题。这种发问方法表面上看来是杂乱的，但是实际上是有条理的，从一个问题跳到另一个问题是事先设计好的。如在审讯一个盗窃犯时的一段问话：

问：你盗窃中岳乡石板桥的耕牛时，真的有同伙吗？

答：真的是两个人，是童×财偷的，我只是在外面放了哨。

问：平江县嘉义乡芦头村一带你认识一些什么人？

答：我在那里搞过副业，认识我的人很多。

问：中岳乡石板桥一带，你认识些什么人？

答：我同一些人搞过赌博，他们一些人认识我。

问：（讯问人员写了被讯问者的名字，拉开距离叫他辨认。）这是什么字？

答：看不清。

问：证明你的视力很不好嘛，人家看得清，你却看不见。

答：（低头不语。）

问：那天晚上什么天气？

答：记得是下毛毛雨……

问：你那天傍晚坐在五里镇的石块上干什么？

答：（目瞪口呆，无语。）

问：那天晚上你的同伙哪里去了？你是怎样丢牛逃跑的？

被讯问者供认作案时自己只是放哨而已，是同案犯干的，问了以后，讯问人员跳过"你是怎样放风的"这一问题的追问，而是追问他在平江县嘉义乡以及中岳乡一带认识什么人，接着又追问那天的天气情况，跳开天气又问"如何逃跑"。

被讯问者在多次讯问中都谎称有同伙，讯问人员调查后发现，讯问者向来个人作案，作案当天，他向别人借斗笠，偷牛后因被人发现而逃跑，以上言语表达从表面上看来杂乱无章，而实际上，它们都有必然联系，而且这样跳跃式的发问，撕开了被讯问者的防御体系，迫其作出如实供述。

应注意的是，这一发问方法的运用，必须以把握确凿的证据为前提，否则会造成先入为主的诱供后果，使口供的可信度下降，还有一点需要注意，在被讯问者已承认其犯罪事实，但还没供认具体细节的情况下，要即时改变发问方法，而不能继续跳跃发问，最好用其他发问方法，对具体细节问深问透。

7. 启发发问。启发发问有两种：一种是启发被讯问者记忆的启发发问；另一种是启发被讯问者良知的启发发问。

启发被讯问者记忆的启发发问是指被讯问者确实是由于记忆问题而对某些问题交代不清时所使用的一种发问方法。它的主要作用是在讯问人员的引导下，帮助被讯问者进行追忆。应该说明的是，启发发问绝不是引供，其区别在于启发发问中的启发，以讯问人员掌握的事实材料为依据，而引供则以讯问人员的主观想象为依据。同时，要掌握好这种发问方法，除在言语表达上要仔细斟酌外，特别应注意讯问人员的办案思想要端正，要实事求是，不可先入为主，用主观想象分析去引导被讯问者按讯问人员的意志去供述。

如审理一起杀人案，被讯问者对犯罪事实做了供述，但作案时间总是交代不清楚，一直供述的是 9 月初，而事实发生在 11 月初，审讯采取了启发式方法：

问：你再仔细回忆一下，是国庆前还是国庆后发生的？

答：我记得还没有过国庆。

问：根据呢？

答：反正天气不冷，但又不是穿一件衣服的时候。

问：你们那天吃饭吃的是什么菜，还记得吗？（因为此案是酒后争执而引起杀人的。）

答：记得我们买了一只鸡，用鸡炖的大白萝卜，还将鸡杂炒的什么，我记不清了。

问：你怎么记得是鸡炖大萝卜？

答：因为买了鸡，没什么菜，我们自留地正好种白萝卜，我们就拔了萝卜炖鸡，这是我第一次用白萝卜炖鸡，吃的时候，大家还议论这种做法很好吃。

问：你们那个地方，一般什么时候开始吃萝卜？

答：11 月，早点 10 月份也有。

问：那天既然都开始吃白萝卜了，应该是几月份的事情呢？

答：对了，是国庆节后了，因为国庆节我们也是在一起吃饭的，那天晚上我们还说，国庆的两只鸡要是用白萝卜炖就好吃了。

问：国庆节过了多久又在一起吃饭？

答：有一个来月的样子。

问：那么事情到底发生在什么时间呢？

答：我原来记错了，大概是 10 月底、11 月初的样子。

因为此案是案发 6 年后才被发现的，时过境迁，被讯问者对具体时间已有所遗忘，讯问人员一连用了几个启发发问，首先以国庆节为时间界线，结果被讯问者没有回忆起来；后来用掌握的那天吃的萝卜炖鸡，以萝卜上市时间为启发，使被讯问者回忆起是国庆节以后；又以国庆节启发，使被讯问者回忆国庆节还在一起吃饭，然后以两次吃饭的时间间隔长短进行启发；最后使被讯问者回忆起时间是 10 月底或 11 月初，从而确定了作案时间。

但是以下发问就不是启发，而是引供：

问：你们当天吃了什么菜啊？

答：买了一只鸡，炖着吃，另外把鸡杂儿炒了。

问：鸡里有没有放菜，比如萝卜之类？

答：有菜，可能是萝卜。

问：只有 10 月、11 月才有萝卜，那么都开始吃萝卜了，是几月份啊？

答：是 11 月份的事情。

这种发问是违反审问原则的，是明显的引供行为，而不是启发。审问人员提到萝卜之类，只是出于自己的想象和猜测，而没有掌握这一情况，所以是引供行为。因而启发发问要适时、适当地使用。

另一种启发发问主要是针对被讯问者拒供而采取的启发被讯问者的良知，促使被讯问者认识自己的犯罪事实的客观实在性及严重的社会危害性，从而促其理智感、道德感复苏，交代自己的罪行。

这种启发发问范围较广，内容丰富，方法灵活，具有很高的实用价值和实践意义，其中有思想政策教育、感化伦理道德教育、人生观教育、道德观教育、"若要人不知，除非己莫为"的辩证关系教育、典型的从轻从重案例教育等内容。

8. 命题发问。也称为限定发问，其形式是给被讯问者提出一个命题，限定回答范围，促使被讯问者按讯问人员所提问题的范围作出回答，这种发问方法在讯问活动中常常使用，且在深追细查、问深、问透被讯问者的犯罪事实上，有其特有的意义。例如"作案时怎么进去，又怎么出来的？""你把他打死后又做了些什么？"等。

命题发问中的命题，可分为总命题和某一个具体命题。总命题一般是一个交代范围较广的、比较原则的命题。如："你交代一下 3 月 17 日当天发生事情的经过"；"从 82 年初到你被拘留为止，在什么地方进行过盗窃"。总命题给被讯问者作出详尽供述的机会，往往在初审时使用，可以全面听取被讯问者有罪的供述和无罪的辩解，有利于对案情做全面的分析，从中发现问题，寻找矛盾，了解被讯问者的思想状态。由于让被讯问者供述期间一般不加追问，而由被讯问者自由回答，所以总命题供述的可信度不高，切忌轻信，最好命题不要太大。在给具体的题目时，往往对被告触动较大，并且都是被讯问者最不容易回答和最不愿意回答的问题，而这些问题又是查清案件所必须解决的。因此在命这类题目时，必须掌握好时机和发问中的言词表达，如以犯罪的动机和目的为命题时，必须在案件事实已经清楚的前提下进行，而发问中言语表达尽量委婉含蓄一些，如"你当时为什么想起要这样做？（动机）""你想到这样做的后果了吗？（目的）"这样的言语表达比明确直接的言语表达更容易被被讯问者接受，也更容易引起被讯问者的回答兴趣。从讯问活动的实际情况来看，命题发问更多地用在被讯问者愿意回答的情况下，而且命题的限定范围要适当，太小了则变得一问一答，无所谓命题发问；太大了，则会使被讯问者无所适从，不知从何答起。

9. 借题讯问。即以被讯问者答问中提供的语言信息为话题，顺藤摸瓜，促使其如实交代；或抓住被讯问者答问中出现的矛盾之处，使之不能自圆其说。这种方法尤其适用于对犯罪团伙的各个击破。下列便是侦查人员利用两名犯罪嫌疑人分赃不均的矛盾而组织的讯问语言。

　　侦：刚才那人不认识吗？

　　犯：不认识。

　　侦：你应该感谢他，要不是他对你的帮助，你会继续在外流窜作案的。

（犯罪嫌疑人听后，脸上出现怨恨表现，显然有一种被同伙出卖的感觉。侦查抓住时机继续问。）

　　侦：他说你吃肥头，还连玩了几个女人……

　　侦查人员话未说完，犯罪嫌疑人抢过话头："他血口喷人……"一口气吐出了真情。

三、讯问的言语组合

在讯问的司法言语交际中，问方始终处于积极主动的地位，其问话语言的组合有一定的主动性和进攻性。掌握这一特点，可以攻其不备、触其利害、出奇制胜。例如，对犯罪嫌疑人郑×的讯问：

侦：你既然来了，为什么不打声招呼就走了，郑××？

犯：不、不，这完全是误会，我叫王××，是回来探亲的，家里有事，要提前回香港的。

侦：你也太麻痹了，竟然冒充王××，为什么不把他左耳下的黑痣搬到你耳朵下来呢？算了，你把香港花艳酒店的问题交代清楚吧。

采用顺接式言语组合，用已掌握的证据，组织反问句，主动进攻，使犯罪嫌疑人措手不及。

讯问者语言除了带有主动性和进攻性以外，还具有一定的预测性。在组织言语时，要考虑对方的言语行为，设法遏制对方。例如，上文中提到某起杀人案，侦查人员在犯罪嫌疑人住处搜到一条染有被害人血迹的长裤，并了解犯罪嫌疑人有肺病吐血史。血型与长裤上血迹的血型一样。为了防止犯罪嫌疑人谎称裤子上的血迹是自身吐血染上的，侦查人员便这样组织讯问语言。

侦：听说你以前的肺病很严重？

犯：是的。

侦：现在怎样了？

犯：治好了。

侦：怎么治好的？

犯：去年我的一个朋友从一本杂志上看到，某某市有位老中医治肺病有绝招，就告诉了我。我去了一趟，果然不假。吃了 4 副中药，到现在一直没犯。

侦：你一直没吐血？

犯：那当然。

侦：（突然出示血裤子。）那你看看你这条血裤子，血是哪来的？（并列句隐而不发。）

犯：这……这是我吐血染的。

侦：你的肺病不是已经好了吗？

犯：（语塞。）

侦：（提高嗓音。）回答问题！

犯：我交代……我杀了人……

这段问话的言语组合方式是，侦查人员先以平缓关心的口吻，问犯罪嫌疑人的一些生活琐事，使其放松警惕，如实回答治病经过，从而堵死了犯罪嫌疑人可能撒谎的后路。然后突然出示证据，使犯罪嫌疑人不能自圆其说，被迫交代了罪行。

四、讯问言语链例析

一个言语信息，从说话者的头脑开始到听话者听懂为止，以不同的形式存在着。它涉及语言学、生理学、解剖学以及物理学等各个领域里的一系列复杂活动，在这整个过程中，存在着一条无形的链环，这条由不同平面上的复杂活动串联而成的链环，就叫作"言语链"。讯问过程是由一连串的问答组成的，我们称这些言语组合为讯问言语链。讯问言语链既能反映出言语组合方式，又能反映出讯问双方的心理活动。例如杰克用刀刺死了与他分居的妻子和三个孩子。讯问人员注意到一个犯罪细节——杰克越是竭力讲道理，他的妻子就越发不讲理，于是这样说：

> 杰克，你是个正直的人，我相信你本想公正地对待你的妻子，你到她住的地方去，本想和她商量一下离婚和财产分割的事情，就像所有正常人一样。但是，大概是她开始和你争吵起来，她极度疯狂，且不讲道理，甚至把你推到了餐桌上。好了，如果你被推到餐桌上，而且她和你大吵大闹，突然你的手摸到一把餐刀，你未加思索就用了它，我可以理解你，我可以很容易地看出这一切是怎么发生的。这是一种情况。那时如果你花了时间在抽屉里找到一把餐刀，并使用了它，那情况就完全不同了。如果实际发生的是后一种情况，那么就没有必要再和你谈了。但是，如果那刀是在桌子上，而不是抽屉里，而且是她用手指头戳着你的脸，并向你大喊大叫时，你靠在餐桌上，同时你的手落在了刀上，于是你未加考虑便动了刀，那么我完全能理解这一切是怎么发生的。现在，杰克，那刀是在桌子上，还是在抽屉里？我相信它是在桌子上，而不是在抽屉里。它是在桌子上，对吗，杰克？我相信你没有必要到抽屉里去找刀！杰克，它是在桌子上，还是在抽屉里？这是最为重要的一点，杰克。它是在桌子上还是在抽屉里？

这种带有诱导式的讯问，在我国法律当中是不允许的，但讯问者注意抓住被讯问人的心理活动，问话是可以借鉴的。请注意加重点词（为本书作者所加）。讯问者抓住犯罪嫌疑人的心理活动，采用选择、分析、推理的方法，启发犯罪嫌疑人开口。第一层选择分析了两种可能发生的情况；第二层选择作出更细微的分析推理，数次提出选择问题——在桌子上，还是在抽屉里？步步紧逼，并指出这一选择的重要性。最后被告终于吐出了一个词——"桌子"。这是第一次承认，也是坦白的开端。随后的讯问过程是这样的：

杰克：（稍停片刻后）我干了她。

审：你的意思是你用了那把刀？

杰克：是的。

审：你干了几下？

杰克：好几下。

审：你是在前面干的还是在后面干的？

杰克：前面。

审：你在后面干了吗，杰克？

杰克：没有。

审：然后怎么样？

杰克：孩子们哭了。

审：那你怎么办了？

杰克：我把他们放到了盆里。

审：你说的是浴盆吗？

杰克：是的。

审：然后你干了些什么？

杰克：我干了他们。

审：你的意思是你用那刀子干了他们？

杰克：是的。

审：然后你干了什么？

杰克：我本想给自己一刀，但我没那勇气，所以我就跑了。

审：那把刀你怎么处理了，杰克？

杰克：我留在了浴室内。

审：浴室内什么地方？

杰克：和他们一起，在浴盆里。

至此，审讯员已得到了犯罪嫌疑人的全部口供。在讯问过程中，审判员选择词语极其谨慎、隐讳。比如说"你用了那把刀?""你干了他们?"等，而只字不提"杀害""杀死"等，目的在于消除刺激性、冲突性言语情景。避免犯罪嫌疑人作出不利于讯问的反应，创造出一种平和性、合作性的言语情境，使犯罪嫌疑人心理上有一种开脱感，顺着审判员一环扣一环的推理、讯问作出具体回答，从而挖掘出了审清案情所需的各种信息，包括犯罪行为的具体环境、犯罪的具体情节和被告作案后的活动等。

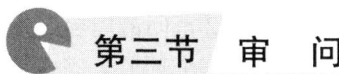

第三节 审 问

一、审问语境

审问是司法机关审理案件的一种方法。即通过对被告人等进行讯问，在了解案情、查清事实真相的基础上，各级人民法院的审判员依照《刑事诉讼法》的相关规定，开庭审理时对各类案件被告人的一种问话方式。审问集中用于法庭调查阶段。法庭调查是审问的核心部分。

（一）审问语境构成因素

审判人员既要紧紧围绕起诉书所指控的被告人的罪行进行审问，又要客观公正地发问，认真听取被告人的陈述、辩解，因此审问语言的选择与把握审问语境因素的关系极其密切。

庭审时的被告人虽然已经经历了初审、预审阶段，但是他们中的大多数人这时往往是与审判人员首次接触。审判人员在参阅、借鉴公安机关、检察院形成的案件材料的同时，还应作进一步的调查核实，全面掌握被告人的情况，针对不同的对象采取不同对策。例如，对有犯罪前科"几进宫"的犯罪"油子"，提问时应特别警惕，认真分析被告人答话的真假成分；对案件重大的被告人，应以政策攻心，告知被告人不要隐瞒罪行，不作伪供；对数罪并罚的被告人，应按顺序要求被告人交代清楚每一个罪行的犯罪事实；对多次作案的被告人，要求交代清楚每一次作案的情节经过；对集团犯罪的被告人，要求交代清楚本人的犯罪事实，以及本人在犯罪集团中所起的作用；对承认自己有罪行并已作出某些交代的被告人，仍要其如实交代所犯罪行的具体事实；对否认罪行并申辩自己无罪或者提出反诉的被告人，应让其提出申辩理由，说明无罪的证据，同时也要善于抓住被告人自相矛盾的地方，揭露批驳他的狡辩、不老实。倘若审判人员不管对象，一开始就对被告人作有罪推定："被告人×××，你把所犯的杀人罪交代清楚！"如果被告人回答："我没有犯杀人罪，我是正当防卫。"一句话就把审判人员的嘴堵住了。或者被告人产生对抗心理："法庭既然认定我有罪，还开庭干什么？"便会使庭审陷入僵局。因此把握审问对象，采取灵活多样的方法对待，是审问成功的第一步。

除了少数案件为了法制宣传或教学的需要在法院以外的特定地点（如教学地点）进行审问外，其他一般在法院进行，审问的场所即法庭。法庭是审判人员代表国家行使审判权的地方，它应该体现出法律的威严、公正和平等。在法庭上，所有到庭者都有自己的法律身份和诉讼地位，各自的言语都要受到法庭的制约。具体说来应做到这样几点：①审问必须按照法定的程序进行。②审问的内容必须紧紧围绕起诉书所指控的罪行进行。紧扣发问、出证、质证这三个环节来完成审问。③审问的语气、语调、语汇既要与案件事实相符，又要与法庭的整体气氛一致。④审判人员除了通过审问调查清楚案情外，还负有主持好庭审工作，向听众进行法制宣传和教育工作的责任。此外，审问语境构成因素还有案件性质、到庭人员以及掌握证据的情况等。

（二）不同案件的审问语境

庭审中，审判人员要能把握不同案件的审问语境。例如，要把不具有社会危害的行为同具有社会危害性的犯罪行为区别开来，把思想认识问题同犯罪行为区别开来，把故意杀人罪与正当防卫致人死亡区别开来，把强奸罪同一般的男女两性关系区别开来等，避免简单轻率地下结论。对每一个具体案件，一定要把握住被告人所犯罪行和刑法分则规定的罪名的本质特征，针对犯罪性质提问。例如对强奸案的审问，一定要对被告人的婚姻状况、被告人的性心理行为正常与否、被告人与被害人的关系（认识与否）以及反抗、搏斗等情况全面把握。

（三）审问的内隐性语境因素

审问的内隐性语境大致包括三方面的因素：①被告个人的内隐性语境因素，诸如被告人的社会经历、心理性格、文化程度等。②法庭掌握证据的情况。掌握证据越多越利于审问，掌握证据不多或不足则要求审判人员认真分析原因，防止失误、漏审，利用已获证据尽快找到审问突破口。③审判人员应认真研究和考虑被告人行为的目的、动机、时间、地点和手段等与认定罪行有关的一些因素。在某些案件中，犯罪的目的和动机直接影响犯罪的性质，甚至影响犯罪的成立。

二、审问方法

审问是审判人员与被告人对阵"公堂"，也是案件调查的最后、最为关键的阶段。审问的过程既是一个法定的程序过程，又是一个考验审判人员思维的灵活性和语言应对的策略性的过程。审问对审判人员的素养、修养、能力的要求特别高。因此必须讲究审问方法。

（一）有条不紊，稳扎稳打

庭审发问应遵守"以事实为根据，以法律为准绳"的原则，紧紧围绕案件事实进行。庭审前作好充分准备，拟好发问提纲：一问作案时间，二问作案地点，三问与案件相关的人，四问作案目的，五问作案动机，六问作案手段，七问情节经过，八问结果，九问证据，十问认识。这样发问，一不给被告人造成先入为主的心理压力，二不给被告人可乘之机，做到有条不紊，稳扎稳打。

（二）单刀直入，一问到底

审判人员根据起诉书所指控的罪行，直截了当地发问，让被告人有针对性地一一作答。然后就犯罪目的、动机、危害后果、赃物去向等一一发问。这种审问方法适合于不太复杂，审判人员在庭审前与被告人有过接触，对案件事实基本掌握，准备充分，胸有成竹的案件。

审：被告人，起诉书指控你犯了抢劫罪是事实吗？

被：是。

审：6 月 14 日晚你吃过饭后到什么地方去了？

被：去和平电影院看电影。

审：是你一个人去的吗？

被：不是。

审：和谁去的？

被：车××。

审：到电影院是什么时间？

被：9 点左右。电影不好看，天热，看了一半我们就走了。

审：去了什么地方？

被：先是没目的地散步，到了尚新街，后又到了市体育场转悠。

审：你们俩又做了什么？

被：我们先坐着乘凉，后来车××说："那边有两个谈恋爱的，我们去找他们抓点钱用。"

审：你们抢了什么？

被：抢了 230 元人民币、一条金项链和一块手表。

审：是这条项链吗？（出示项链）

被：是的。

审：抢得的赃款是怎样处理的？

被：我和车××瓜分了，他得了 150 元，我得了 80 元。

发问直截了当，准确清楚，一问到底，完整无漏。

（三）细节盘问，顺藤摸瓜

庭审除了要抓住案件的核心事实外，还不能忽略对细节的盘问。比如，交通肇事罪中的车速、距离、车况、路况等细节，奸淫案中被害人的年龄、身体、心理状况等细节对定罪量刑有直接的重要证据作用。有时细节盘问、顺藤摸瓜还能对案件有重大突破。例如：

姐妹二人共谋杀人案中，被告人张×君（妹），其夫王××（被害人）没有生育能力，张×君渴望生子，便与人私通怀孕生子，后因怕丈夫怀疑，遂产生了杀夫的念头，串通被告人张×杰（姐）帮助她作案。在几次提审中，二被告口供稳定，一致供述杀人施暴行为是二人共同所为。在庭审中，当审判人员问到究竟是谁使用剪子割破被害人的喉咙时，张×杰睁大眼睛，随后又轻轻叹了口气小声说："如果我妹妹说是我剪的我就承认。"审判人员抓住这一细节进行盘问，最后终于获得了被告人的真实口供，弄清了谁是主犯、谁是从犯。

三、审问言语组合

审问言语组合，就问方而言，有明显的准确规范性。例如：

    问：自行车是怎么来的？

    答：搞来的。

    问："搞"是什么意思？

    答：是偷来的。

审判人员用两个特指问句把问话限定在具体范围内，迫使被告人作出准确回答。

逻辑性是审问口语表达的必备条件之一。审问言语中的逻辑运用尤为突出，问话严密，步步紧逼，不给被告人留下可乘之机，抓住被告人供述中的矛盾，揭露其犯罪实质；选择要害问题，堵死被告人抵赖翻供的后路。例如，盗窃案被告人在法庭上突然翻供，推卸罪责。虽然认定犯罪证据充分，审判长还是耐心地听取被告人的供述，然后接连提出如下问题：

    审：你女朋友在仓库搞保管工作吗？

    供：是的。

    审：她对仓库物资比较了解吗？

    供：是的。

    审：紫铜块堆在哪个房间，你女朋友跟你谈过吗？

    供：谈过。

    审：刘×认识你女朋友吗？

    供：不认识。

    审：刘知道紫铜块堆在哪个房间吗？

    供：不知道。

    审：既然不知道紫铜仓库在哪里、紫铜块堆在哪个房间，他能去盗窃吗？一个人能搬走300多斤重的铜块吗？

审判人员采用排他法的言语组合方式，用一连串的是非问句，步步紧逼，把可能性缩小到一种结论上，被告人最终不得不承认他伙同刘×共同盗窃紫铜的犯罪事实。

四、审问言语链例析

在审问言语链条上，既能反映出审问言语的组合方式，又能反映出短兵相接、针锋相对的智斗场面，还能充分展示问话人的才智水平。

例如审判人员与杀人案被告人的庭审对话：

审：被告人卢×，起诉书指控你打死杨×是事实吗？

被：是事实。

审：你在什么时间、什么地点打死杨的？

被：6月4日晚上大约12点过，在××寨子北边坡脚的田坝里。

审：当时有哪些人在场？

被：就我和他两人。

审：你们为什么到那里去？

被：他要买大烟。我骗他说北边寨子有，晚上带他去。

审：你怎么把他打死的？

被：走到那里，我说累了休息一会。他躺在田埂上，我趁他不注意，用石头朝他头部砸下去。先后用了两块石头，砸了五六下，把他砸死了。

审：（出示物证）是不是这两块石头？

被：当时天黑，没注意，看样子是。

审：你为什么要砸死他？

被：为抢他身上的钱。

审：你抢了多少钱和东西？用到什么地方去了？

被：590元钱和4块走私表。还债用去400多元。花掉100多元，还剩几十元和表一起被收了。

审：这是不是你抢的4块表？（出示物证）

被：（经辨认后）是的。

审：你当时对杨的尸体怎么处理的？

被：扛到坡脚丢到水塘里去了。

审：你为什么要抢钱？

被：为还款，人家逼得紧。

审：你和杨是怎么认识的？

被：做大烟生意时认识的。

审：公诉人有没有问题要问？

公：有。被告人卢×，你欠的债是怎么欠下的？欠了多少？

被：是做大烟生意亏的，欠了800多元。

公：你知不知道做大烟生意是违法的？

被：知道。

审：辩护人有没有问题要问？

辩：有。被告人卢×，问你两个问题：①你知不知道杨×是一个什么样的人？②杨×身上的钱和表是怎么来的？

被：知道些。杨×因贩卖大烟被劳改过几年，出来后他表面上做草药生意，实际上做走私表和大烟生意。他身上的钱和表是做生意赚来的。

言语紧扣发问、出证、质证三个环节进行。发问由是非问句和特指问句构成，紧紧围绕作案时间、地点，犯罪情节、手段，犯罪目的，赃物、赃款的去向，以及被害人尸体的处理等实质性问题进行，公诉人的问话对审判员的漏问作了补充，而且每个问话者的问话目的明确，问话内容符合各自的身份，语言干净利落，句句涉及案情的关键，确属一次成功的审问。

思考题与练习

1. 讯问语境的构成因素有哪些？

2. 讯问技巧的策略有哪些？

3. 审问语境的构成因素有哪些？

第三编　司法笔录种类与实例[1]

第八章　公安司法笔录

内容提要

本章介绍了两大类公安司法笔录，即刑事案件笔录和行政案件笔录。其中刑事案件笔录包括刑事案件讯问笔录、侦查实验笔录等 11 种；行政案件笔录包括行政案件讯问笔录、听证笔录等 6 种。

关键词： 概念　刑事案件　格式　现场勘查　复验复查　侦查实验

 ## 第一节　刑事案件笔录

一、刑事案件讯问笔录

（一）概念

刑事案件讯问笔录是公安机关的侦查人员在办理刑事案件的过程中，依法对犯罪嫌疑人进行讯问时，如实记载侦查人员的问话和犯罪嫌疑人的供述或者辩解等情况的文字记录。经过查证核实，讯问笔录即成为刑事诉讼的证据之一。

《刑事诉讼法》第 120 条规定，侦查人员在讯问犯罪嫌疑人的时候，应当首先讯问犯罪嫌疑人是否有犯罪行为，让他陈述有罪的情节或者无罪的辩解，然后向他提出问题。犯罪嫌疑人对侦查人员的提问，应当如实回答。但是对与本案无

---

〔1〕 需要说明的是，本编例举的一些司法文书格式并没有"尾部"，如本书第八章第一节中的"讯问笔录"等，但是在司法实践中一般文书都是有尾部的。为了与司法实践相符，作者特在"写作内容与要求"部分添加了尾部的写作内容与要求。

关的问题，有拒绝回答的权利。第121条规定，讯问聋、哑的犯罪嫌疑人，应当有通晓聋、哑手势的人参加，并且将这种情况记明笔录。第122条规定，讯问笔录应当交犯罪嫌疑人核对，对于没有阅读能力的，应当向他宣读。如果记载有遗漏或者差错，犯罪嫌疑人可以提出补充或者改正。犯罪嫌疑人承认笔录没有错误后，应当签名或者盖章。侦查人员也应当在笔录上签名。犯罪嫌疑人请求自行书写供述的，应当准许。必要的时候，侦查人员也可以要犯罪嫌疑人亲笔书写供词。

《公安机关办理刑事案件程序规定》第204条规定，讯问聋、哑犯罪嫌疑人，应当有通晓聋、哑手势的人参加，并在讯问笔录上注明犯罪嫌疑人的聋、哑情况，以及翻译人的姓名、工作单位和职业。讯问不通晓当地语言文字的犯罪嫌疑人，应当配备翻译人员。第205条规定，侦查人员应当将问话和犯罪嫌疑人的供述或者辩解如实地记录清楚。制作讯问笔录应当使用能够长期保持字迹的材料。第206条规定，讯问笔录应当交给犯罪嫌疑人核对；对于没有阅读能力的，应当向他宣读。如果记录有差错或者遗漏，应当允许犯罪嫌疑人补充或者更正，并捺指印。笔录经犯罪嫌疑人核对无误后，应当由其在笔录上逐页签名、捺指印，并在末页写明"以上笔录我看过（或向我宣读过），和我说的相符"。拒绝签名、捺指印的，侦查人员应当在笔录上注明。讯问笔录上所列项目，应当按规定填写齐全。侦查人员、翻译人员应当在讯问笔录上签名。

（二）格式

根据《公安机关刑事法律文书式样（2012版）》规定，刑事案件讯问笔录的格式如下：

（第　次）

讯问笔录

时间_____年_____月_____日_____时_____分至

_____年_____月_____日_____时_____分

地点_____

讯问人（签名）_____、_____工作单位_____

记录员（签名）_____工作单位_____

被讯问人_____ 性别_____ 年龄_____ 出生日期_____

身份证件种类及号码_____ 是□否□人大代表

现住址_____ 联系方式_____

户籍所在地_____

(口头传唤/被扭送/自动投案的被讯问人于_____月_____日_____时_____分到达,

_____月_____日_____时_____分离开,本人签名_____。)

问：_____

答：_____

……

第_____页 共_____页

（三）写作内容与要求

1. 首部。首部内容及其填写要求如下：

（1）文书名称。使用讯问笔录专用纸记录时，文书名称已印制好。名称后括号内的讯问次数要根据实际情况填写。

（2）起止时间。即讯问的开始和结束时间。注意精确到某时某分，如果是整点开始或结束，"分"前也不能空白，应填上"00"。如果是讯问羁押于看守所的犯罪嫌疑人，笔录上的起止时间应与提讯证上的时间一致。

（3）地点。是指讯问的地点。无论是在公安机关，还是在被讯问人的住处、单位、学校或其他指定地点，都要写清楚，而且要写具体，如"××市看守所第×审讯室""××市公安局××预审室"不能仅写"××市看守所""××市公安局"。

（4）讯问人、记录员姓名、单位。这里应当由讯问人和记录员本人分别在横线上亲自签名，不能互相代替签名；讯问人和记录单位不能省略不填。讯问人和记录员不应由一人同时担任。

（5）被讯问人。主要是写明被讯问人的姓名。要弄清其姓名的写法，即究竟是哪几个字。被讯问人是少数民族的，应当写明其汉语音译名，必要时也可以在汉语音译名后注明其使用的本民族文字姓名；如果是外国人，应当写明其汉语音译名，必要时也可以在汉语音译名后注明其使用的本国文字姓名。注意姓名写法应与其身份证上的姓名写法相同，还应与讯问结束后被讯问人在笔录上的签名完全一致。

2. 被讯问人基本情况。第一次讯问时，要详细记清被讯问人的身份即基本情况，包括姓名（户籍上注明的常用姓名）、曾用名、别名、化名、绰（外）号、小（乳）名、笔名、网名、性别、民族、出生年月日、出生地点、身份证号码、籍贯、文化程度、户籍所在地、现住址、职业和工作单位、政治面貌、家庭成员、社会经历以及是否受过刑事、行政处罚等情况。

把有关被讯问人姓名的情况写全，有助于同有关部门联系核实其身份，协助进行有关的调查工作。因为有的犯罪嫌疑人，其本名往往不为人所知，而小名或绰号等则为大家所熟知。出生年月日以公历（阳历）计算，周岁为准。在确定未成年人法律责任、计算其年龄时，应当是实足年龄，以日计算，如过了 14 周岁生日，从第二天起才认为已满 14 周岁。要注意把被讯问人回答的出生年月日与其身份证件上记载的出生日期加以核对。

写明户籍所在地（包括所在地派出所名称）、现住址（包括电话）、出生地、籍贯等，这样可以确定被讯问人的身份，查明案件有关情况，便于诉讼过程中执行某些强制措施以及联系和送达法律文书。例如，办案民警可以迅速与被讯问人户籍所在地的公安机关联系，了解其在当地的情况（如是否属于在逃人员，在当地受过何种刑事或行政处罚，有无严重疾病可能影响侦查工作或服刑，有无刑事责任能力等），或及时将被讯问人的情况通知当地公安机关备案。必要时还可以与其实际居住地的公安机关联系，以便开展相关的侦查工作。再如，将被讯问人刑事拘留或逮捕后 24 小时内无法通知其家属或单位，或者不便与其家属联系时，可以将有关法律文书转交当地公安机关代为通知。现住址应填写被讯问人被采取强制措施前的经常居住地。一般来说，经常居住地就是户籍登记中的地址，如果不一致，应当在记明经常居住地的同时，记明户籍登记的住址。如果被讯问人带有身份证件，可以核对一下，如果没有，就记下其自报的住址。记录户籍所在地和现住址时要具体，农村的应精确到乡、村、组，城市的应精确到街道号码、楼号、门牌号。如果有的街道几经改换，应以现用名为准。

写明职业和工作单位，有助于配合其他项目核实被讯问人的身份；便于查明其作案手段是否与其职业有关，是否涉及本单位；便于查明其平时表现；如果案件性质属于职务侵占罪、贪污罪等，有助于查明其是否具备犯罪的主体资格；有助于查明其是不是人大代表、政协委员等；有助于在与其家属联系不上或不便联系的情况下，由单位代为转达。单位名称要写全称，必要时在前面加上地域限制（如浙江或郑州等字样），以便准确认定。只要本人在该单位工作，即可认定该单位为其工作单位，不一定单纯凭人事档案是否在该单位来定。职业应当填写从事工作的种类及其职务。没有工作单位的，可以根据实际情况填写个体工商户、

在校学生、农民或无业等。如被讯问人系农民，其职业应写为"务农"或"农民"，不能写为"无业"。如果在原籍务农，在外地进行犯罪活动时无固定职业及住所，可以写为"原籍务农"，并在其后写上或用括号注明"××××年×月×日离开原籍后无固定职业及住处"。如果进行犯罪时有固定职业，则应写为"原籍务农，现在本市××处任××"。

记录家庭成员主要写明被讯问人的父、母、兄、弟、姐、妹、夫、妻、子、女。其他亲属如果与其关系密切，也可记下，一般情况下则不必记。记录时主要写明其姓名、年龄、职业和联系电话。

记录社会经历即简历，可以查明其作案是否与其过去所从事的职业有关，以便确定侦查方向。记写时要突出重点，一般上学期间的经历简写，工作经历可以稍微具体一点。

记录是否受过刑事、行政等处罚情况，一方面是为突出其过去是否有违法犯罪行为，另一方面也有助于查明本次犯罪是否属于多次犯罪，是否属于加重处罚范围，是否应按累犯处理等。

此外，文化程度是指国家承认的学历，以学校颁发的毕业证书为准。文化程度分研究生（博士、硕士）、大学、大专、中专、高中、初中、小学、文盲等档次。

上述基本情况，除姓名、别名、曾用名、化名、绰号等有关姓名的内容可以集中在一项一问一答中记录外，其余各项内容一般应采取一问一答的形式，尽量避免把全部基本情况都集中记录在一问或一答之中。

在第二次及以后的讯问中，上述情况一般可以不必再记。但如果对被讯问人的基本情况有疑问，需要进一步核实，或要改变、补充以前的供述，则可以有针对性地进行讯问和记录。

3. 告知诉讼权利和义务。为了保障被讯问人的合法权益，《刑事诉讼法》的有关条款规定了被讯问人在侦查阶段所享有的权利和应当承担的义务。但在实践中，有许多被讯问人对此并不了解。为了确保《刑事诉讼法》的上述规定得以贯彻实施，保障被讯问人依法享有的诉讼权利，同时也为防止引供、诱供、刑讯逼供等违法行为，确保取得被讯问人合法、真实的口供，《公安机关刑事法律文书格式（2002版）》增加了被讯问人诉讼权利义务告知书这一文种，并要求在对被讯问人采取强制措施之日或者对其进行第一次讯问时，告知被讯问人诉讼权利义务。

办案实践中，履行告知程序一般有三种情况：①在对被讯问人进行第一次讯问时履行。②在对犯罪嫌疑人采取强制措施之日履行（以上两种情形，哪种情形在前，就应当在出现该情形时履行）。③在对被讯问人宣布采取强制措施并同时进行第一次讯问时履行。

履行告知程序时，首先将被讯问人诉讼权利义务告知书送交被讯问人，如果被讯问人没有阅读能力，侦查人员要向其宣读。然后，问其是否看清或听清了告知书的内容。如果听清了或看清了，应当在笔录上记明。还要问被讯问人有何要求，如是否需要聘请律师，是否申请有关人员回避。被讯问人有具体要求的，一定要如实记录下来。

4. 与案件事实有关的内容。接下来就是对实质性内容即与案件事实有关的问答内容的记录了。这里强调两点：①在转入对案件事实的问答时一般有两个过渡性提问：一是问被讯问人为什么来到公安机关；二是让其如实交代犯罪事实。至于如何提问，可以根据具体情况采取灵活的方式。如第一问可以根据被讯问人被带至公安机关的不同情况分别为："知道为什么传唤你吗？""你知道为什么把你带到这里吗？""你知道为什么拘留（逮捕）你吗？"第二问可以根据被讯问人的不同情况，或者直接说："把你杀害××的犯罪事实如实讲清楚。""把你抢劫的过程具体说说。"或者为了避免被讯问人产生逆反或对抗心理，回避"犯罪""供述"等敏感的词语，采取一种温和、委婉的句式："你应该如实把问题讲清楚，不能隐瞒。""把你的问题如实讲清楚。""继续交代你的问题。""对你的问题是如何反省的？"如果在这两问中还有宣讲法律的内容，也应简要记下。②如果是第一次讯问，开始要围绕被讯问人是否有犯罪行为来记录。如果被讯问人承认有罪，就如实记录其供述的犯罪过程和具体情节；如果其否认犯罪，也要如实记录其无罪辩解。然后再记录问话人就其供述或辩解中不清楚、不全面或自相矛盾的地方提出的问题及其回答。同时，还要根据讯问的具体情况，按讯问计划或讯问提纲，向被讯问人提出问题，以敦促其及早把全部问题或主要问题交代清楚。

案件事实既包括被讯问人的有罪供述，也包括其对自己进行的无罪辩解。一般情况下，从所占篇幅看，有罪供述即犯罪事实是讯问笔录的记录重点。当然，因为关系到一个人的法律责任以及前途甚至生命，对其无罪辩解也要予以同等的重视。

记录案件事实，要围绕犯罪构成的四个要件（主体、主观方面、客体、客观方面），重点把握如下几个基本要素：

（1）时间。这里的时间以被讯问人实施犯罪行为的时间为主，也包括其他与犯罪事实有关的时间，如被讯问人产生犯罪动机的时间、预谋策划的时间、购买犯罪工具的时间、销赃的时间等。记录人员要有时间概念，以保证笔录内容脉络清晰，前后有序。特别是涉及未成年人犯罪的案件，对时间这一要素更要重视。

记录犯罪的时间要尽可能具体（关系到被讯问人刑事责任能力时还要求精确）。但由于种种原因（如已经过去一段时间或作案次数多等），被讯问人对其作案时间及其他与犯罪有关的时间不一定说得很准，可以根据具体情况分别采取如下几种方法：能够比较准确认定时间的，可记为"××××年×月×日×时"或"××××年×月×日××时许"；只能记住日期而忘记具体时间的，可记为"××××年×月×日"或"××××年×月×日上午"；连日期也记不清楚的，可记为"××××年×月间""××××年×月以来"或"××××年×月至××××年×月间"等。

（2）地点。这里的地点以实施犯罪的地点为主，兼及其他所有与犯罪有关的场所。记录与犯罪有关的场所要尽可能具体，否则会影响清楚地展现犯罪事实，影响侦查工作的顺利进行。有时作案的地点不同，会影响对犯罪事实性质和危害的认定。如被讯问人在仓库盗窃电话线与在通信线路上盗割电话线，由于作案的地点不同，两者所犯的罪不同。有时同一案件不同被讯问人在交代同一作案地点时所使用的名称不一定完全一致，因为作案地点周围的知名单位或建筑物较多，有的以这一单位为参照物，有的则以另一建筑物为参照物。出现这一情况也是正常的，不需要让被讯问人统一口径，只需如实记载清楚即可。当然，在案卷其他材料中要有能够说明这一表述虽不一致但确属同一地点的文字材料或照片，以免造成办案人员认识上不一致，影响对案件的处理。

（3）当事人。当事人指与案件有关的所有人，包括被讯问人、被害人、证人及其他知情人。要尽可能地记清他们的姓名（别名、外号等）、年龄、性别、特征、住址、工作单位、简历及主要社会关系等，以便于开展调查取证工作。①要记清答话中涉及的其他被讯问人，为下一步抓获所有被讯问人及认定每个人在犯罪中的地位和责任奠定基础。②要记清有关证人或其他知情人的情况，为获取犯罪证据和进一步扩大线索、深入开展调查工作提供依据。③注意记清答话人供述的被害人特征情况。因为一般情况下被讯问人对被害人往往不熟悉，不知道其姓名、身份等情况，但能提供其特征。所以详细、客观地记下被害人的体貌、衣着、动作、口音等特征，可以和被害人的供述或现场勘查结果互相印证。

（4）动机。动机是导致被讯问人实施犯罪的内心起因，属于犯罪主观方面。准确地记录犯罪动机，有助于区分犯罪的性质。如因故与他人发生争执并故意将其殴打致轻伤与随意寻衅殴打他人致轻伤且情节恶劣，其性质是不同的。准确记录犯罪动机，有助于考察被讯问人犯罪的主观恶性程度，量刑时可以作为一种情节参考。如为追求享受而盗窃和为亲人治病而盗窃，虽然其性质同为盗窃，但前者的恶性程度比后者深，处罚时会相应重一些。准确记录犯罪动机，还有助于分析研究犯罪产生的原因，从而有针对性地制定预防犯罪的对策。

在记录时，首先要围绕问话人的思路搞清被讯问人有无犯罪动机，主观上是否存在故意或过失。如果主观上既无故意又无过失，那么就不构成犯罪。如果确有犯罪动机，再弄清是什么样的犯罪动机，这一犯罪动机是在什么样的情况下产生的（有的犯罪动机比较复杂，如共同犯罪是经过精心策划然后才实施；有的则比较简单，如一时冲动而作案等）。

（5）目的。犯罪目的是被讯问人在主观上所希望达到的外部结果，也属于犯罪主观方面。准确地记录犯罪目的，有助于正确认定案件的性质。例如，故意伤害致人死亡罪与故意杀人罪的区别，关键就是被讯问人在实施犯罪时要达到一种什么目的、什么效果，是仅仅让受害人受点皮肉之苦，以此警告；还是要置其于死地？这时候，犯罪目的就具有决定性的意义了。

在讯问中，犯罪动机与目的，有的是被讯问人在供述中主动交代出来的，有的则是其叙述犯罪的来龙去脉涉及犯罪起因时，经问话人有针对性的提问才回答的；有的是在讯问完被讯问人的身份内容和犯罪事实后再重点讯问犯罪动机和目的，有的则可能专门就犯罪动机和目的讯问一次。不论是哪一种情况，都要详细记明被讯问人是在什么原因驱使下、在什么心理支配下进行犯罪的，特别是一些复杂的犯罪活动，如共同犯罪，被讯问人的心理活动比较复杂，要针对犯罪预备的主观故意部分重点记录，以便于定性和定罪。

（6）手段。手段是被讯问人为达到其目的而采取的具体犯罪方法。在笔录中准确地反映犯罪手段，有助于区分犯罪性质（如抢劫罪与抢夺罪）、反映犯罪的主观恶性程度和衡量情节轻重，同时也使一起案件事实显得要素齐全、清楚完整。

在查阅卷宗材料时，我们发现有个别案件的讯问笔录忽略了对作案手段的记述。但更为常见的情况是记录的犯罪手段因为随便使用概括性语言而显得模糊。例如，反映强奸犯罪和抢劫犯罪特征的"以暴力胁迫手段"是一种概括性的法律语言，在写作提请批准逮捕书中提请逮捕的理由或起诉意见书中移送起诉的理由时才可以使用，在讯问笔录这种最原始、最基础的诉讼材料中就不能这样概括，而必须尽可能地记录或描述案件发生时具体、详细的原始状态，越具体、详细、原始，就越能反映事实的真相，越能反映不同案件的特征。那么怎么反映不同案件的"暴力胁迫手段"呢？就是如实且具体地记录被讯问人供述的其当时危害到被害人人身安全的行为、动作，使用的工具，以及所说的带有威胁性的话等。

（7）经过。犯罪经过包括预备、实施（包括未遂、中止等）以及逃跑和被抓获等整个过程（有的集团犯罪还应包括组织的形成）。其中实施犯罪的环节是记录的重点，又称为主要情节。同样是实施犯罪，在不同的案件中，其复杂程度也不一样：有的特别复杂，又可以分为若干具体的环节；有的则非常简单，几句话就可以说明。但不管犯罪经过多么复杂，一篇规范的讯问笔录，应该尽可能完整地再现原始犯罪过程，使阅读笔录的人能形象地把握案件全貌，整个过程及各个环节都很完整、连贯，不出现线索中断的现象，尤其是准确记下一些细节和被讯问人作案时的心理状态，使人感觉很逼真。

（8）结果。即犯罪的危害结果。既指犯罪行为所造成的现实的、直接的破坏或损害，也指由此而必然导致的潜在的破坏或损害。后者虽然不影响案件性质，却影响到量刑和判决。

需要说明的是，讯问笔录中所反映的犯罪结果，并非经过严格、科学的审查和司法鉴定后的犯罪结果，而仅指被讯问人陈述的犯罪后果。被讯问人对其犯罪行为所造成的危害结果和程度可能完全知道，也可能不太清楚或完全没料到，所以他的答话中涉及的犯罪结果可能和公安机关最后认定的犯罪后果一致，也可能不一致。不过这没有关系，讯问笔录的主要作用就是获取被讯问人的口供，所以只要如实记录和反映出其知道的犯罪结果就可以。

还需要说明的是，有些案件由于没有特定的侵害对象，并不会或并不一定会产生明显或具体的危害结果，如非法持有假币、组织他人偷越国境等案件，其危害结果是抽象的。在这种情况下，不需要必须明确记录犯罪结果，只需将犯罪过程记清楚就可以了。

（9）证据。讯问笔录所反映的证据情况大致有两种表现形式：①侦查人员使用证据的情况，这属于讯问艺术。②被讯问人供述或辩解中涉及的能够证明其有罪或无罪的证据，这是讯问的目的。作为事实要素之一，这里指的是后者。

在讯问过程中，被讯问人无论是作有罪供述还是无罪辩解，都应该或可能提出有关证据，公安机关对其犯罪行为进行定性和处理时也必须要有足够的证据。实际上办案人员在查清有关案情的过程中，根本的一项就是寻找能证明案件事实真相和被讯问人有无责任的各种证据，所以在记写讯问笔录时，记录人一定要有强烈的证据意识，宁可漏掉一些可有可无的答话，也不能遗漏有关证据的一些答话，哪怕是一点线索。

记录答话中涉及的证据情况，主要应把握如下几点：①作案工具的来源、特征及其下落。②赃款赃物的特征、数量、存放位置与环境。这里需要强调的是，有些案件中的赃物无法如数追回，如果被害人又不能够提供原始发票，那么认定赃物的具体价值时就会遇到一定困难，这就只能通过讯问被讯问人和询问被害人来证明赃物的价值了。讯问（或询问）时要重点记录被讯问人被抓获时缴获赃物的经过（清点登记的详细情况）、赃物的下落以及销赃或转移赃物的时间、参与人、地点和处置方式等，以便与其他证据相互印证。

刑事案件中的犯罪事实主要由上述九个要素构成，其中，"经过"是线，其他八种要素则是点。实际上，这九个要素是犯罪事实的基本要素，根据案情的不同，有的案件还包括其他一些特殊要素，即该案所特有的影响量刑定罪的某些事实和情节，如共同犯罪中的地位与责任，有无自首情节，认罪态度如何，有无立功表现，以及被讯问人的刑事责任年龄等，也都应该写清楚。

5. 尾部内容。按照预定计划，需要讯问的内容问完记完之后，最后一般是问被讯问人以上所述是否属实，能否全部负责，记下其肯定的回答。

有的案件讯问工作还没有结束，一般情况下，问话人在最后还会再增加一问，以提醒被讯问人准备继续交代问题。至于提醒其核对笔录一项，可记可不记。

讯问结束，要履行法律手续。具体有如下内容：把笔录交被讯问人核对，没有阅读能力的，要向其宣读。如记载有误或遗漏，应当允许被讯问人更正或补充，并在改正或补充的文字上捺指印。讯问笔录经被讯问人核对无误后，应当由其在笔录的末尾写明对笔录的意见，即："以上笔录我看过（向我宣读过），和我说的相符"，并签名或捺指印。如果被讯问人没有书写能力，由办案人员代为书写上述内容，并由其本人捺指印。最后被讯问人还要在笔录除最后一页以外的每页末尾右下角签名、捺指印。

在结束讯问和履行法律手续时要注意如下几个问题：

（1）被讯问人签署对笔录意见的后一句不能写成"和我说的基本一样"或"大致相同"，必须是"相符""完全相符"等。如果有不一样、不相符之处，可以让其改正或补充。

（2）被讯问人更正或补充笔录差错或遗漏的方法有两种：①如果改动或补充的文字较少，可以直接在差错或遗漏处添、改，并在上面捺指印。②如果改动或补充的文字较多，为避免笔录文面太乱，可以在笔录结尾处以问答形式把改动和补充内容反映出来而不改动前面的记录。

（3）如果在讯问中被讯问人态度恶劣，既不回答问题，又拒绝签名、捺指印，或者只回答问题，但拒绝签字捺指印，应当先进行教育，使其服从。教育的内容和经教育被讯问人的态度是否转变等情况，可以简要记录下来，以反映其悔过表现或恶劣的态度。如果教育无效，侦查员、记录员还要专门在笔录尾部加以注明。如："该人既拒不回答问题，又拒不在笔录上签字。侦查员×××　记录员×

×× ××××年×月×日。""本次讯问笔录共×页，×××既拒绝阅读，也拒绝签字（或已仔细阅读，但拒绝签字）。侦查员××× 记录员××× ××××年×月×日。"

（四）续讯笔录和系统讯问笔录

在办案实践中，一次讯问往往不能查明被讯问人的全部犯罪事实，所以有时在初讯（即第一次讯问）后，还要再次或多次进行讯问，或进行系列讯问。每次讯问都要写作讯问笔录，这些笔录又称作续讯笔录或系列讯问笔录。

续讯是初讯的深入和发展，有时是深挖余罪，有时则是讯问过程的中心阶段或搞清犯罪事实、完成讯问任务的关键阶段。虽然每次可能只是讯问一个或几个问题，但这一个或几个问题往往是很重要、很关键的，所以记录时要予以充分的重视。要根据犯罪构成要件和上述犯罪事实的要素，在初讯的基础上有针对性、有重点地进行讯问和记录，争取每次解决一个或几个问题，直至最后弄清事实的全部真相。

有些案情比较重大、复杂或被讯问人比较顽固难以对付的刑事案件，往往在结束讯问时，需要对被讯问人进行一次系统讯问。记录系统讯问的笔录称为系统讯问笔录或系统口供笔录。

系统讯问是整个案件讯问工作中不可缺少的重要组成部分。在过去的历次讯问中，被讯问人由于心理压力大、情绪紧张、思维混乱，其供述不一定合乎逻辑，甚至会漏掉某些事实情节，或者因为讯问时间长、次数多、每次讯问的侧重点不同，或者其供述真假混杂、前后矛盾或供了又翻、翻了又供，企图蒙混过关或扰乱侦查视线等，往往使口供显得分散零碎、缺乏系统性、完整性、稳定性和统一性。因此，在侦查终结之前，对被讯问人进行一次系统讯问，具有十分重要的意义：①可以获取系统、完整、客观的供词，有利于公安机关的领导和检察、审判人员审核案件时对案情有一个清晰完整的印象。②可以获取在此前讯问的对立冲突情境中所没有供述的某些事实上的详情细节。③从被讯问人放松戒备做的连贯系统的陈述中可能会纠正以前某个方面的陈述错误或发现新的情况和证据。④可以进一步巩固被讯问人的口供。

系统讯问之前，问话人和记录人仍要共同做好准备。问话人要拟好问话提纲，记录人也要充分熟悉过去的全部讯问笔录，以便掌握重点，心中有数。如果记录人以前没有参加过本案的初讯和续讯，就更有必要抓紧了解案情。系统讯问笔录不像历次讯问笔录那样需要反映讯问的策略、被讯问人的态度表现等，而是要以总括案件事实为主，所以要求把被讯问人的基本情况、每起犯罪的时间、地点、预谋、动机、目的、作案过程、工具、手段、结果、地位、责任、主体资格以及证据的印证核对、关系线索的追查等，全部有逻辑性地问一遍。记录员尽量以简练的语言抓住重点（即上述事实诸要素）记录，对犯罪过程和有些情节，该详的详，该略的略。

由于系统讯问时间不会太长，不需要进行过多的正面教育，而是以被讯问人的供述为主，所以要求记录人精神高度集中，不仅要把内容记好，而且语言文字质量也要高于以前的笔录，以便为今后的诉讼活动奠定良好的基础，同时也为检察和审判机关提供一篇高质量的笔录材料。

系统讯问过程中也可能出现新的情况，如被讯问人避重就轻或诡辩抵赖等，必要时也要记录下来。

（五）注意事项

1. 如实客观地反映和记载案件实际情况，准确无误地体现和表达被讯问人的本意。记录时切忌主观随意性，问话人和记录人不能先入为主，带着框框问、记。如果笔录歪曲了被讯问人的本意，那么这份笔录无论记得多好，也不能起到应有的证据作用。所以记录人要本着实事求是的精神，不能随意掺入个人主观成分，尤其是被讯问人供述的犯罪情节、责任、后果等主要内容，一定要客观、准确地反映其原意、本意，有的要记录原话；不能按照记录人自己的意思或想当然地去替代被讯问人的供述；不能只记录有罪供述，而对无罪辩解及其理由不予理睬；不能任意涂改、撤换或毁坏笔录中的供述内容，如果在笔录上弄虚作假，有意伪造、歪曲，将会触犯法律。

2. 突出重点，抓住关键。讯问笔录既要全面完整地反映问答内容，又要抓住重点和关键内容。前面讲如实反映被讯问人的本意，并不是要求将其说过的每一句话都要一字不漏地、录音式地记录下来，事实上这样也不可能。为了提高记录的速度，保持说与写的基本同步，必须对问答内容进行恰当的归纳、概括、综合、整理，从而把问话和答话中的重点内容、关键内容记录下来。

3. 既要记录被讯问人的供述，也要记录他在讯问中的各种表现。讯问笔录反映的主要内容当然是被讯问人的供述和辩解。但伴随着他的有声语言，还会出现各种无声语言，即体态语（包括神态、表情、动作等），如低头、哭泣、摇头、叹气、抓头发、顿足、捶胸等。有些体态语表现了被讯问人的思想、感情和态度，是对有声语言的重要补充，必须有所选择地加以反映。

4. 对答话中关键的方言土语、犯罪隐语等保持原貌，必要时可用括号加以注明。

5. 要特别注意对第一次讯问的记录。因为第一次讯问笔录所记载的内容有可能是最真实可靠的口供，如果记录下来，有利于查获犯罪的其他证据以及查获其他被讯问人，有利于扩大战果；如果记录有所遗漏，在以后的讯问中，被讯问

人如果建立起了对抗讯问的防御体系，讯问工作就会变得艰难起来。

6. 讯问笔录是证明案件事实的重要证据之一，在侦查终结时应当存入诉讼卷。

7. 写作讯问笔录还需要熟悉有关讯问的注意事项：①讯问被讯问人，必须由侦查人员进行，讯问时，侦查人员不得少于 2 人。②讯问同案被讯问人，应当个别进行。③讯问前，问话人和记录人应当了解案件情况和证据材料，制订讯问计划，列出讯问提纲。④讯问未成年被讯问人，应当针对未成年人的身心特点，采取不同于成年人的方式；除有碍侦查或无法通知的情形外，应当通知家长、监护人或教师到场；讯问地点可以是公安机关，也可以是未成年人的住所、学校或其他适当地点。⑤讯问聋哑被讯问人，应当有通晓聋哑手语的人参加，并在笔录中注明被讯问人的聋哑情况以及翻译人的姓名、工作单位和职业。翻译人员应在笔录上签名或盖章。⑥讯问不通晓当地语言文字的被讯问人，应当配备翻译人员。翻译人员应在笔录上签名或盖章。⑦讯问过程中，在做好讯问笔录的同时，可以根据需要录音、录像，作为对讯问情况的证明。⑧被讯问人请求自行书写供述的，应当准许；必要时，也可以要求其亲笔书写供词；同时令其在末页签名（盖章）、捺指印；侦查人员要在供词首页右上方写明"于××年×月×日收到"，并签名。⑨讯问中需要运用证据证实被讯问人的罪行时，应当防止泄密。⑩讯问应当严格按照法定程序进行，严禁刑讯逼供或使用威胁、引诱、欺骗及其他非法方法获取供述。

二、刑事案件询问笔录

（一）概念

公安机关的办案人员依法向案件中的证人或被害人（受害人）调查了解案件有关情况时的问话记录，在刑事案件和行政案件中都称之为询问笔录。刑事案件询问笔录记载了证人和被害人所提供的案件有关情况，是反映公安机关在办理刑事案件过程中调查取证情况的重要法律文书。做好询问笔录，对于及时查明案情，核实犯罪嫌疑人口供和其他证据的真伪，准确认定案件事实，揭露和惩罚犯罪，具有十分重要的意义。

《刑事诉讼法》第 122 条规定，讯问笔录应当交犯罪嫌疑人核对，对于没有阅读能力的，应当向他宣读。如果记载有遗漏或者差错，犯罪嫌疑人可以提出补充或者改正。犯罪嫌疑人承认笔录没有错误后，应当签名或者盖章。侦查人员也应当在笔录上签名。犯罪嫌疑人请求自行书写供述的，应当准许。必要的时候，侦查人员也可以要犯罪嫌疑人亲笔书写供词。第 126 条规定，本法第 122 条的规定，也适用于询问证人。

《公安机关办理刑事案件程序规定》第 210 条规定，询问证人、被害人，可以在现场进行，也可以到证人、被害人所在单位、住处或者证人、被害人提出的地点进行。在必要的时候，也可以通知证人、被害人到公安机关提供证言。询问证人、被害人应当个别进行。在现场询问证人、被害人，侦查人员应当出示工作证件。到证人、被害人所在单位、住处或者证人、被害人提出的地点询问证人、被害人，应当经办案部门负责人批准，制作询问通知书。询问前，侦查人员应当出示询问通知书和工作证件。第 211 条规定，询问前，应当了解证人、被害人的身份，证人、犯罪嫌疑人、被害人之间的关系。询问时，应当告知证人、被害人必须如实地提供证据、证言和有意作伪证或者隐匿罪证应负的法律责任。侦查人员不得向证人、被害人泄露案情或者表示对案件的看法，严禁采用暴力、威胁等非法方法询问证人、被害人。第 212 条规定，本规定第 206 条、第 207 条的规定，也适用于询问证人、被害人。

（二）格式

根据《公安机关刑事法律文书式样（2012 版）》规定，刑事案件询问笔录的格式如下：

（第　　次）

询问笔录

时间_____年_____月_____日_____时_____分至_____年_____月_____日_____时_____分

地点_____

询问人（签名）_____、_____工作单位_____

记录员（签名）_____工作单位_____

被询问人_____性别____年龄____出生日期_____

身份证件种类及号码_____是□否□人大代表

现住址_____联系方式_____

户籍所在地_____

（被询问人于____月____日____时____分到达，____月____日____时____分

离开，本人签名_____。）

  问：_____

  答：_____

  ……

第_____页　共_____页

  （三）写作内容与要求

  1. 首部。刑事案件询问笔录的首部内容包括如下几项：

  （1）文书名称。

  （2）起止时间。

  （3）地点。询问地点既可以是证人、被害人的所在单位、住处，也可以是公安机关，还可以是其他相应场所（如医院、居委会）。

  （4）侦查员、记录员姓名、单位。

  （5）被询问人姓名、性别、年龄、单位、住址、联系电话。

  以上内容填写要求同讯问笔录。

  2. 表明身份。根据有关规定，侦查人员在对证人或被害人进行询问时，应当首先出示公安机关的证明文件或者是侦查人员的工作证件，并在笔录上予以记录。

  3. 告知被询问人有关作证义务的要求。根据《刑事诉讼法》的规定，凡是知道案件情况的人，都有作证的义务。公安机关有权向有关单位和个人收集和调取证据，有关单位和个人应当如实提供。据此，侦查人员在表明身份后，应当明确告知被询问人，必须如实提供证据、证言，如果有意作伪证要负相应的法律责任。此项内容要在笔录中如实反映出来。

  由于询问的对象不同于讯问对象，因此问话人应注意询问的方法和提问的语气，以避免引起对方的反感，有时甚至要详细讲解法律的有关规定或做耐心细致的说服工作。不过笔录中只需把这一程序反映出来即可，对问话人讲解法律和做说服工作的情况不一定全部记下来，可以摘要记录，也可以用括号注明。如："根据法律规定，您应该如实向公安机关反映情况，否则要负法律责任（宣讲法律）"。

  4. 证人、被害人了解的案件有关情况。对证人、被害人提供的案件有关情况应当详细记录。由于证人和被害人反映问题的角度不同于犯罪嫌疑人，对有些案件如故意伤害案件、抢劫案件等，被害人或者在场的证人可以描述犯罪嫌疑人实施犯罪的具体行为和过程，而有些案件如盗窃案件等被害人或证人无法描述犯罪的过程，甚至不能反映犯罪的结果，只能反映犯罪嫌疑人的特征、向犯罪嫌疑人出售或租借工具或物品的情况等，也就是说只能提供一些间接证据，无法对犯罪事实的要素进行全面的反映。尽管如此，询问笔录仍然要围绕犯罪构成的四个要件特别是其中的客观方面进行全面记录，并根据案件的实际情况，对证人、被害人提供的犯罪主体及主要方面的情况予以详细记录。具体来说，询问笔录应把如下内容作为记录的重点：

（1）犯罪嫌疑人的身份。涉及的犯罪嫌疑人，不管一名或多名，对其基本情况、体貌特征等都要详细具体地记录。在因民事纠纷引发的刑事案件中，证人、被害人对犯罪嫌疑人的情况比较了解，应尽量详细记录双方的基本情况。对涉及的其他可疑人的情况也不能忽略。

（2）立案侦查的犯罪行为是否存在。

（3）立案侦查的犯罪行为是否为犯罪嫌疑人实施。

（4）犯罪嫌疑人实施犯罪行为的动机、目的。

（5）实施犯罪行为的时间、地点、手段、后果以及其他情节。

（6）犯罪嫌疑人的责任以及与其他同案人的关系。记清各犯罪嫌疑人在犯罪过程中的分工和作用，从而为确定各自的责任提供依据。

（7）案件发生过程。要写明该过程是亲身经历的，现场目击到的，当场听到的，还是听别人说的。同时还要记清当时是否还有其他人在场或了解情况等，即要注意记清上述情况的来源。

（8）现场环境。包括室内外环境特征、物品的摆放位置及方式、案发前后的异同等。

（9）涉及的犯罪工具或被盗物品。要详细记录犯罪工具或被盗物品的特征、来源、新旧程度及价值等。对于现场其他可疑物，也要注意记录，以便提供有关线索和证据。

（10）尽管证人、被害人不能直接提供犯罪嫌疑人的犯罪动机等主观方面的情况，但他们根据自身的客观环境提供的有关情况，往往有助于推测或分析犯罪嫌疑人的犯罪动机（如报复、陷害等）。对此也要予以重视。

（11）犯罪嫌疑人有无法定从重、从轻、减轻处罚以及免除处罚的情节。

（12）其他与案件有关的事实。

5. 尾部内容。询问结束时要履行的法律手续与讯问一样，即将笔录交被询问人核对或向其宣读；如记录有差错或遗漏，应当允许被询问人更正或补充，并在更正或补充的文字上捺指印。核对无误后，被询问人应在笔录的末尾写明对笔录的意见，即"以上笔录我看过（或向我宣读过），和我说的相符"，然后签名或捺指印，并写明时间。同时在笔录除最后一页以外的每页末尾右下角签名（盖章）、捺指印。

一般来说，犯罪嫌疑人拒绝签字或捺指印的情况比较少见，而证人、被害人由于种种原因，往往最后可能拒绝签字或捺指印。在这种情况下，侦查人员要耐心地做工作，争取让其签名或捺指印，但如果说服无效，则应当在笔录尾部加以注明。

（四）注意事项

1. 记录证人、被害人提供的情况要耐心细致，做到准确、详细、具体，全面反映取证情况，同时还要突出重点，详略得当。

2. 注意记清证言的来源。

3. 反映出证人、被害人的个性特征和语言特点。关键的地方要保持语言的原始状态，如口语、方言、土语等。

4. 记录证人、被害人的陈述应尽量集中，避免过于零碎，有些没有必要的提问可以省略，而把答话合并在一起，要特别避免出现问一句答一句式的记录。

5. 如果证人、被害人与犯罪嫌疑人有某种特殊关系（如亲戚、朋友、同学、同乡等），要特别记录下来，因为这种特殊关系会影响其证言的可靠性。

6. 要忠实于被询问人的原意，尽可能记录其原话。如果证人、被害人对当时的情况已经忘记或因为记不清楚而不能作出肯定或否定的回答，要如实记录，既不能非要证人、被害人作出肯定或否定的回答，也不能违背其本意而记录成肯定或否定的回答。

7. 证人如与案件没有特殊的关系，其提供的证言一般是比较客观的。而被害人特别是伤害、强奸、抢劫等案件中的被害人，往往会因激动、愤怒、恐惧、羞涩等心理而影响其证言的真实程度。对此，记录人要心中有数，不仅要准确记录其陈述的情况，而且要如实反映其在询问过程中的表现，必要时记下他们的体态语，以便事后审查其证言的可信度。

8. 记录人还要熟悉其他有关询问事项：①根据有关规定，询问证人、被害人也应当个别进行，不能同时对两个以上证人、被害人进行询问，以防止相互影响，确保证言的客观真实性。②如前所述，为了保证询问的顺利进行，达到预期的目的，必须针对不同的询问对象（不同的身份、不同的文化程度、不同的性格等），讲究问话的方法和技巧，以免激化矛盾。③询问前，应当了解证人、被害人的身份及证人、被害人与犯罪嫌疑人之间的关系。④询问过程中，侦查人员不得向证人、被害人泄露案情或者表示对案件的看法，严禁使用威胁、引诱（诱导或变相诱导）和其他非法方法询问证人、被害人，切忌对证人、被害人有倾向性的提问。⑤询问未成年的证人、被害人，可以通知其法定代理人到场；询问聋哑人，应当有通晓聋哑手势的人参加，并在笔录上注明其聋哑情况以及翻译人员的姓名、住址、工作单位和职业；询问不通晓当地语言文字的证人、被害人，也应当配备翻译人员。⑥证人、被害人请求自行书写证人证言或被害人陈述的，应当允许；必要时侦查人员也可以请其亲笔书写证人证言或被害人陈述。⑦询问中涉及证人、被害人隐私的，应当保守秘密。⑧在做好文字记录的同时，可以根据需要录音录像。

9. 侦查终结时，询问笔录作为重要证据之一，应当存入诉讼卷。

三、接受报案笔录

（一）概念

接受报案笔录是公安机关的工作人员在接受报案时，依法写作的记录报案人（包括扭送人、报案人、控告人、举报人或犯罪嫌疑人等）报案情况和报案内容的书面文字材料。它是受理刑事案件的依据和基础，是填写接受刑事案件登记表的原始材料，对审查确定是否立案具有重要的作用。

《刑事诉讼法》第 111 条规定，报案、控告、举报可以用书面或者口头提出。接受口头报案、控告、举报的工作人员，应当写成笔录，经宣读无误后，由报案人、控告人、举报人签名或者盖章。接受控告、举报的工作人员，应当向控告人、举报人说明诬告应负的法律责任。但是，只要不是捏造事实，伪造证据，即使控告、举报的事实有出入，甚至是错告的，也要和诬告严格加以区别。公安机关、人民检察院或者人民法院应当保障报案人、控告人、举报人及其近亲属的安全。报案人、控告人、举报人如果不愿公开自己的姓名和报案、控告、举报的行为，应当为他保守秘密。

《公安机关办理刑事案件程序规定》第 169 条规定，公安机关对于公民扭送、报案、控告、举报或者犯罪嫌疑人自动投案的，都应当立即接受，问明情况，并制作笔录，经核对无误后，由扭送人、报案人、控告人、举报人、自动投案人签名、捺指印。必要时，应当录音或者录像。

（二）格式

接受报案笔录没有法定格式，考虑到接受报案笔录的特点，参照《公安机关刑事法律文书格式（2012 版）》和《公安行政法律文书式样》中询问笔录的格式，公安机关逐步形成了以下这一文书的基本格式：

接受报案笔录

时间_____年_____月_____日_____时_____分至

_____年_____月_____日_____时_____分

地点_____

接受报案人姓名、单位_____

记录人姓名、单位_____

报案（扭送、控告、举报或自首）人姓名_____性别_____

出生日期_____文化程度_____

户籍所在地_____

现住址_____

工作单位_____

联系电话_____

犯罪嫌疑人姓名_____性别_____年龄_____特征_____

现住址_____工作单位_____

问：_____

_____

_____

_____

_____

_____

_____

_____

_____

_____

报案人（签名）_____

_____ 年_____ 月_____ 日

（三）写作内容和要求

1. 首部。首部内容按照上述基本格式填写。其中"报案人"一栏可以根据报案人的实际情况分别在括号内"扭送、控告、举报或自首"的某一项上打"√"。如果报案人不知道犯罪嫌疑人是谁或报案人即犯罪嫌疑人（自首人），"犯罪嫌疑人"等情况可以不填。如果报案人看到了犯罪嫌疑人，但不知道其身份情况，可以只填写"特征"一栏。有的栏目如犯罪嫌疑人的情况可能在问话过程中涉及时才填写，不一定要把首部内容填完后才开始问话。

2. 正文。接受报案人的第一句问话应该做到语气平和，以表示对报案人的尊重。一般是如下句式：

问：您来公安局（派出所）要反映什么情况？（或者您扭送来的是什么人？）

如果首部各项内容在上述第一问之前还没有弄清楚，可以先问清有关内容并填写在首部各栏中。如果已经问清并填明，接下来较为重要的一问就是明确告诉报案人："根据法律规定，您应如实向公安机关反映情况，否则应负法律责任。"特别是要向控告人和举报人说明诬告应负的法律责任。这是为了避免报案、举报、控告失实或诬告等情况的发生。如果需要向报案人详细讲解有关法律规定，可以简要记录，或记为"宣讲法律"。

接下来就要如实记录报案人反映的与案件有关的情况：案件发生或发现的时间、地点；简要案情，包括人员伤亡、财物损失情况；犯罪嫌疑人的情况；现场是否得到了保护；现场还有哪些人在场；其他有关线索或证据；如果报案人与案件没有特殊关系（不是被害人或作案人），还要问清他是通过什么渠道了解案件情况的，即搞清案件来源是目睹还是听说、听谁说的等。

3. 尾部。尾部和前述询问笔录基本一样。经宣读无误后，由扭送人、报案人、控告人、举报人签名或捺指印。

（四）注意事项

1. 如果经过审查认为接受报案笔录中记载的情况可以作为证据使用，立案后可以据此找到报案人，将其作为证人进行询问。询问时再写出询问笔录。

2. 有时认为报案人提供的情况比较重要，可以直接证明犯罪事实的存在，

也可以直接写成询问笔录。

3. 如果接受的是书面报案材料，接受报案人要仔细审阅，如有疑问或不清楚的地方，可以进行询问，并写出接受报案笔录。

4. 虽然有关法规中没有明确规定接受行政案件和治安案件，报案时也需要写作接受报案笔录。但如果认为有必要写作接受行政案件或治安案件的报案笔录，可以参照上述格式。

5. 接受报案时，如有必要，公安机关可以录音。

6. 接受报案笔录作为受理案件的原始材料，装入诉讼卷。

7. 公安机关应当保障扭送人、报案人、控告人、举报人及其近亲属的安全。如果上述人员不愿意公开自己的姓名和报案行为，应当为其保守秘密。

四、继续盘问记录

（一）概念

继续盘问记录是公安机关对违法犯罪嫌疑人进行继续盘问时反映审查活动情况的记录。由于继续盘问是依照法律采取的带有强制性的措施，涉及限制盘问对象的人身自由，因此法律对留置盘问不仅规定了明确的条件和严格的审批手续，同时还规定继续盘问必须写出继续盘问记录。继续盘问记录既是对盘问过程的记载，也是盘问依法进行的证据之一，它能为移交有关部门对盘问对象进一步审查和处置奠定基础，也有助于侦查部门迅速了解案情，进入侦查状态，为侦查讯问打下良好基础。

根据《人民警察法》第 9 条第 1 款的规定，公安机关的人民警察对有违法犯罪嫌疑的人员，经出示相应证件可以当场盘问、检查；经盘问、检查，有下列情形之一的，可以将其带至公安机关，经批准，对其继续盘问：①被指控有犯罪行为的；②有现场作案嫌疑的；③有作案嫌疑身份不明的；④携带的物品有可能是赃物的。

（二）格式

根据《公安部关于公安机关执行〈人民警察法〉有关问题的解释》规定，继续盘问记录的格式如下：

继续盘问记录

第　　次

年　　月　　日

自　　时　　分开始至　　时　　分结束

盘问人姓名＿＿＿＿＿＿＿＿单位＿＿＿＿＿＿＿＿＿＿＿＿＿＿＿

被盘问人姓名＿＿＿＿＿＿＿＿曾用名＿＿＿＿＿＿＿性别＿＿＿＿＿

年龄＿＿＿＿出生年月日＿＿＿＿＿＿＿＿＿籍贯＿＿＿＿＿＿＿＿＿

民族＿＿＿＿文化程度＿＿＿＿＿＿＿＿＿＿＿＿＿＿＿＿＿＿＿＿＿

工作单位＿＿＿＿＿＿＿＿＿＿＿＿＿＿＿＿＿＿＿＿＿＿＿＿＿＿＿

现住址＿＿＿＿＿＿＿＿＿＿＿＿＿＿＿＿＿＿＿＿＿＿＿＿＿＿＿＿

家庭住址＿＿＿＿＿＿＿＿＿＿＿＿＿＿＿＿＿＿＿＿＿＿＿＿＿＿＿

带至公安机关时间＿＿＿＿＿年＿＿＿月＿＿＿日＿＿＿时＿＿＿分

兹将盘问内容记录如下（包括家庭情况、主要经历、有无前科等情况）＿＿＿

＿＿＿＿＿＿＿＿＿＿＿＿＿＿＿＿＿＿＿＿＿＿＿＿＿＿＿＿＿＿＿＿

＿＿＿＿＿＿＿＿＿＿＿＿＿＿＿＿＿＿＿＿＿＿＿＿＿＿＿＿＿＿＿＿

＿＿＿＿＿＿＿＿＿＿＿＿＿＿＿＿＿＿＿＿＿＿＿＿＿＿＿＿＿＿＿＿

＿＿＿＿＿＿＿＿＿＿＿＿＿＿＿＿＿＿＿＿＿＿＿＿＿＿＿＿＿＿＿＿

＿＿＿＿＿＿＿＿＿＿＿＿＿＿＿＿＿＿＿＿＿＿＿＿＿＿＿＿＿＿＿＿

本记录我已看过（或已向我宣读过），与我讲的一样。

被盘问人签名（或捺指印）＿＿＿＿＿＿

＿＿＿＿年＿＿＿＿月＿＿＿＿日

（三）写作内容和要求

1. 首部。包括如下四项内容：

（1）继续盘问记录名称、继续盘问的次数、起止时间。

（2）盘问人姓名和单位。

（3）被盘问人的基本情况，应包括姓名、曾用名、性别、年龄、出生年月日、籍贯、民族、文化程度、工作单位、现住址、家庭住址。

（4）被盘问人被带至公安机关的时间。这一项要具体到时和分。

2. 正文。在问完被盘问人的家庭情况、主要经历和有无前科等情况后，应根据被盘问人特定的疑点和盘问人采取的不同盘问方式，既全面又有所侧重地加以记录，主要应把握如下三个方面：

（1）对被盘问人疑点的提问。

（2）被盘问人的陈述和辩解。

（3）被盘问人对问话的态度。

具体可以参照前述讯问笔录的写作要求进行记录。

3. 尾部。尾部内容包括被盘问人对答话内容的更改和补充、对笔录内容是否属实的意见及签名等，具体要求同讯问笔录。

（四）注意事项

1. 写作继续盘问记录要全面、客观、规范。特别要注意全面，因为盘问对象是行为尚未定性的人，而盘问就是为了获得更多材料去寻找证据，以便肯定或排除盘问对象的嫌疑。盘问初期对其了解很少，必须全面倾听对方陈述并作详细记载。

2. 决定继续盘问后应立即填写继续盘问（留置）审批表，交留置的公安机关负责人（公安派出所所长及以上的领导）审批，经批准后继续盘问。

3. 继续盘问的对象必须合乎留置条件，办理相关的法律手续，不得以种种借口拖延或事后补办，不准未经任何审批手续将违法犯罪嫌疑人留置。同时，只要留置就应写出盘问记录，与继续盘问（留置）审批表一起构成继续盘问的全部材料。

4. 被批准继续盘问的，应当根据被盘问人的证件或本人提供的姓名、住址，立即通知（或电话通知）其家属或所在单位并作出记录。

5. 当被盘问人的嫌疑在24小时内不能证实或排除，有必要继续审查的，应当填写延长继续盘问（留置）审批表，经县以上公安机关批准可以将留置时间延长至48小时。边远地区来不及书面报批的，可以先电话请示，事后补办书面手续。公安机关对于进行继续盘问和延长留置时间的应当留有批准记录。

6. 若被盘问人经继续盘问和延长继续盘问后查明确属违法犯罪人员，视其行为类型，根据公安机关内部管辖分工，移交有关部门处理。移交时应连同盘问审查材料一并移交。

7. 对于不批准继续盘问或不批准延长留置的人应立即予以释放。释放应当留有记录，记录具体释放时间，由被盘问人签名或者捺指印，不另发释放证。

五、现场勘查笔录

（一）概念

现场勘查笔录是公安机关侦查人员在对与犯罪有关的现场进行勘查时制作的，记录在现场进行勘查时发现的各种客观情况的法律文书。

《刑事诉讼法》第 128 条规定，侦查人员对于与犯罪有关的场所、物品、人身、尸体应当进行勘验或者检查。在必要的时候，可以指派或者聘请具有专门知识的人，在侦查人员的主持下进行勘验、检查。

《公安机关办理刑事案件程序规定》第 213 条规定，侦查人员对于与犯罪有关的场所、物品、人身、尸体应当进行勘验或者检查，及时提取、采集与案件有关的痕迹、物证、生物样本等。在必要的时候，可以指派或者聘请具有专门知识的人，在侦查人员的主持下进行勘验、检查。

（二）格式

现场勘查笔录的格式如下：

现场勘查笔录

发现（报案）时间＿＿＿＿＿年＿＿＿＿＿月＿＿＿＿＿日＿＿＿＿＿时＿＿＿＿＿分

现场保护人姓名＿＿＿＿＿＿＿＿单位＿＿＿＿＿＿＿＿

姓名＿＿＿＿＿＿＿＿单位＿＿＿＿＿＿＿＿

现场保护人到达时间＿＿＿＿＿年＿＿＿＿＿月＿＿＿＿＿日＿＿＿＿＿时＿＿＿＿＿分

勘查时间＿＿＿＿＿年＿＿＿＿＿月＿＿＿＿＿日＿＿＿＿＿时＿＿＿＿＿分至＿＿＿＿＿年＿＿＿＿＿月＿＿＿＿＿日＿＿＿＿＿时＿＿＿＿＿分

勘查地点＿＿＿＿＿＿＿＿＿＿＿＿＿＿＿＿

指挥人姓名＿＿＿＿＿＿＿单位＿＿＿＿＿＿＿职务＿＿＿＿＿＿＿

其他勘查人姓名、单位、职务＿＿＿＿＿＿＿＿＿＿＿＿

＿＿＿＿＿＿＿＿＿＿＿＿＿＿＿＿＿＿＿＿＿＿＿＿＿＿＿＿

＿＿＿＿＿＿＿＿＿＿＿＿＿＿＿＿＿＿＿＿＿＿＿＿＿＿＿＿

见证人姓名、住址、单位＿＿＿＿＿＿＿＿＿＿＿＿＿＿

＿＿＿＿＿＿＿＿＿＿＿＿＿＿＿＿＿＿＿＿＿＿＿＿＿＿＿＿

现场条件_____

勘查过程及结果_____

_____

_____

_____

_____

_____

指挥人（签名）_____

勘查人（签名）_____

_____

见证人（签名）_____

_____

记录人（签名）_____

_____年_____月_____日

（三）写作内容和要求

1. 首部。要按照现场勘查笔录格式的要求制作。首先要填空：①发现现场或者接到报案的时间，具体到年月日时分；②现场保护人的姓名、单位，要根据实际情况写清楚；③现场保护人到达现场的时间，具体到年月日时分；④现场勘查开始和结束的时间，具体到年月日时分；⑤所勘查的地点，即现场的具体地点，应当填写准确；⑥现场勘查指挥人员的姓名、单位和职务；⑦其他勘查人员的姓名、单位、职务，要把每位参加勘查的侦查人员均记录清楚；⑧见证人的姓名、住址、单位，对于有见证人参加现场勘查的，要据实填写清楚；⑨现场的条件，要写清楚进行现场勘查时的天气状况（阴、晴、下雨等）、气温、风力、空气湿度等。

2. 正文。首部内容填写完毕后，开始制作该笔录的主要部分，即勘查过程及结果。该部分通常按照以下顺序制作：①写明现场勘查人员赶赴现场的原因，参加现场勘查的侦查人员分工；②写明现场及周围环境的主要特征；③写明现场发现的有关痕迹、物证等所处的位置、种类、特点等；④写明对现场的处理情况及从现场提取的所有物证。

现场勘查笔录制作完成后，应当由现场勘查指挥人、参加勘查的侦查人员、见证人、记录人分别签名。

（四）注意事项

1. 发案地派出所、巡警或者治安保卫组织应当妥善保护犯罪现场，注意保全证据，控制犯罪嫌疑人，并立即报告公安机关主管部门。执行勘查的侦查人员接到通知后，应当立即赶赴现场；勘查现场应当持有刑事犯罪现场勘查证。

2. 勘查现场的任务是查明犯罪现场的情况，发现和收集证据，研究分析案情，判断案件性质，确定侦查方向和范围，为破案提供线索和证据。需要迅速采取搜索、追踪、堵截、鉴别、控制销赃等紧急措施的，应当立即报告负责本案侦查的指挥人员。

3. 现场勘查，由县级以上公安机关侦查部门负责。一般案件的现场勘查，由侦查部门负责人指定的人员现场指挥；重大、特别重大案件的现场勘查由侦查部门负责人现场指挥。必要时，发案地公安机关负责人应当亲自到现场指挥。

六、检查笔录

（一）概念

检查笔录是公安机关在办理刑事案件过程中，为确定与案件有关的被害人、犯罪嫌疑人的某些特征、伤害情况或者生理状态，指派或者聘请具有专门知识的人对他们的身体进行检查时制作的法律文书。

《刑事诉讼法》第128条规定，侦查人员对于与犯罪有关的场所、物品、人身、尸体应当进行勘验或者检查。在必要的时候，可以指派或者聘请具有专门知识的人，在侦查人员的主持下进行勘验、检查。

《公安机关办理刑事案件程序规定》第213条规定，侦查人员对于与犯罪有关的场所、物品、人身、尸体应当进行勘验或者检查，及时提取、采集与案件有关的痕迹、物证、生物样本等。在必要的时候，可以指派或者聘请具有专门知识的人，在侦查人员的主持下进行勘验、检查。

（二）格式

检查笔录的格式如下：

检查笔录

时间_____年_____月_____日_____时_____分至_____年_____月_____日_____时_____分

地点_____

侦查员姓名、单位_____

检查人姓名、单位_____

被检查人诉讼身份、姓名、性别、年龄、住址＿＿＿＿＿＿＿＿＿＿＿＿＿

＿＿＿＿＿＿＿＿＿＿＿＿＿＿＿＿＿＿＿＿＿＿＿＿＿＿＿＿＿＿＿＿＿

见证人姓名、住址、单位＿＿＿＿＿＿＿＿＿＿＿＿＿＿＿＿＿＿＿＿＿＿

检查目的＿＿＿＿＿＿＿＿＿＿＿＿＿＿＿＿＿＿＿＿＿＿＿＿＿＿＿＿＿

检查过程及结果＿＿＿＿＿＿＿＿＿＿＿＿＿＿＿＿＿＿＿＿＿＿＿＿＿＿

＿＿＿＿＿＿＿＿＿＿＿＿＿＿＿＿＿＿＿＿＿＿＿＿＿＿＿＿＿＿＿＿＿

＿＿＿＿＿＿＿＿＿＿＿＿＿＿＿＿＿＿＿＿＿＿＿＿＿＿＿＿＿＿＿＿＿

＿＿＿＿＿＿＿＿＿＿＿＿＿＿＿＿＿＿＿＿＿＿＿＿＿＿＿＿＿＿＿＿＿

＿＿＿＿＿＿＿＿＿＿＿＿＿＿＿＿＿＿＿＿＿＿＿＿＿＿＿＿＿＿＿＿＿

＿＿＿＿＿＿＿＿＿＿＿＿＿＿＿＿＿＿＿＿＿＿＿＿＿＿＿＿＿＿＿＿＿

侦查员（签名）：

检查人（签名）：

见证人（签名）：

记录人（签名）：

＿＿＿＿＿年＿＿＿＿＿月＿＿＿＿＿日

（三）写作内容和要求

1. 首部内容。按照检查笔录格式的要求制作。首先要填空：①检查开始和结束的时间，要具体到分；②进行检查的地点，应当据实填写准确；③侦查人员的姓名、单位，要把每位参加检查的侦查人员均记述清楚；④被检查人的诉讼身份、姓名、性别、年龄、住址，要写清被检查人是证人还是犯罪嫌疑人；⑤见证人的姓名、住址、单位，对于有见证人参加检查的，要据实填写清楚；⑥要写清楚检查目的，如与××案件有关的被害人、犯罪嫌疑人的特征、伤害情况或者生理状态等。

2. 正文。首部内容填写完毕后，开始制作该笔录的主要部分，即检查的过程及结果。该部分通常按照以下顺序制作：①写明检查人员受聘请或者指派的情况；②写明主持检查的侦查人员姓名、见证人见证情况；③写明检查的结果，被检查人身上的某些特征、伤害情况或者生理状态等。

检查笔录制作完成后，应当由侦查员、检查人、见证人、记录人分别签名。

（四）注意事项

1. 侦查人员执行勘验、检查，必须持有人民检察院或者公安机关的证明文件。

2. 犯罪嫌疑人如果拒绝检查，侦查人员认为必要的，可以强制检查；但对于拒绝检查的证人，一般不可以强制检查。

3. 检查妇女的身体，应当由女工作人员或者医师进行。

4. 检查笔录由负责检查的具有专门知识的人员制作。

七、复验复查笔录

（一）概念

复验复查笔录是公安机关根据人民检察院的要求，在重新进行勘验、检查的时候制作的，客观记录勘验现场情况或者检查结果的法律文书。

《刑事诉讼法》第134条规定，人民检察院审查案件的时候，对公安机关的勘验、检查，认为需要复验、复查时，可以要求公安机关复验、复查，并且可以派检察人员参加。

《公安机关办理刑事案件程序规定》第220条规定，公安机关进行勘验、检查后，人民检察院要求复验、复查的，公安机关应当及时进行复验、复查，并可以通知人民检察院派员参加。

（二）格式

复验复查笔录的格式如下：

复验复查笔录

时间_____年_____月_____日_____时_____分至

_____年_____月_____日_____时_____分

地点_____

复验复查目的_____

侦查人员姓名、单位_____

检察人员姓名、单位_____

检查过程及结果＿＿＿＿＿＿＿＿＿＿＿＿＿＿＿＿＿＿＿＿＿＿＿＿＿＿＿＿＿

＿＿＿＿＿＿＿＿＿＿＿＿＿＿＿＿＿＿＿＿＿＿＿＿＿＿＿＿＿＿＿＿＿＿＿

＿＿＿＿＿＿＿＿＿＿＿＿＿＿＿＿＿＿＿＿＿＿＿＿＿＿＿＿＿＿＿＿＿＿＿

＿＿＿＿＿＿＿＿＿＿＿＿＿＿＿＿＿＿＿＿＿＿＿＿＿＿＿＿＿＿＿＿＿＿＿

＿＿＿＿＿＿＿＿＿＿＿＿＿＿＿＿＿＿＿＿＿＿＿＿＿＿＿＿＿＿＿＿＿＿＿

＿＿＿＿＿＿＿＿＿＿＿＿＿＿＿＿＿＿＿＿＿＿＿＿＿＿＿＿＿＿＿＿＿＿＿

＿＿＿＿＿＿＿＿＿＿＿＿＿＿＿＿＿＿＿＿＿＿＿＿＿＿＿＿＿＿＿＿＿＿＿

＿＿＿＿＿＿＿＿＿＿＿＿＿＿＿＿＿＿＿＿＿＿＿＿＿＿＿＿＿＿＿＿＿＿＿

＿＿＿＿＿＿＿＿＿＿＿＿＿＿＿＿＿＿＿＿＿＿＿＿＿＿＿＿＿＿＿＿＿＿＿

＿＿＿＿＿＿＿＿＿＿＿＿＿＿＿＿＿＿＿＿＿＿＿＿＿＿＿＿＿＿＿＿＿＿＿

侦查员（签名）：

检察员（签名）：

记录人（签名）：

＿＿＿＿＿年＿＿＿＿＿月＿＿＿＿＿日

（三）写作内容与要求

1. 首部。首部应当包括以下内容：①复验复查开始和结束的时间，要具体到分；②进行复验复查的地点，应当根据实际情况准确填写；③复验复查的目的，即希望通过复验复查进一步查清的内容；④侦查人员的姓名、单位，要把每位参加复验复查的侦查人员均记述清楚；⑤检察人员的姓名、单位，对于参加复验复查的检察员，要据实填写清楚。

2. 正文。首部内容填写完毕后，开始制作该笔录的主要部分，即复验复查的过程及结果。针对该部分的制作，重新勘验的笔录和重新复查的笔录制作方法有所不同。

重新进行现场勘查的，要首先写明参加现场勘查的公安机关指挥员、侦查人员、刑事技术人员的分工和参加勘查的检察员；然后写明现场及周围环境的主要特征；接着写明在现场发现的有关痕迹、物证等所处的位置、种类、特点等；最后要写明对现场的处理情况及从现场提取的所有物证。

对于重新进行的人身检查，首先要写明复查人员受聘请或者指派的情况；然后写明主持复查的侦查人员姓名、见证人见证情况；最后写明复查的结果，被复查人身上的某些特征、伤害情况或者生理状态等。

复验复查笔录制作完成后，应当由侦查员、检察人员、记录人分别签名。

八、侦查实验笔录

（一）概念

侦查实验笔录是公安机关在办理刑事案件过程中，为了查明案情，证实一定的事实、行为、现象等能否发生或者改变，在同等条件下进行实验时制作的，反映侦查实验进行时的客观情况的法律文书。

《刑事诉讼法》第135条规定，为了查明案情，在必要的时候，经公安机关负责人批准，可以进行侦查实验。……侦查实验，禁止一切足以造成危险、侮辱人格或者有伤风化的行为。

《公安机关办理刑事案件程序规定》第221条第1款规定，为了查明案情，在必要的时候，经县级以上公安机关负责人批准，可以进行侦查实验。

（二）格式

侦查实验笔录的格式如下：

侦查实验笔录

时间_____年_____月_____日_____时_____分至

_____年_____月_____日_____时_____分

地点_____

侦查人员姓名、单位_____

侦查实验目的_____

_____

_____

_____

_____

_____

_____

_____

_____

_____

_____

_____

_____

_____

侦查员（签名）：

记录员（签名）：

_____年_____月_____日

（三）写作内容与要求

1. 首部。首部内容包括以下内容：①侦查实验开始和结束的时间，要具体到分；②进行侦查实验的地点，应当根据实际情况准确填写；③侦查人员的姓名、单位，要把每位参加侦查实验的侦查人员均记述清楚；④侦查实验的目的，即希望通过侦查实验进一步查清的内容。

2. 正文。首部内容填写完毕后，开始制作该笔录的主要部分，即侦查实验的过程及结果。该部分的制作要按照时间顺序把侦查人员采取的措施和方法记录清楚，包括进行侦查实验的条件、所需要的时间、侦查实验取得了什么样的结果等。侦查实验的目的不同，该部分表述的内容也就不同。基本要求是要做到对侦查实验的事实描述清楚，逻辑性强，结果明确。

侦查实验笔录制作完成后，应当由侦查员、记录人分别签名。

（四）注意事项

1. 进行侦查实验，禁止一切足以造成危害、侮辱人格或者有伤风化的行为。

2. 侦查实验的任务是：①确定在一定条件下能否听到或者看到；②确定在一定时间内能否完成某一行为；③确定在什么条件下能够发生某种现象；④确定在某种条件下某种行为和某种痕迹是否吻合；⑤确定在某种条件下使用某种工具

可能或者不可能留下某种痕迹；⑥确定某种痕迹在什么条件下会发生变异；⑦确定某种事件是怎样发生的。在侦查实验笔录中，应写明具体属于上述情况的某一个或某几个目的。

九、搜查笔录

（一）概念

搜查笔录是公安机关侦查人员在依法对犯罪嫌疑人以及可能隐藏罪犯或者犯罪证据的人的身体、物品、住处和其他有关的地方进行搜查时制作的，客观反映搜查情况的法律文书。

《刑事诉讼法》第 140 条规定，搜查的情况应当写成笔录，由侦查人员和被搜查人或者他的家属、邻居或者其他见证人签名或者盖章。如果被搜查人或者他的家属在逃或者拒绝签名、盖章的，应当在笔录上注明。

《公安机关办理刑事案件程序规定》第 226 条规定，搜查的情况应当制作笔录，由侦查人员和被搜查人或者他的家属、邻居或者其他见证人签名。如果被搜查人拒绝签名，或者被搜查人在逃，他的家属拒绝签名或者不在场的，侦查人员应当在笔录中注明。

（二）格式

搜查笔录的格式如下：

搜查笔录

时间_____年_____月_____日_____时_____分至

_____年_____月_____日_____时_____分

地点_____

侦查人员姓名_____单位_____

搜查证签发日期_____签发机关_____，____字____号

见证人姓名_____性别_____住址_____

被搜查人名_____性别_____住址_____

搜查的简要情况_____

_____

_____

_____

_____

_____

_____

扣押物品详细内容，请见《扣押物品清单》。

《扣押物品清单》已交见证人×××收执。

侦查人员（签名）：

被搜查人（签名）：

见证人（签名）：

记录人（签名）：

_____年_____月_____日

（三）写作内容与要求

1. 首部。首部应当包括以下内容：①搜查开始和结束的时间，要具体到分；②执行搜查任务的侦查人员的单位和姓名；③搜查证的签发日期、签发机关、文书字号、文书名称；④见证人的姓名；⑤搜查的对象，应当根据实际情况准确填写。

2. 正文。该部分的制作要按照时间顺序把侦查人员的搜查情况写清楚，重点是通过搜查获取的证据情况，基本要求是要对搜查的事实描述清楚，对搜查所获物品描述准确。

搜查笔录制作完成后，应当由侦查员、被搜查人或其家属、见证人、记录人等分别签名。

十、辨认笔录

（一）概念

辨认笔录是公安机关组织被害人、犯罪嫌疑人或者证人对与犯罪有关的物品、文件、尸体、场所或者犯罪嫌疑人进行辨认时制作的，客观反映辨认经过和结果的法律文书。

《公安机关办理刑事案件程序规定》第258条规定，为了查明案情，在必要的时候，侦查人员可以让被害人、证人或者犯罪嫌疑人对与犯罪有关的物品、文件、尸体、场所或者犯罪嫌疑人进行辨认；第262条规定，对辨认经过和结果，应当制作辨认笔录，由侦查人员、辨认人、见证人签名。必要时，应当对辨认过程进行录音或者录像。

（二）格式

辨认笔录的格式如下：

辨认笔录

时间_____年_____月_____日_____时_____分至_____年_____月_____日_____时_____分

地点_____

侦查人员姓名_____单位_____

辨认人姓名_____性别_____住址_____

见证人姓名_____性别_____住址_____

辨认对象_____

辨认目的_____

辨认过程及结果_____

_____

_____

_____

_____

_____

_____

_____

_____

侦查员（签名）：

辨认人（签名）：

见证人（签名）：

记录人（签名）：

_____年_____月_____日

（三）写作内容与要求

1. 首部。首部应当包括以下内容：①辨认的起始时间，具体到分；②进行辨认的地点，应当填写准确；③侦查人员的姓名、单位，要把每位侦查人员均记述清楚；④辨认人姓名、住址、单位，据实填写清楚；⑤见证人的姓名、住址、单位，对于有见证人参加辨认的，要据实填写清楚；⑥辨认对象，即提供辨认人进行辨认的物品、文件、尸体、场所或者犯罪嫌疑人等；⑦辨认的目的，即通过辨认需要解决的问题。

2. 正文。上述内容填写完毕后，开始制作该笔录的主要部分，即辨认过程及结果。该部分通常按照以下顺序制作：首先写明辨认对象所处的情况；然后写辨认人进行辨认的过程，及通过辨认得出的结论等。

辨认笔录制作完成后，<u>应当由侦查员、辨认人、见证人、记录人分别签名</u>。

（四）注意事项

1. 对犯罪嫌疑人进行辨认，<u>应当经办案部门负责人批准</u>。辨认应当在侦查人员的主持下进行。主持辨认的侦查人员不得少于2人。组织辨认前，应当向辨认人详细询问辨认对象的具体特征，避免辨认人见到辨认对象。

2. 几名辨认人对同一辨认对象进行辨认时，应当由辨认人个别进行。辨认时，应当将辨认对象混杂在其他对象中，不得给辨认人任何暗示。辨认犯罪嫌疑人时，被辨认的人数不得少于7人；对犯罪嫌疑人照片进行辨认的，不得少于10人。

3. 对犯罪嫌疑人的辨认，辨认人不愿意公开进行的，可以在不暴露辨认人的情况下进行，侦查人员应当为其保守秘密。

十一、健康检查笔录

（一）概念

健康检查笔录是看守所在收押犯罪嫌疑人、被告人、罪犯时，对他们进行健康检查时制作的法律文书。看守所对收押人员进行健康检查的目的主要是：防止把有严重疾病或者有生命危险的人员收押进来而发生死亡，造成不良影响；防止把传染病带进看守所造成蔓延，危及看守所的安全；防止把精神病人等不负刑事责任的人、怀孕或者哺乳自己不满 1 周岁的婴儿的妇女收押，以致侵犯其合法权利。

《公安机关办理刑事案件程序规定》第 154 条规定，看守所收押犯罪嫌疑人、被告人和罪犯，应当进行健康和体表检查，并予以记录。

《看守所条例》第 10 条规定，看守所收押人犯，应当进行健康检查，有下列情形之一的，不予收押：①患有精神病或者急性传染病的；②患有其他严重疾病，在羁押中可能发生生命危险或者生活不能自理的，但是罪大恶极不羁押对社会有危险的除外；③怀孕或者哺乳自己不满 1 周岁的婴儿的妇女。

（二）格式

健康检查笔录的格式如下：

×××看守所
健康检查笔录

检查时间_____年_____月_____日_____时_____

分至_____年_____月_____日_____时_____分

检查地点_____

检查人姓名、单位、职务_____

_____

办案人姓名、单位、职务_____

_____

被检查人姓名、性别、年龄_____

_____

既往病史_____

_____

_____

_____

检查人（签名）：

办案人（签名）：

记录人（签名）：

被检查人（签名）：

_____年_____月_____日

本笔录看守所留存。

（三）写作内容与要求

1. 首部内容。首先依次填清检查时间（包括起止时间），检查地点（通常是在看守所），检查人姓名、单位、职务，办案人姓名、单位、职务（2 人），被检查人的姓名、性别、年龄，既往病史。

2. 正文。填写经过检查后发现的情况及结论，一般应当包括被检查人有无残疾、精神状态是否正常、有无传染病、体表症状等。

由检查人、办案人、记录人、被检查人分别签名，并由记录人注明制作日期。

健康检查笔录制作完毕后，由看守所留存，该笔录是证明被羁押人入所时健康状况的初步凭证。对于经检查发现不应当羁押的，看守所应当提请案件主管机关依法变更强制措施或者采取其他处理措施。

（四）注意事项

1. 看守所应当凭公安机关签发的《拘留证》《逮捕证》收押被拘留、逮捕的犯罪嫌疑人、被告人。对于查获的通缉在案、越狱逃跑的人员以及公安机关执行追捕、押解任务需要临时寄押的人员，办案单位应当持《通缉令》或者其他有关法律文书并经寄押地县级以上公安机关负责人批准后，将有关人员送当地看守所收押。

2. 看守所在进行健康检查时，如果发现被收押人可能有精神病，但又无法确定的，可以暂时收押。对有现实危害性，在监室内胡作非为，不服管教，对其本人或者同监室人员可能造成严重的人身伤害，影响看守所秩序的人员，通常可以采取保护性强制措施予以约束，由专人负责看护，并由办案部门负责对其进行鉴定。对经鉴定证明属于伪装精神病的，应当严肃批评教育，细致地做工作，促其转变态度，交代罪行或者问题；对经鉴定确实患有精神病的，应当与民政部门联系，送精神病医院等专门场所监护治疗，或者由其监护人负责看管。

第二节　行政案件笔录

一、行政案件讯问笔录

（一）概念

行政案件讯问笔录是公安机关办案人员依法讯问违法嫌疑人，记载讯问经过时所使用的法律文书。经过查证、核实和违法嫌疑人认可，讯问笔录就成为公安机关裁决行政案件以及日后行政复议、行政诉讼的重要证据。

我国《行政处罚法》规定，行政机关在调查或者进行检查时，执法人员不得少于2人，并应当向当事人或者有关人员出示证件。当事人或者有关人员应当如实回答询问，并协助调查或者检查，不得阻挠。询问或者检查应当制作笔录。行政机关在收集证据时，可以采取抽样取证的方法；在证据可能灭失或者以后难以取得的情况下，经行政机关负责人批准，可以先行登记保存，并应当在7日内及时作出处理决定，在此期间，当事人或者有关人员不得销毁或者转移证据。执法人员与当事人有直接利害关系的，应当回避。

（二）格式

根据《公安行政法律文书式样（2012版）》的规定，行政案件讯问笔录的格式如下：

第＿＿＿＿＿页共＿＿＿＿＿页

讯问笔录

时间＿＿＿＿＿年＿＿＿＿＿月＿＿＿＿＿日＿＿＿＿＿时＿＿＿＿＿分至

＿＿＿＿＿年＿＿＿＿＿月＿＿＿＿＿日＿＿＿＿＿时＿＿＿＿＿分

地点＿＿＿＿＿＿＿＿＿＿＿＿＿＿＿＿＿＿＿＿＿＿＿＿＿＿＿＿＿＿＿＿＿

讯问人（签名）＿＿＿＿＿＿＿、＿＿＿＿＿＿＿工作单位＿＿＿＿＿＿＿

记录员（签名）＿＿＿＿＿＿＿工作单位＿＿＿＿＿＿＿＿＿＿＿＿＿＿＿

被讯问人＿＿＿＿＿＿＿性别＿＿＿年龄＿＿＿出生日期＿＿＿＿＿＿＿＿＿

身份证件种类及号码＿＿＿＿＿＿＿＿＿＿＿＿＿＿＿＿是□否□人大代表

现住址＿＿＿＿＿＿＿＿＿＿＿＿＿＿联系方式＿＿＿＿＿＿＿＿＿＿＿＿

户籍所在地_____

（口头传唤/被扭送/自动投案的被讯问人于____月____日____时____分到达，

____月____日____时____分离开，本人签名_____。）

问：_____

答：_____

......

第_____页 共_____页

（三）写作内容与要求

1. 首部。从格式可以看出，行政案件讯问笔录与刑事案件讯问笔录的首部内容略有差异。行政案件讯问笔录应当包括以下内容：

（1）讯问人、记录人姓名、工作单位。在"讯问人""记录人"后面的横线处应当分别由讯问人、记录人本人亲自签名。

（2）被讯问人姓名、曾用名、性别、出生日期、文化程度、户籍所在地、现住址、被讯问人身份证件名称及号码、工作单位、联系电话。

以上内容要求逐项填写清楚，没有相关内容的栏目填写"无"。

2. 表明身份并告知义务与权利。讯问开始时有两个程序性问答（也可以合并为一问一答），不能遗漏。

（1）讯问人首先要向被讯问人表明自己作为公安机关办案人员的身份。一般要出示办案人员的工作证件。

（2）告知被讯问人：①对办案人员的提问有如实回答的义务。②对与本案无关的问题有拒绝回答的权利。

被讯问人的回答，一般是"知道"或"明白"。

3. 被讯问人基本情况。被讯问人基本情况包括姓名、出生日期、户籍所在地、现住址、身份证件种类及号码、工作单位、文化程度等。如果是第一次讯问，必要时还应问明并记下家庭主要成员、是否受过刑事处罚或行政拘留处罚及劳动教养、收容教育、强制戒毒、收容教养等情况。被讯问人为外国人的，还应问明国籍、出入境证件种类及号码、签证种类、入境时间、入境事由等，必要时还应问明其在华关系人等情况。对违法嫌疑人供称的基本情况，办案人员应当通过查验身份证、工作证和护照等予以核对。

上述情况在第一次讯问时问清，如实填写在首部并记在正文中。第二次讯问时，如果不需要重新核实确认，不再讯问上述情况；如需进一步核实，可以有针对性地讯问并记录。

4. 与案件事实有关的内容。第一次讯问时，首先要讯问被讯问人有无违法行为。在听取他认为自己并无违法行为的申辩，或听取他陈述自己的违法事实后，再根据案情有针对性地向其提出问题。

记录违法行为的经过要全面、准确，并着重写明如下内容：①实施违法行为的时间、地点、手段、后果以及其他情节。②被讯问人有无法定从重、从轻、减轻以及不予处理的情形。③在违法过程中有共同违法行为人的，还应当记明共同违法行为人的情况，以及各自在案件中所起的作用。④与案件有关的其他事实。

有的行政案件会涉及一些特殊的情况，如被讯问人为未成年人、外国人、聋哑人等的，要根据具体情况问明、记清。在结束前还要提醒被讯问人有无需要进一步补充交代或说明申辩的内容。对其申辩和补充说明的内容及其理由、依据要充分听取，并如实完整地加以记录。

以上事实要素的记录方法和要求与前述刑事案件讯问笔录的记录方法和要求大致相同。

5. 尾部内容。讯问笔录的最后一问（或两问）是以上所说的是否属实，还有无补充。此外，对符合调解处理的行政案件，还要增加一问，即"是否愿意接受调解"。

讯问结束时要履行各项法律手续，即交由被讯问人核对、更正和补充，在涂改处捺指印，在笔录除最后一页之外的每页右下角签名或捺指印。在最后一页的规定处签名或捺指印。具体方法与刑事案件讯问笔录结束时的法律手续基本一样。

（四）注意事项

1. 记录时要认真、严肃、规范。切忌在讯问时不按要求记录，或者过于简单，该记的不记，没有抓住重点，不能紧扣该案件的关键点进行记录。

2. 记录被讯问人的答话应当具体详细，涉及案件关键事实和重要线索的，应当尽量记录原话。对关键的方言、土语要尽量保持原貌。

3. 记录人还要熟悉以下讯问事项：①根据《公安机关办理行政案件程序规定》，只能由办案人员进行讯问，不得以任何借口让其他人代为讯问，否则属于违法办案。②同一案件有两个以上被讯问人的，必须个别进行，不能同时讯问。③讯问时，应当认真听取被讯问人的陈述和申辩；对其陈述和申辩，办案人员应当认真核查。④被讯问人请求自行书写陈述的，应当准许；必要时也可以要求其自行书写陈述。办案人员收到书面陈述后，应当在首页右上方注明"于××年××

月××日收到"，并签名。

4. 讯问笔录应当存入案卷。需要说明的是，《公安行政法律文书式样（2012版）》和《公安机关刑事法律文书式样（2012版）》中，关于讯问笔录和询问笔录采用了相同的格式，即行政案件、刑事案件通用。

二、行政案件询问笔录

（一）概念

行政案件询问笔录是公安机关办案人员依法对行政案件的证人、受害人调查了解案件情况时所作的问话记录。

根据《行政处罚法》的规定，行政机关在调查或者进行检查时，执法人员不得少于2人，并应当向当事人或者有关人员出示证件。当事人或者有关人员应当如实回答询问，并协助调查或者检查，不得阻挠。询问或者检查应当制作笔录。行政机关在收集证据时，可以采取抽样取证的方法；在证据可能灭失或者以后难以取得的情况下，经行政机关负责人批准，可以先行登记保存，并应当在7日内及时作出处理决定，在此期间，当事人或者有关人员不得销毁或者转移证据。执法人员与当事人有直接利害关系的，应当回避。

（二）格式

根据《公安行政法律文书式样（2012版）》规定，行政案件询问笔录的格式如下：

第_____页共_____页

询问笔录

时间_____年_____月_____日_____时_____分至

_____年_____月_____日_____时_____分

地点_____

询问人（签名）_____、_____工作单位_____

记录员（签名）_____工作单位_____

被询问人_____性别____年龄____出生日期_____

身份证件种类及号码_____是□否□人大代表

现住址_____联系方式_____

户籍所在地_____

（被询问人于____月____日____时____分到达，____月____日____时____分

离开，本人签名_____。）

问：_____

答：_____

……

第_____页 共_____页

（三）写作内容与要求

1. 首部内容。

（1）文书名称。

（2）起止时间。

（3）地点。

（4）询问人姓名及工作单位、记录人姓名和工作单位。

（5）被询问人姓名、性别、出生日期、文化程度、户籍所在地、现住址、工作单位、联系电话。

以上内容填写要求同刑事案件询问笔录。

2. 表明身份并告知被询问人的义务和权利。与刑事案件询问笔录不同的是，行政案件询问笔录式样明确规定了第一问的内容，即用一段程式化语言规定了两项内容：①向被询问人表明身份。②说明调查什么案件，要求如实回答，并提醒对与本案无关的问题有拒绝回答的权利。有时问话人还需要向被询问人详细讲解有关法律或做说服工作，对此情况也要加以简要记录或用括号注明。

3. 被询问人身份及与违法嫌疑人、受害人的关系。问清被询问人的身份后，一般在首部各项写明。被询问人与违法嫌疑人、受害人的关系则要专门记录下来，以便审查其证言的真伪程度。

4. 受害人了解的案件有关情况。需要向证人、受害人调查了解的案件事实的有关情况，主要包括如下几点：

（1）违法嫌疑人的基本情况。

（2）违法行为是否存在。

（3）违法行为是否为违法嫌疑人实施。

（4）实施违法行为的时间、地点、手段、后果以及其他情节。

（5）案件中各个违法嫌疑人的责任。

（6）违法嫌疑人有无法定从重、从轻、减轻以及不予处理的情形。

（7）当时的环境、是否还有其他人在场或者了解情况。

（8）其他与案件有关的事实。

被询问人提供上述情况时，要记清来源，是亲自听见或看到的，还是间接了解的（听别人介绍的或者是道听途说），或是自己的推测和估计等。如果被询问人对有关情况表示不能肯定，应当明确记录下来。

5. 尾部内容。尾部内容及有关法律手续同刑事案件询问笔录。

（四）注意事项

写作行政案件询问笔录的有关注意事项同刑事案件询问笔录。

三、公安行政处罚告知笔录

（一）概念

公安行政处罚告知笔录是记载公安机关在作出行政处罚决定之前，告知被处罚人拟作出行政处罚决定的事实、理由、法律依据以及被处罚人享有的听证及其他权利等内容的法律文书。

这一告知笔录具有告知书和笔录的双重属性，其作用有：①在作出行政处罚决定之前依法将拟作出的行政处罚决定的事实、理由及依据告知被处罚人。②告知被处罚人依法享有的权利，包括听证权利和陈述、申辩权利。③记录被处罚人的陈述和申辩；④可以作为公安机关履行告知义务和程序的凭证。

《行政处罚法》第 44 条规定，行政机关在作出行政处罚决定之前，应当告知当事人作出行政处罚决定的事实、理由及依据，并告知当事人依法享有的权利。第 45 条规定，当事人有权进行陈述和申辩。行政机关必须充分听取当事人的意见，对当事人提出的事实、理由和证据，应当进行复核；当事人提出的事实、理由或者证据成立的，行政机关应当采纳。行政机关不得因当事人申辩而加重处罚。第 63 条规定，行政机关作出较大数额罚款，没收较大数额违法所得、没收较大价值非法财物，降低资质等级、吊销许可证件，责令停产停业、责令关闭、限制从业，其他较重的行政处罚，法律、法规、规章规定的其他情形等行政处罚决定之前，应当告知当事人有要求举行听证的权利；当事人要求听证的，行政机关应当组织听证。当事人不承担行政机关组织听证的费用。听证依照以下程序组织：①当事人要求听证的，应当在行政机关告知后 5 日内提出；②行政机关应当在听证的 7 日前，通知当事人举行听证的时间、地点；③除涉及国家秘密、商业秘密或者个人隐私外，听证公开举行；④听证由行政机关指定的非本案调查人员主持；当事人认为主持人与本案有直接利害关系的，有权申请回避；⑤当事人可以亲自参加听证，也可以委托 1~2 人代理；⑥举行听证时，调查人员提出当事人违法的事实、证据和行政处罚建议；当事人进行申辩和质证；⑦听证应当制作笔录；笔录应当交当事人或者其代理人核对无误后签字或者盖章。

（二）格式

根据公安部《公安行政法律文书式样（2012 版）》的规定，公安行政处罚告知笔录的法定格式如下：

（此处印制公安机关名称）

行政处罚告知笔录

执行告知单位＿＿＿＿＿＿＿＿＿＿　告知人＿＿＿＿＿＿＿＿＿＿＿＿＿

被告知人＿＿＿＿＿＿＿＿＿＿＿＿　单位法定代表人＿＿＿＿＿＿＿＿＿＿

告知内容：

□ 处罚前告知

根据《中华人民共和国行政处罚法》第 44 条之规定，现将拟作出行政处罚决定的事实、理由、依据告知如下：＿＿＿＿＿＿＿＿＿＿＿＿＿＿＿＿＿＿＿＿＿

＿＿＿＿＿＿＿＿＿＿＿＿＿＿＿＿＿＿＿＿＿＿＿＿＿＿＿＿＿＿＿＿＿＿＿＿

＿＿＿＿＿＿＿＿＿＿＿＿＿＿＿＿＿＿＿＿＿＿

问：对上述告知事项，你（单位）是否提出陈述和申辩？（对被告知人的陈述和申辩可附页记录，被告知人提供书面陈述、申辩材料的，应当附上，并在本告知笔录中注明。）

答：＿＿＿＿＿＿＿＿＿＿＿＿＿＿＿＿＿＿＿＿＿＿＿＿＿＿＿＿＿＿＿＿＿

＿＿＿＿＿＿＿＿＿＿＿＿＿＿＿＿＿＿＿＿＿＿＿＿＿＿＿＿＿＿＿＿＿＿＿＿

＿＿＿＿＿＿＿＿＿＿＿＿＿＿＿＿＿＿＿＿＿＿＿＿＿＿＿＿＿＿＿＿＿＿＿＿

＿＿＿＿＿＿＿＿＿＿＿＿＿＿＿＿＿＿＿＿＿＿＿＿＿＿＿＿＿＿＿＿＿＿＿＿

对你提出的陈述和申辩，公安机关将进行复核。

被告知人：＿＿＿＿＿＿＿＿＿＿＿＿＿＿

＿＿＿＿＿年＿＿＿月＿＿＿日

□ 听证告知

公安机关拟对你（单位）作出＿＿＿＿＿＿＿＿＿＿＿＿＿＿＿＿＿

＿＿＿＿＿＿＿＿＿＿＿＿＿＿＿＿＿＿＿的行政处罚，

根据《中华人民共和国行政处罚法》第 63 条之规定，你（单位）有权要求

听证。如果要求听证，你（单位）应在被告知后 5 日内向＿＿＿＿＿＿＿＿＿＿提

出，逾期视为放弃听证。

问：对上述告知事项，你是否要求听证？

答：＿＿＿＿＿＿＿＿＿＿＿＿＿＿＿＿＿＿＿＿＿＿＿＿＿＿＿

＿＿＿＿＿＿＿＿＿＿＿＿＿＿＿＿＿＿＿＿＿＿＿＿＿＿＿＿＿＿＿＿

＿＿＿＿＿＿＿＿＿＿＿＿＿＿＿＿＿＿＿＿＿＿＿＿＿＿＿＿＿＿＿＿

＿＿＿＿＿＿＿＿＿＿＿＿＿＿＿＿＿＿＿＿＿＿＿＿＿＿＿＿＿＿＿＿

＿＿＿＿＿＿＿＿＿＿＿＿＿＿＿＿＿＿＿＿＿＿＿＿＿＿＿＿＿＿＿＿

对要求听证的，公安机关将在 2 日内决定是否受理。符合听证条件的，公安

机关将在 10 日内举行听证。对放弃听证的，公安机关将依法作出处理决定。

被告知人：＿＿＿＿＿＿＿＿＿＿＿＿＿＿

＿＿＿＿＿年＿＿＿月＿＿＿日

（三）写作内容和要求

1. 首部。包括如下几项内容：

（1）公安机关名称和文书名称。

（2）告知单位、告知人。告知单位要具体到公安机关的办案部门。

（3）被告知人。如果被处罚对象是单位，此项可以不填。

（4）被告知单位名称、法定代表人。如果被处罚对象是个人，此项可以

不填。

2. 正文。包括两部分内容：

（1）告知内容。分为处罚前告知和听证告知。处罚前告知是必填内容，要

写明对违法嫌疑人拟作出行政处罚决定的事实、理由及依据。听证告知不是必填内容，仅在公安机关拟作出符合听证范围的行政处罚决定之前，向违法嫌疑人告知有要求听证的权利时填写。《公安机关办理行政案件程序规定》第123条规定了应当举行听证的情形，公安机关拟作出的行政处罚决定有该条规定情形之一的，就应当填写该栏。"公安机关拟对你（单位）作出"后面的横线上填写处罚的种类和幅度，"提出"前面的横线上填写受理听证申请的具体部门。《公安机关办理行政案件程序规定》第124条规定，听证由公安机关法制部门组织实施。依法具有独立执法主体资格的公安机关业务部门以及出入境边防检查站依法作出行政处罚决定的，由其非本案调查人员组织听证。

（2）告知违法嫌疑人陈述和申辩的权利及其陈述和申辩情况。分以下几种情况：违法嫌疑人提出陈述和申辩的，告知人应当如实记录；违法嫌疑人不提出陈述和申辩，也要明确记录下来；违法嫌疑人也可以自行在告知笔录上书写陈述和申辩；如果违法嫌疑人单独提出书面陈述和申辩材料，应当在告知笔录上注明并将该书面材料附上。

3. 尾部。由被告知人签名并注明具体日期。

（四）注意事项

1. 本笔录仅适用于一般程序办理行政案件的情况，适用简易程序作出行政处罚决定的，不要求采用书面笔录的形式履行告知义务。

2. 本笔录具有程序和实体两方面的价值：既是公安机关履行告知义务的证明，笔录中对当事人的陈述、申辩的记录又是认定案情的证据之一。因此，记录人要有程序和证据意识，要认真做好记录。

3. 如果被告知人的陈述和申辩内容较多，可以附纸记录，但最后一页要有被告知人签名并注明时间。

4. 被告知人签名后，由公安机关附卷。

四、听证笔录

（一）概念

听证笔录是公安机关记录听证过程和内容的法律文书。听证是我国《行政处罚法》规定的行政机关在作出一些较重的行政处罚时的一个法定调查程序。具体是指行政机关在作出行政处罚决定之前，由该行政机关相对独立的工作人员主持听证，由该行政机关的调查取证人员和违法嫌疑人作为双方当事人参加，以听取意见，获取证据，查明案情。公安机关在举行听证时，要写出听证笔录。经核实后的听证笔录，是公安机关依法作出行政处理决定的重要依据。

《行政处罚法》第63条规定，行政机关作出较大数额罚款，没收较大数额违法所得、没收较大价值非法财物，降低资质等级、吊销许可证件，责令停产停业、责令关闭、限制从业，其他较重的行政处罚，法律、法规、规章规定的其他情形等行政处罚决定之前，应当告知当事人有要求举行听证的权利；当事人要求听证的，行政机关应当组织听证。当事人不承担行政机关组织听证的费用。听证依照以下程序组织：①当事人要求听证的，应当在行政机关告知后 5 日内提出；②行政机关应当在听证的 7 日前，通知当事人举行听证的时间、地点；③除涉及国家秘密、商业秘密或者个人隐私外，听证公开举行；④听证由行政机关指定的非本案调查人员主持；当事人认为主持人与本案有直接利害关系的，有权申请回避；⑤当事人可以亲自参加听证，也可以委托 1~2 人代理；⑥举行听证时，调查人员提出当事人违法的事实、证据和行政处罚建议；当事人进行申辩和质证；⑦听证应当制作笔录；笔录应当交当事人或者其代理人核对无误后签字或者盖章。

（二）格式

根据公安部《公安行政法律文书式样（2012 版）》的规定，听证笔录的法定格式如下：

（此处印制公安机关名称）

听证笔录

案由＿＿＿＿＿＿＿＿＿＿＿＿＿＿＿＿＿＿＿＿＿＿＿＿＿＿＿＿＿＿＿＿

时间＿＿＿＿＿年＿＿月＿＿日＿＿时＿＿分至＿＿＿＿年＿＿月＿＿日＿＿时＿＿分

地点＿＿＿＿＿＿＿＿＿＿＿＿＿＿＿举行方式＿＿＿＿＿＿＿＿＿＿＿＿

听证主持人＿＿＿＿＿＿＿＿＿＿＿＿听证员＿＿＿＿＿＿＿＿＿＿＿＿＿

记录员＿＿＿＿＿＿＿＿＿＿＿＿＿＿＿＿＿＿＿＿＿＿＿＿＿＿＿＿＿＿

听证申请人＿＿＿＿＿＿＿＿＿＿＿＿＿＿＿＿＿＿＿＿＿＿＿＿＿＿＿＿

法定代表人＿＿＿＿＿＿＿＿＿＿＿＿＿＿＿＿＿＿＿＿＿＿＿＿＿＿＿＿

委托代理人＿＿＿＿＿＿＿＿＿＿＿＿＿＿＿＿＿＿＿＿＿＿＿＿＿＿＿＿

本案其他利害关系人＿＿＿＿＿＿＿＿＿＿＿＿＿＿＿＿＿＿＿＿＿＿＿＿

本案其他利害关系人的代理人_____

本案办案人员警察_____

听证内容记录（可加页）_____

_____

_____

_____

_____

听证申请人或者代理人：_____

其他利害关系人或者代理人：_____

证人：_____

听证员：_____

听证主持人：_____

记录员：_____

_____年____月____日

第____页 共____页

（三）写作内容和要求

1. 首部。包括如下几项内容：

（1）公安机关名称、文书名称。

（2）案由。此栏填写听证案件的类别，如"李××赌博案"。

（3）起止时间和地点。

（4）举行方式。包括公开举行和不公开举行两种。除涉及国家秘密、商业秘密、个人隐私的行政案件外，听证应当公开举行。

（5）听证主持人、听证员、记录员和本案办案人员栏填写姓名、工作单位及职务。

（6）听证申请人、法定代表人、委托代理人。"听证申请人"一栏填写姓名、性别、年龄、现住址和工作单位；听证申请人是单位的，应填写其名称和地址，并在"法定代表人"栏填写法定代表人的姓名、性别、年龄和现住址；听

证申请人有委托代理人的，应当在"委托代理人"栏填写委托代理人的姓名、性别、年龄、现住址或工作单位。

（7）本案其他利害关系人、本案其他利害关系人的代理人。在"本案其他利害关系人"栏中填写姓名、性别、年龄、现住址或工作单位，并注明是何种利害关系；利害关系人如果有代理人，也要写明其姓名、性别、年龄、现住址或工作单位。

2. 正文。"听证内容记录"栏下即正文部分。正文部分要按照听证进行的程序记载如下内容：

（1）听证主持人核对听证参加人，宣布案由，宣布听证员和记录员名单，告知当事人的权利和义务以及询问当事人是否提出回避申请等。

听证申请人或其代理人的陈述和申辩，包括被处罚人提出的主要事实和主要证据。

（2）办案人员陈述的事实、证据、法律依据和拟作出的行政处罚意见。

（3）听证申请人或其代理人的陈述和申辩，包括被处罚人提出的主要事实和主要证据以及对办案人员所提出的事实、证据、法律依据和拟作出行政处罚决定的意见等。

（4）第三人陈述的事实和理由。

（5）办案人员、听证申请人或其代理人、第三人质证、辩论的内容。

（6）证人陈述的事实。

（7）听证申请人、第三人、办案人员的最后陈述意见。

（8）其他事项。如听证参加人提出回避、中止听证或者终止听证的情况等。

3. 尾部。尾部要由上述人员分别签名并注明日期。听证笔录应当交听证申请人阅读或者向其宣读。听证笔录中的证人陈述部分应当交证人阅读或者向其宣读。听证申请人或证人认为笔录有误的，可以请求补充或改正；如审核无误后则签名或者捺指印。拒绝签名或者捺指印的，在听证笔录上予以记录。

（四）注意事项

1. 听证笔录是公安机关作出行政处罚决定的重要依据，记录时要如实客观、准确无误，且条理清晰。

2. 听证是行政案件调查程序之一，不是讨论案件情况和如何作出行政处罚的会议，听证主持人和记录员不能在笔录上作任何结论性的判断。

3. 听证笔录应当存入案卷。

五、调解笔录

（一）概念

调解笔录是办案民警在依法开展调解工作时，记录调解内容的法律文书，是写作调解书或调解协议书的基础和凭据。公安机关应当在当事人双方对案件事实无争议的基础上，遵循合法、公正、自愿、及时的原则进行调解处理，注重教育和疏导，化解矛盾。调解时，双方当事人应同时在场，允许旁听。

《公安机关办理行政案件程序规定》第178条规定，对于因民间纠纷引起的殴打他人、故意伤害、侮辱、诽谤、诬告陷害、故意损毁财物、干扰他人正常生活、侵犯隐私、非法侵入住宅等违反治安管理行为，情节较轻，且具有下列情形之一的，可以调解处理：①亲友、邻里、同事、在校学生之间因琐事发生纠纷引起的；②行为人的侵害行为系由被侵害人事前的过错行为引起的；③其他适用调解处理更易化解矛盾的。对不构成违反治安管理行为的民间纠纷，应当告知当事人向人民法院或者人民调解组织申请处理。对情节轻微、事实清楚、因果关系明确，不涉及医疗费用、物品损失或者双方当事人对医疗费用和物品损失的赔付无争议，符合治安调解条件，双方当事人同意当场调解并当场履行的治安案件，可以当场调解，并制作调解协议书。

《道路交通安全法》第74条第1款规定，对交通事故损害赔偿的争议，当事人可以请求公安机关交通管理部门调解，也可以直接向人民法院提起民事诉讼。

（二）格式

调解笔录目前尚无法定格式。根据多年来各地公安机关在办案实践中形成的写作模式，参照有关笔录样式，我们把调解笔录的格式归纳如下，仅供参考：

调解笔录

时间_____年_____月_____日_____时_____分至_____年_____月_____日_____时_____分

地点_____

调解人_____单位及职务_____

记录人_____单位及职务_____

被调解人：甲方当事人_____单位_____住址_____

　　　　　　甲方代理（监护）人_____

　　　　　　乙方当事人_____单位_____住址_____

乙方代理（监护）人＿＿＿＿＿＿＿＿＿＿＿＿＿＿＿＿＿＿＿＿＿＿

各方意见及调解结果：＿＿＿＿＿＿＿＿＿＿＿＿＿＿＿＿＿＿＿＿＿

＿＿＿＿＿＿＿＿＿＿＿＿＿＿＿＿＿＿＿＿＿＿＿＿＿＿＿＿＿＿＿＿＿

＿＿＿＿＿＿＿＿＿＿＿＿＿＿＿＿＿＿＿＿＿＿＿＿＿＿＿＿＿＿＿＿＿

＿＿＿＿＿＿＿＿＿＿＿＿＿＿＿＿＿＿＿＿＿＿＿＿＿＿＿＿＿＿＿＿＿

＿＿＿＿＿＿＿＿＿＿＿＿＿＿＿＿＿＿＿＿＿＿＿＿＿＿＿＿＿＿＿＿＿

甲方当事人（签名）＿＿＿＿＿＿＿＿＿＿＿＿

甲方代理（监护）人（签名）＿＿＿＿＿＿＿

乙方当事人（签名）＿＿＿＿＿＿＿＿＿＿＿＿

乙方代理（监护）人（签名）＿＿＿＿＿＿＿

调解人（签名）＿＿＿＿＿＿＿＿＿＿＿＿＿＿

记录人（签名）＿＿＿＿＿＿＿＿＿＿＿＿＿＿

＿＿＿＿＿年＿＿＿月＿＿＿日

（三）写作内容和要求

1. 首部。首部内容包括以下几项内容：

（1）文书名称。即"调解笔录"或"××调解笔录"（如"行政调解笔录""道路交通事故调解笔录"等）。

（2）调解的起止时间、地点。

（3）调解人、记录人姓名、单位及职务。调解人即案件的主要承办人。

（4）被调解人姓名、单位及住址。一般被调解人是甲、乙双方，如果涉及丙方或第三方，可以在乙方下写上丙方等的姓名、单位及住址。如果被调解人系无行为能力或限制行为能力人，其法定监护人必须参加调解；如果当事人不能参加调解，应出具委托书，委托代理人参加调解。

2. 正文。

（1）调解开始前，调解人应宣布有关规定，告知双方当事人不得使用侮辱性语言，不得打断对方发言，不得有其他妨碍调解的行为等。

（2）调解开始后，调解人首先简述案件事实，并主要问明双方当事人对案件事实是否存在争议，如无争议再开始调解。叙述事实宜粗不宜细，以双方都能接受为原则。

（3）记录时首先注明发言人（不必记录发言人姓名，只记录已注明的"调解人""甲方""乙方"即可），然后记录发言内容。

（4）要注意记清关键事项，如涉及要求或愿意赔偿的数额、比例、给付时间及给付形式等。用语要准确、简明，避免模棱两可、容易产生歧义的词语。

3. 尾部。调解结束后，调解人应当让被调解人核对调解笔录，没有阅读能力的应向其宣读。经被调解人双方确认无误，由其分别写明对笔录的意见，即"以上笔录已看过，没有意见"。也可以在最后一问中问被调解双方对以上意见有无异议，是否同意签署协议书，然后如实记下双方的答话，最后由参加调解的所有人员分别签字并注明日期。

（四）注意事项

1. 调解的目的是促使双方消除矛盾，达成和解并明确赔偿或赔礼道歉等事项，因此调解过程中要引导被调解双方把注意力集中在协议内容和事项上。

2. 调解人应当运用灵活的方法，保障调解过程的顺利进行。对双方当事人的无理要求及出现的过激性语言或侮辱性语言，既要予以驳斥或制止，又不能激化矛盾，更不能将矛盾引向自己。应尽力消除双方分歧，达成协议。

3. 公安机关调解处理的行政案件，除涉及个人隐私和违反治安管理行为人和受害人都要求不公开调解的以外，应当公开进行。调解应当遵循合法、公正、自愿、及时的原则，注重教育和疏导，化解矛盾。

4. 调解一般为一次，必要时可以增加一次。调解达成协议的，双方当事人应在调解书上签字，并履行调解协议。

六、一般问话笔录

在公安工作中，还要经常写作一般问话笔录。一般问话笔录虽然不能成为法律文书，不能作为证据使用，但对查找线索、扩大调查范围具有重要的作用，或者作为积累材料有留存备查的必要，有参考价值，而且办案时往往在一般调查访问的基础上，会发现重要的证人或证据，必要时再专门作出询问笔录。

一般问话笔录大致包括如下几类：

（一）公安督察询问笔录

公安督察询问笔录是用于公安机关督察机构根据《公安机关督察条例》的规定，在查处公安机关人民警察的违法违纪行为时，对有违法违纪嫌疑的公安民警和有关证人进行查询并取得证词的法律文书。公安督察询问笔录的格式及记录要求和刑事案件询问笔录基本一样，这里不再具体阐述，只将其法定格式附后：

公安督察询问笔录

时间_____年_____月_____日_____时_____分至
_____年_____月_____日_____时_____分

地点_____

督察人员_____记录人_____

被询问人_____性别_____年龄_____文化程度_____

民族_____工作单位及职务_____政治面貌_____

现住址_____

问：_____

_____

_____

_____

_____

_____

_____

_____

_____

_____

_____

_____

_____

_____

_____

（二）其他一般问话笔录

1. 在办理刑事、行政案件中开展一般性调查访问时所作的问话笔录。过去一般称访问笔录，也称调查笔录。该笔录不能作为诉讼证据，只对办案起一种辅助作用。

2. 对事故、事件调查时所作的问话笔录。也可以称为调查笔录。如对火灾事故的调查笔录、对安全事故的调查笔录等。这些笔录能为事故和问题的正确处理提供证据材料。

3. 公安基层单位如派出所民警和辖区内重点人口的谈话记录。如一民警在对一重点人口进行教育时，对方提供了一起赌博的活动情况。作为线索，这次谈话应记录下来留存备查。

4. 信访或控申单位的谈话记录。有的是案件当事人事后提出申诉要求复查的，有的则是前来投诉民警办案中有违法违纪嫌疑的，有的是要求就有关政策和法律给予解释和答复的等。在接待来访或找当事人谈话时，也需要作记录。

上述这些笔录，一般没有法定的格式，可以参照询问笔录、接受报案笔录等格式记录。但记录时要注意一些基本内容，如时间、地点、涉及的具体事项及其理由等。因为这些谈话内容无论是教育解释，还是答复、驳回，政策性都很强，因此记录要力求全面、周到、严谨，而且语言的分寸要掌握恰当，准确得体。

思考题与练习

1. 刑事案件讯问笔录与刑事案件询问笔录有何不同？
2. 侦查实验的任务是什么？

第九章 检察司法笔录

内容提要

　　从人民检察院的职权出发，检察司法笔录集中于立案、侦查、起诉、出庭、刑事诉讼法律监督各个阶段，本章主要介绍接待来访笔录等的概念、格式及制作注意事项。

　　关键词： 立案笔录　格式　首部　正文　自首笔录

 第一节　立案笔录

一、接待来访笔录

（一）概念

　　接待来访笔录是人民检察院的控告申诉检察部门在接待公民来访时，对来访公民口头的报案、控告、举报、自首或申诉内容进行文字记载的法律文书。来访公民的口头报案、控告、举报、自首或者申诉，凡反映的是重要案情而又属于人民检察院管辖的，接待人员都应制作接待来访笔录。

　　《刑事诉讼法》第14条规定："人民法院、人民检察院和公安机关应当保障犯罪嫌疑人、被告人和其他诉讼参与人依法享有的辩护权和其他诉讼权利。诉讼参与人对于审判人员、检察人员和侦查人员侵犯公民诉讼权利和人身侮辱的行为，有权提出控告。"第110条规定："任何单位和个人发现有犯罪事实或者犯罪嫌疑人，有权利也有义务向公安机关、人民检察院或者人民法院报案或者举报。被害人对侵犯其人身、财产权利的犯罪事实或者犯罪嫌疑人，有权向公安机关、人民检察院或者人民法院报案或者控告。公安机关、人民检察院或者人民法院对于报案、控告、举报，都应当接受。对于不属于自己管辖的，应当移送主管机关处理，并且通知报案人、控告人、举报人；对于不属于自己管辖而又必须采取紧急措施的，应当先采取紧急措施，然后移送主管机关。犯罪人向公安机关、人民检察院或者人民法院自首的，适用第3款规定。"第111条规定："报案、控告、

举报可以用书面或者口头提出。接受口头报案、控告、举报的工作人员，应当写成笔录，经宣读无误后，由报案人、控告人、举报人签名或者盖章。接受控告、举报的工作人员，应当向控告人、举报人说明诬告应负的法律责任。但是，只要不是捏造事实，伪造证据，即使控告、举报的事实有出入，甚至是错告的，也要和诬告严格加以区别。公安机关、人民检察院或者人民法院应当保障报案人、控告人、举报人及其近亲属的安全。报案人、控告人、举报人如果不愿公开自己的姓名和报案、控告、举报的行为，应当为他保守秘密。"第180条规定，对于有被害人的案件，决定不起诉的，人民检察院应当将不起诉决定书送达被害人。被害人如果不服，可以自收到决定书后7日以内向上一级人民检察院申诉，请求提起公诉。人民检察院应当将复查决定告知被害人。对人民检察院维持不起诉决定的，被害人可以向人民法院起诉。被害人也可以不经申诉，直接向人民法院起诉。人民法院受理案件后，人民检察院应当将有关案件材料移送人民法院。第181条规定，对于人民检察院依照《刑事诉讼法》第177条第2款规定作出的不起诉决定，被不起诉人如果不服，可以自收到决定书后7日以内向人民检察院申诉。人民检察院应当作出复查决定，通知被不起诉的人，同时抄送公安机关。第252条规定，当事人及其法定代理人、近亲属，对已经发生法律效力的判决、裁定，可以向人民法院或者人民检察院提出申诉，但是不能停止判决、裁定的执行。

（二）格式

××××人民检察院
接待来访笔录

时间＿＿＿＿＿＿＿＿＿＿＿＿＿＿＿地点＿＿＿＿＿＿＿＿＿＿＿＿＿＿＿＿

接待人＿＿＿＿＿＿＿＿＿＿＿＿＿＿记录人＿＿＿＿＿＿＿＿＿＿＿＿＿＿＿

来访人＿＿＿＿＿＿＿＿＿＿＿＿＿＿＿＿＿＿＿＿＿＿＿＿＿＿＿＿＿＿＿

性别＿＿＿＿＿＿＿＿＿＿＿＿年龄＿＿＿＿＿＿＿＿＿＿民族＿＿＿＿＿＿

工作单位＿＿＿＿＿＿＿＿＿＿＿＿＿＿＿＿＿＿职务＿＿＿＿＿＿＿＿＿＿

现在住址＿＿＿＿＿＿＿＿＿＿＿＿＿＿＿＿＿＿＿＿＿＿＿＿＿＿＿＿＿＿

案　　由＿＿＿＿＿＿＿＿＿＿＿＿＿＿＿＿＿＿＿＿＿＿＿＿＿＿＿＿＿＿

内　　容＿＿＿＿＿＿＿＿＿＿＿＿＿＿＿＿＿＿＿＿＿＿＿＿＿＿＿＿＿＿

＿＿＿＿＿＿＿＿＿＿＿＿＿＿＿＿＿＿＿＿＿＿＿＿＿＿＿＿＿＿＿＿＿＿

＿＿＿＿＿＿＿＿＿＿＿＿＿＿＿＿＿＿＿＿＿＿＿＿＿＿＿＿＿＿＿＿＿＿

＿＿＿＿＿＿＿＿＿＿＿＿＿＿＿＿＿＿＿＿＿＿＿＿＿＿＿＿＿＿＿＿＿＿

＿＿＿＿＿＿＿＿＿＿＿＿＿＿＿＿＿＿＿＿＿＿＿＿＿＿＿＿＿＿＿＿＿＿

＿＿＿＿＿＿＿＿＿＿＿＿＿＿＿＿＿＿＿＿＿＿＿＿＿＿＿＿＿＿＿＿＿＿

＿＿＿＿＿＿＿＿＿＿＿＿＿＿＿＿＿＿＿＿＿＿＿＿＿＿＿＿＿＿＿＿＿＿

＿＿＿＿＿＿＿＿＿＿＿＿＿＿＿＿＿＿＿＿＿＿＿＿＿＿＿＿＿＿＿＿＿＿

＿＿＿＿＿＿＿＿＿＿＿＿＿＿＿＿＿＿＿＿＿＿＿＿＿＿＿＿＿＿＿＿＿＿

＿＿＿＿＿＿＿＿＿＿＿＿＿＿＿＿＿＿＿＿＿＿＿＿＿＿＿＿＿＿＿＿＿＿

＿＿＿＿＿＿＿＿＿＿＿＿＿＿＿＿＿＿＿＿＿＿＿＿＿＿＿＿＿＿＿＿＿＿

＿＿＿＿＿＿＿＿＿＿＿＿＿＿＿＿＿＿＿＿＿＿＿＿＿＿＿＿＿＿＿＿＿＿

＿＿＿＿＿＿＿＿＿＿＿＿＿＿＿＿＿＿＿＿＿＿＿＿＿＿＿＿＿＿＿＿＿＿

（三）写作内容和要求

1. 首部。

（1）制作文书的机关名称，即"××××人民检察院"。

（2）文书名称，即"接待来访笔录"。

2. 正文。

（1）记录程序事项。

"时间""地点"栏：填明接待来访的具体时间和具体地点。

"接待人""记录人"栏：分别填明接待人和记录人的职务和姓名。

"来访人""性别""年龄""民族""工作单位""职务""现在住址"等各栏：具体、据实填写来访人的基本情况。

"案由"栏：填明来访事由，包括来访性质、案件性质和来访要求等。如控告或检举谁犯何罪，自首、贪污、受贿，对某判决不服申诉要求如何处理等。

（2）"内容"栏：应载明来访接谈内容，主要包括以下几个方面：

第一，告知事项。告知事项指接待人向来访人告知有关法律法规事项。本部分应当概括地记明具体内容，如向报案人、控告人、举报人告知其权利与诬告应负的刑事责任等，告知自首人刑法中有关自首的规定等。

向来访人告知有关权利与义务和有关的法律规定，对保护来访人的合法权益、保证来访人依法正确陈述来访内容等均有一定作用。同时，如实记录告知事项内容，对防止来访人以后胡搅蛮缠和保障笔录内容的有效性，也有明显作用。因此，告知事项不可不记，也不可过于笼统，应当具体记明内容。

第二，来访人陈述内容。来访人陈述的内容，应当客观地将其陈述的案情内容具体地记录清楚。

报案、控告或举报的，被报案人、被控告人或被举报人的基本情况和案件事实的具体情节及其依据，均应具体记录清楚。犯罪嫌疑人的基本情况，包括姓名、性别、年龄、民族、籍贯、工作单位、职业（职务）和住址以及过去受过何种处理等情况，应在尽可能地问明后记录清楚。案件情节，包括案件发生的时间、地点、起因、经过、手段、结果以及因果关系等，均应一一问明后记录清楚。另外，来访人与被报案、控告、举报对象是何关系，如何知情的以及知情的程度，还有谁知情，有无其他证据等，均应具体地记录清楚。若陈述不清的，应在问明后再记录。

自首的，除应具体地记清楚其自首的犯罪事实外，还应问清楚是否已全部供述；有无同案人及同案人的犯罪事实；是否检举、揭发其他犯罪分子或提供其他犯罪线索与证据；涉及经济的犯罪，应将赃款赃物的名称、数量等记录清楚；若携款自首的，除应开列清单外，还应在笔录上一一载明。

申诉的，应将申诉请求、申诉案件事实和申诉理由分别记录清楚。原案处理情况应具体记录清楚。若已经上诉或申诉并已处理的，应将原上诉或申诉理由情况分别记录清楚。来访人带有原处理文书的，记明原处理时间、处理文书编号和处理结果。

来访人胡搅蛮缠的，也应在笔录上客观地予以载明。

第三，来访人责任表态。有些来访人员，对其陈述内容，往往作了负责性的声明或一般性表态，或绝望性声明或表态，此类表态、声明等都应如实记录，并应引起注意。

3. 尾部。接待来访笔录，应交来访人核对，补充、修改之处，应由其捺指印。核对后，由来访人具明"本笔录我已看过（或向我宣读过），与我讲的一样"，并由来访人签名。最后由接待人和记录人分别签名。

二、报案、控告、举报笔录

（一）概念

报案、控告、举报笔录是人民检察院在接受公民或者单位口头报案、控告、举报犯罪事实或者犯罪嫌疑人，对报案、控告、举报情况进行客观记录时使用的法律文书。

　　报案、控告、举报笔录是公民或者单位主动报案、控告、举报犯罪事实或者犯罪嫌疑人的书面凭据，属于刑事诉讼中证人证言的一种形式；控告人是被害人的，则属于被害人陈述。

　　《刑事诉讼法》第110条规定，任何单位和个人发现有犯罪事实或者犯罪嫌疑人，有权利也有义务向公安机关、人民检察院或者人民法院报案或者举报。被害人对侵犯其人身、财产权利的犯罪事实或者犯罪嫌疑人，有权向公安机关、人民检察院或者人民法院报案或者控告。公安机关、人民检察院或者人民法院对于报案、控告、举报，都应当接受。对于不属于自己管辖的，应当移送主管机关处理，并且通知报案人、控告人、举报人；对于不属于自己管辖而又必须采取紧急措施的，应当先采取紧急措施，然后移送主管机关。犯罪人向公安机关、人民检察院或者人民法院自首的，适用第3款规定。第111条规定，报案、控告、举报可以用书面或者口头提出。接受口头报案、控告、举报的工作人员，应当写成笔录，经宣读无误后，由报案人、控告人、举报人签名或者盖章。接受控告、举报的工作人员，应当向控告人、举报人说明诬告应负的法律责任。但是，只要不是捏造事实，伪造证据，即使控告、举报的事实有出入，甚至是错告的，也要和诬告严格加以区别。公安机关、人民检察院或者人民法院应当保障报案人、控告人、举报人及其近亲属的安全。报案人、控告人、举报人如果不愿公开自己的姓名和报案、控告、举报的行为，应当为他保守秘密。

　　（二）格式

××××人民检察院

报案、控告、举报笔录

　　时间＿＿＿＿＿＿＿＿＿＿报案、控告、举报事由＿＿＿＿＿＿＿＿＿

　　地点＿＿＿＿＿＿＿＿＿＿＿＿＿＿记录人＿＿＿＿＿＿＿＿＿

　　来访人＿＿＿＿＿＿＿＿＿＿＿＿＿＿＿＿＿＿＿＿＿＿＿

　　报案、控告、举报人姓名＿＿＿＿性别＿＿＿＿年龄＿＿＿

　　工作单位、职务＿＿＿＿＿＿＿＿现在住址＿＿＿＿＿＿＿

案由_____

报案、控告、举报内容_____

_____

_____

_____

_____

_____

_____

_____

_____

_____

_____

_____

（三）写作内容与要求

1. 首部。首部依次填写以下事项：

（1）制作文书的机关名称，即"××××人民检察院"。

（2）文书名称，即"报案、控告、举报笔录"。

2. 正文。

（1）记录程序事项，依次填明下列事项：

"时间"栏：填写接受报案、控告、举报的年、月、日和接谈的开始时间及结束时间。

"地点"栏：填写接谈的具体地点和场所。如果是电话报案、控告、举报的，除填写受话地点外，还应填写发话地点。

"报案、控告、举报事由"栏：填写报案、控告、举报的案件性质。

"记录人"栏：填写其职务和姓名。

（2）报案、控告、举报人基本情况。报案、控告、举报人基本情况，依次准确记清楚其姓名、性别、年龄、民族、籍贯、政治面貌、所在单位、职务、电话号码和现住址等。

（3）报案、控告、举报内容。检察人员应告知报案、控告、举报人有关的法律法规，应当概括记清具体内容。告知是检察人员的法定职责，直接关系到报案、控告、举报人能否正确依法行使权利，如实反映情况，以及是否懂得依法应当承担的义务。

写明被报案、控告、举报人的基本情况以及与报案、控告、举报人的关系。被报案、控告、举报人的基本情况，应当写明姓名、性别、年龄、民族、籍贯、文化程度、政治面貌、工作单位、职务和住址等。报案、控告、举报人与被报案、控告、举报人间的关系，可填领导与被领导、同事、业务往来、亲朋、邻居，或是素不相识，及他们相互间的利害关系等。记清相互关系，便于了解双方的利害关系，了解其知情原因和知情程度，以便分析、鉴别、判断报案、控告、举报内容的可靠程度。

记清报案、控告、举报的具体内容。应当记清楚每一事实或事件发生的时间、地点、相关人、经过、动机和目的、手段、结果及其因果关系等。凡陈述清楚的，应当一一具体记录清楚；凡未陈述清楚的，可在问清楚后再记。

写明当场提供证据或证人的情况。当场提供的物证、书证，应当载明物证、书证的名称、数量；提供其他证人或知情人的，对于证人和知情人的姓名、性别、工作单位、职务和住址等及其知情原因和知情程度，凡陈述清楚的，应当记录清楚。

对报案、控告、举报的内容，记录要真实、客观，要不失原意，尽可能地记录原话；对具体事实、情节，应尽可能全面、详细地记录。报案、控告、举报人对事实的知情程度，要根据其陈述的原话，准确记录。例如："我看得很清楚""记得很清楚"等，都是确定性的；"记得好像是……"这是回忆性的，而且不很确定；"这可能是……"这仅是一种分析、推测。此类关键性的用语对分析、鉴别报案、控告、举报内容的真实性和可靠程度，具有重要意义，应准确地记录清楚。

对报案、控告、举报的内容，报案、控告、举报人的责任性表态，应当记录清楚。

报案、控告、举报的请求事项，如请求对被报案、控告、举报人如何处罚以及采取紧急措施，请求在侦查期间为其保密等，应当一一记载清楚。

3. 尾部。由报案、控告、举报人核对笔录后写明："以上笔录我看过（或向我宣读过），和我讲的相符。"然后由其签名或者捺指印。

接受报案、控告、举报的检察人员和记录人员，在笔录上分别签名或者盖章，并具明日期。

三、自首笔录

（一）概念

自首笔录是人民检察院在接受犯罪人自首，对自首的犯罪事实进行客观记录时使用的法律文书。

自首笔录是人民检察院决定是否立案侦查和鉴别真假自首的书面凭据；经查证属实，自首笔录是认定犯罪的证据。自首，是犯罪人主动认罪悔罪的具体表现。符合《刑法》第 67 条的规定，是确定对自首人从轻、减轻或者免除处罚的事实根据。

《刑法》第 67 条第 1、2 款规定，犯罪以后自动投案，如实供述自己的罪行的，是自首。对于自首的犯罪分子，可以从轻或者减轻处罚。其中，犯罪较轻的，可以免除处罚。被采取强制措施的犯罪嫌疑人、被告人和正在服刑的罪犯，如实供述司法机关还未掌握的本人其他罪行的，以自首论。

《刑事诉讼法》第 110 条规定，任何单位和个人发现有犯罪事实或者犯罪嫌疑人，有权利也有义务向公安机关、人民检察院或者人民法院报案或者举报。被害人对侵犯其人身、财产权利的犯罪事实或者犯罪嫌疑人，有权向公安机关、人民检察院或者人民法院报案或者控告。公安机关、人民检察院或者人民法院对于报案、控告、举报，都应当接受。对于不属于自己管辖的，应当移送主管机关处理，并且通知报案人、控告人、举报人；对于不属于自己管辖而又必须采取紧急措施的，应当先采取紧急措施，然后移送主管机关。犯罪人向公安机关、人民检察院或者人民法院自首的，适用第 3 款规定。

（二）格式

××××人民检察院
自首笔录

时间＿＿＿＿＿＿＿＿＿＿＿＿＿＿＿＿＿＿＿＿＿＿＿＿＿＿＿＿＿

地点＿＿＿＿＿＿＿＿＿＿＿＿＿＿＿＿记录人＿＿＿＿＿＿＿＿＿＿＿

自首人姓名＿＿＿＿＿性别＿＿＿年龄＿＿＿＿民族＿＿＿＿＿

籍贯＿＿＿＿＿＿＿＿＿文化程度＿＿＿＿＿＿＿政治面貌＿＿＿＿＿

工作单位、职务＿＿＿＿＿＿＿＿＿＿＿＿现在住址＿＿＿＿＿＿＿

自首内容

_____

_____

_____

_____

_____

_____

_____

_____

_____

_____

_____

_____

_____

_____

_____

_____

（三）写作内容与要求

1. 首部。依次填写以下事项：

（1）制作文书的机关名称，即"××××人民检察院"。

（2）文书名称，即"自首笔录"。

2. 正文。

（1）记录程序事项，依次填写以下内容：

"时间"栏：填写记录的年月日和起止的具体时间，如"×年×月×日×时×分至×时×分"。

"地点"栏：填写记录所在的具体地点，如"××××人民检察院举报中心第×接待室"。

"记录人"栏：填写记录人的职务和姓名。

（2）自首人的基本情况。"自首人姓名""性别""年龄""民族""籍贯""文化程度""政治面貌""工作单位""职务"和"现在住址"等各栏分别据实填写自首人的基本情况。

（3）自首内容。自首内容包括以下几点：

第一，犯罪事实。对犯罪事实的记录，应当具体。对犯罪事实的每一事件或事实的情节，如发生的时间、地点、当时在场或牵涉的相关人、行为的动机和目的、经过、手段、结果以及因果关系等，都应当详细地作具体记录。对犯罪事实内容的记录，要准确、客观，要不失原意，尽可能地记录原话。但自首是犯罪人的主动行为，不是侦查人员讯问，因此，对自首人重复的、啰唆的话，可以不记录；对其陈述不清楚的，可以在问清楚后再记录。

第二，证据。对自首人提供的证人和证据情况，应当具体地记录清楚。提供的证人、知情人，应当记清其姓名、工作单位、职务、住址以及与本案的关系。如果知情人讲清楚其知情原因或程度的，一并记清楚。提供的书证、物证情况，应当记清楚其名称、数量、存放地点或在何人手中。当场送交的书证、物证，应在笔录中具体载明名称、页数或件数，存放的，还应载明色泽和质量等情况。携款、携物自首的，除应当场当面验收并开列清单外，还应在笔录中具体载明。

另外，自首人检举、揭发其他人的其他犯罪事实的（包括共同犯罪人的其他犯罪事实），或者提供有关重要线索的，属于立功表现的范畴，不属于自首的内容，在本笔录中只需概括记载，其具体内容应当使用"报案、控告、举报笔录"单独记录。

第三，写明自首人对所犯罪行认罪悔罪的认识、对本案犯罪事实的供述程度（包括同案人的共同犯罪事实）的表态以及对接受审查处理表明的态度。尤其是对供述程度所作的表述，应当按照原话准确记录清楚，以便分析、判断认罪悔罪的真诚程度，鉴别、判断真假自首。

自首人向检察机关有何请求也应记录清楚，例如，对自己退赃能力的说明和如何退赃的要求以及如何处理所提出的请求等，应当概括记明。

3. 尾部。

（1）自首人核对笔录后，签写"以上笔录我已看过（或向我宣读过），和我说的相符"，并由自首人签名或者盖章。

（2）接待自首的检察人员签写其职务和姓名，并具明年、月、日。

第二节 侦查笔录

一、讯问犯罪嫌疑人笔录

（一）概念

讯问犯罪嫌疑人笔录是人民检察院查明案件事实，在依法讯问犯罪嫌疑人、记载讯问情况时使用的法律文书。

《刑事诉讼法》第 118 条第 1 款规定，讯问犯罪嫌疑人必须由人民检察院或者公安机关的侦查人员负责进行。讯问的时候，侦查人员不得少于 2 人。第 119 条规定，对不需要逮捕、拘留的犯罪嫌疑人，可以传唤到犯罪嫌疑人所在市、县内的指定地点或者到他的住处进行讯问，但是应当出示人民检察院或者公安机关的证明文件……传唤、拘传持续的时间不得超过 12 小时……不得以连续传唤、拘传的形式变相拘禁犯罪嫌疑人……第 120 条第 1 款规定，侦查人员在讯问犯罪嫌疑人的时候，应当首先讯问犯罪嫌疑人是否有犯罪行为，让他陈述有罪的情节或者无罪的辩解，然后向他提出问题。犯罪嫌疑人对侦查人员的提问，应当如实回答。但是对与本案无关的问题，有拒绝回答的权利。第 121 条规定，讯问聋、哑的犯罪嫌疑人，应当有通晓聋、哑手势的人参加，并且将这种情况记明笔录。第 122 条规定，讯问笔录应当交犯罪嫌疑人核对，对于没有阅读能力的，应当向他宣读。如果记载有遗漏或者差错，犯罪嫌疑人可以提出补充或者改正。犯罪嫌疑人承认笔录没有错误后，应当签名或者盖章。侦查人员也应当在笔录上签名。犯罪嫌疑人请求自行书写供述的，应当准许。必要的时候，侦查人员也可以要犯罪嫌疑人亲笔书写供词。

（二）格式

××××人民检察院

讯问犯罪嫌疑人笔录

（第　　次）

讯问时间＿＿＿＿＿年＿＿＿＿＿月＿＿＿＿＿日＿＿＿＿＿时＿＿＿＿＿

分至＿＿＿＿＿年＿＿＿＿＿月＿＿＿＿＿日＿＿＿＿＿时＿＿＿＿＿分

讯问地点＿＿＿＿＿＿＿＿＿＿＿＿＿＿＿＿＿＿＿＿＿＿＿＿＿＿＿＿＿＿＿

讯问人_____ 记录人_____

犯罪嫌疑人_____

问：_____

_____

_____

_____

_____

_____

_____

_____

_____

犯罪嫌疑人签名（捺指印）_____

其他内容参见公安司法笔录中"刑事案件讯问笔录"。

二、询问证人笔录

（一）概念

询问证人笔录是供人民检察院查明案件事实，在依法询问证人或被害人、记载询问情况时使用的法律文书。

《刑事诉讼法》第124条规定，侦查人员询问证人，可以在现场进行，也可以到证人所在单位、住处或者证人提出的地点进行，在必要的时候，可以通知证人到人民检察院或者公安机关提供证言……询问证人应当个别进行。第125条规定，询问证人，应当告知他应当如实地提供证据、证言和有意作伪证或者隐匿罪证要负的法律责任。第126条规定，本法第122条的规定，也适用于询问证人。第127条规定，询问被害人，适用本节各条规定。

（二）格式

××××人民检察院

询问证人笔录

（第 次）

时间＿＿＿＿＿＿＿＿＿＿＿＿＿＿＿＿＿地点＿＿＿＿＿＿＿＿＿＿＿＿＿＿

询问人＿＿＿＿＿＿＿＿＿＿＿＿＿＿＿＿记录人＿＿＿＿＿＿＿＿

证人＿＿＿＿＿＿＿＿性别＿＿＿＿年龄＿＿＿＿民族＿＿＿＿＿

工作单位、职务＿＿＿＿＿＿＿＿＿＿＿＿＿＿＿＿＿＿＿＿＿＿＿

现在住址＿＿＿＿＿＿＿＿＿＿＿＿＿＿＿＿＿＿＿＿＿＿＿＿＿＿

与犯罪嫌疑人＿＿＿＿＿＿＿＿＿＿是＿＿＿＿＿＿＿＿＿＿＿关系

＿＿＿＿＿＿＿＿＿＿＿＿＿＿＿＿＿＿＿＿＿＿＿＿＿＿＿＿＿＿＿

＿＿＿＿＿＿＿＿＿＿＿＿＿＿＿＿＿＿＿＿＿＿＿＿＿＿＿＿＿＿＿

＿＿＿＿＿＿＿＿＿＿＿＿＿＿＿＿＿＿＿＿＿＿＿＿＿＿＿＿＿＿＿

＿＿＿＿＿＿＿＿＿＿＿＿＿＿＿＿＿＿＿＿＿＿＿＿＿＿＿＿＿＿＿

＿＿＿＿＿＿＿＿＿＿＿＿＿＿＿＿＿＿＿＿＿＿＿＿＿＿＿＿＿＿＿

＿＿＿＿＿＿＿＿＿＿＿＿＿＿＿＿＿＿＿＿＿＿＿＿＿＿＿＿＿＿＿

＿＿＿＿＿＿＿＿＿＿＿＿＿＿＿＿＿＿＿＿＿＿＿＿＿＿＿＿＿＿＿

＿＿＿＿＿＿＿＿＿＿＿＿＿＿＿＿＿＿＿＿＿＿＿＿＿＿＿＿＿＿＿

＿＿＿＿＿＿＿＿＿＿＿＿＿＿＿＿＿＿＿＿＿＿＿＿＿＿＿＿＿＿＿

＿＿＿＿＿＿＿＿＿＿＿＿＿＿＿＿＿＿＿＿＿＿＿＿＿＿＿＿＿＿＿

证人签名＿＿＿＿＿＿＿

其他内容参见公安司法笔录中"刑事案件询问笔录"。

三、调查笔录

（一）概念

调查笔录是人民检察院为查明案件事实情况，向公民或有关单位依法进行非侦查性质的调查时记载调查情况使用的法律文书。

人民检察院为审查报案、控告、举报材料，以便确定是否需要立案侦查时，一般都需进行初步的调查；在审查批捕、审查起诉时，为核查某些与案件有关的特定情况，如核查犯罪嫌疑人的姓名、年龄（出生年月日），核查被害妇女是否为幼女，以及某些诉讼法律行为事实，如侦查中是否有违法行为等，也需向有关单位或有关个人进行调查、核实；在复查申诉案件时，一般都需进行调查。为固定调查的情况，应当制作调查笔录。

人民检察院进行的这种调查，为非侦查性质的调查，所以不能采用侦查手段和强制性的侦查措施，也不限于侦查程序、审查批捕或审查起诉程序。但是，这种调查符合《刑事诉讼法》的有关规定，是为查明案情而进行的法律上的调查，故不同于一般的行政调查和社会调查。在立案前进行调查而制作的调查笔录，是决定是否立案的依据，在立案后，经检察人员审查确认可以作为刑事诉讼证据使用；在立案后所制作的调查笔录，可直接作为证据使用；在复查案件中制作的调查笔录，是作出复查结论的文字依据。

《刑事诉讼法》第52条规定，审判人员、检察人员、侦查人员必须依照法定程序，收集能够证实犯罪嫌疑人、被告人有罪或者无罪、犯罪情节轻重的各种证据。严禁刑讯逼供和以威胁、引诱、欺骗以及其他非法方法收集证据……必须保证一切与案件有关或者了解案情的公民，有客观地充分地提供证据的条件，除特殊情况外，可以吸收他们协助调查。第54条规定，人民法院、人民检察院和公安机关有权向有关单位和个人收集、调取证据。有关单位和个人应当如实提供证据。行政机关在行政执法和查办案件过程中收集的物证、书证、视听资料、电子数据等证据材料，在刑事诉讼中可以作为证据使用。对涉及国家秘密、商业秘密、个人隐私的证据，应当保密。凡是伪造证据、隐匿证据或者毁灭证据的，无论属于何方，必须受法律追究。

（二）格式

××××人民检察院

调查笔录

时间_____

地点_____

调查人_____记录人_____

被调查人姓名_____性别_____年龄_____政治面貌_____

工作单位、职务_____现在住址_____

与犯罪嫌疑人或被害人的关系_____

问：_____

答：_____

（三）写作内容与要求

1. 首部。

（1）制作笔录的机关名称，即"××××人民检察院"。

（2）文书名称，即"调查笔录"。

2. 正文。

（1）笔录程序项目，包括：

调查的时间和地点：时间填明调查的年月日和起止的具体时间，如"××××年×月×日××时×分至××时×分"；地点填明谈话的具体地点。

调查人和记录人：分别填明检察机关调查人和记录人的职务和姓名。如有其他单位协助调查的人员，应记明其所在单位、职务和姓名。

被调查人的基本情况：按笔录栏目，依次填明被调查人的姓名、性别、年龄、政治面貌、工作单位及职业（职务）和住址等。如被调查人与犯罪嫌疑人或被害人有特殊关系的，则予以载明。

（2）调查情况记录，是调查笔录的主体内容，包括调查人向被调查人的告知事项内容、提问内容和被调查人的陈述内容。调查人与被调查人的对话内容标明"问"和"答"，按第一人称记录。

告知事项，记载调查人向被调查人告知政策、法律的具体内容。

调查人的提问内容，记录应当具体、明确，文字力求简洁。

被调查人陈述的内容，该部分为记录的重点。对于被调查人所陈述的案件情节，记录应当全面、完整、准确、客观、清楚。应尽可能地记原话，对啰唆的、重复的话，可以归纳，但要不失原意。对于被调查人是如何得知案情的及其知情程度，应当记录清楚；对于提供的其他知情人，应当记明其姓名、所在单位和住址；对于提供的书证，应当记明名称、件数等。要求保密的，也应当载明。

对被调查人陈述内容的记录，关键性的问题和重要情节要详细；一般的过程（作案过程不能认为是一般过程）和情节要简略；与案情没有直接关系的，可以不记录；对被调查人所说的方言土语，要用普通话加以注解。

制作调查笔录时应注意如下问题：

（1）记录要客观。要准确地反映出被调查人真实的意思，使用标点必须准确，力求做到记录被调查人的原话。如不能完全记下原话，也要务求不失原意，不产生歧义。另一方面，调查人在询问时，不要向被调查人泄露案情，不要表示自己对案件的看法或意见，更不能对被调查人暗示、引诱、威胁或欺骗。当被调查人对提问不能作出肯定或否定答复时，不能苛刻、责难，更不能使用侮辱性语言，以免影响被调查情况的真实性。

（2）记录要详细、具体、完整。所谓详细，就是对被调查人的陈述，不能任意剪裁、省略，但也不必有闻必录，而应作必要的剪裁和省略。但是，这种剪裁取舍，必须服从案情的需要。对于那些属于案情事实要素方面的内容，必须详细记录。所谓具体，就是不能抽象、笼统。凡是那些与案件事实有重要关系的，都要具体记录，力求少用或不用模糊语言，例如，被调查人说"作案人是中等身材，身高大约在一米六五"，那就应抓紧记下"身高大约在一米六五"这个具体的概念，而不能只记下"中等身材"这一模糊语言。再如对于被调查人说的时间，要启发他尽量说得准确一些，然后记录下来。所谓完整，就是对被调查人所能证明的内容及其提供的证据线索，必须完整记录下来，不能疏漏。

（3）要把证言中的材料来源记清楚。对于被调查人所说的情况，记清是亲眼所见的、直接听到的，还是听别人传说的。如果是听别人传说的，要明确是听谁说的，要记明传说人的姓名、住址及其与案件的关系等，以便进一步加以查证。

（4）记录要反映出被调查人的个性特点。不同的被调查人，由于年龄、性格、文化程度、工作性质、生活经历、兴趣爱好以及个人修养的不同，他们的个性有很大差别，其语言往往带有个性特色。如思维敏捷者，反应迟钝者，敢说敢当者，胆小怕事者，以及知识分子、文盲、干部、工人、商人和个体户、专业户等，由于其智力、性格和职业的不同，往往各有不同的语言特点。体现这一特点的语言，要在笔录中反映出来，否则，容易使人怀疑证词的真实性。

检察人员在进行调查之前，要详细阅卷，熟悉案情，熟悉人名、地名，并应制作调查提纲，以便在调查中有目的、有重点地进行提问和准确地制作笔录。

询问前，调查人应当按照《刑事诉讼法》第124条第1款的规定，向被调查人出示身份证明文件，表明调查的合法性。在调查询问过程中，要将《刑事诉讼法》第125条规定的内容向被调查人交代明白，即告知被调查人"应当如实地提供证据、证言和有意作伪证或者隐匿罪证要负的法律责任"。检察人员提问时，对案情中难以弄清的问题，要作为重点抓住不放，从各个不同的侧面，反复提问，以期查清情况或找出进一步查证的线索；对矛盾点要提出反问；发现被调查人有思想顾虑的，要适当地进行启发教育。这种启发教育一定要掌握得恰当，绝不能形成变相的诱供、指名问供，更不能形成变相的逼供。

同一案件有几个证人的，应当个别询问，避免他们之间互相影响。被调查人要求自写证言的，应当允许。必要时，调查人也可以要求被调查人补写亲笔证言附卷。

3. 尾部。尾部内容，主要是履行笔录核对手续和署名手续等。

在记录结束后，记录人应先编写页码，然后让被调查人核对笔录内容。凡有记错、记漏的，应予改正和补充，但改正、补充处应由被调查人捺指印或盖章；核对完后，由被调查人在笔录结束处写上"本记录我已看过（或已读给我听过），与我讲的一样"，再由被调查人签名或盖章，注明年、月、日。最后由调查人和记录人分别签名，注明年、月、日。

调查笔录应当保持它的稳定性，经被调查人认可并签名或盖章之后，不允许轻易更改。被调查人事后又到法院要求改变其原来陈述的内容的，则不能对原笔录加以修改，可以另行制作笔录存卷。

调查笔录，可以根据情况需要，交给被调查人的所在单位或住所地基层组织签署意见，加盖公章。所谓根据情况需要，并不是件件都要这样做，例如被调查人对案情一无所知，并未证明任何内容的，没有必要交其所在单位或住所地基层组织签署意见；如果被调查人证明的内容有价值或者是有知情不举和作伪证可能的，则有必要交其所在单位或住所地基层组织签署意见，加盖公章，以供研究参考。

调查结束后，调查人应当凭借自己在调查中的直观感觉，根据被调查人陈述的态度坦率与否，判断其证言的可靠程度，以及对今后如何进一步开展调查提出意见。此外，调查人还要对被调查人与当事人之间的关系，及其在生理上、精神上、辨别是非与语言表达能力上，提出判断性意见，作为调查笔录的附记。

四、现场勘查笔录

（一）概念

现场勘查笔录是人民检察院依法对刑事案件现场进行勘验、检查并客观记录时使用的法律文书。现场勘查笔录客观记载了现场勘查的工作情况，既是勘查人员从现场发现和提取痕迹、物品等证据的记录凭据，又是审查、鉴别勘查的程序、方法是否科学，勘查工作是否合法的书面根据，也是侦查机关研究犯罪活动情况，制定侦查工作方案，制作立案报告的依据。其写作依据包括：

《刑事诉讼法》第128条规定，侦查人员对于与犯罪有关的场所、物品、人身、尸体应当进行勘验或者检查。在必要的时候，可以指派或者聘请具有专门知识的人，在侦查人员的主持下进行勘验、检查。第133条规定，勘验、检查的情况应当写成笔录，由参加勘验、检查的人和见证人签名或者盖章。

（二）格式

××××人民检察院

现场勘查笔录

案件性质＿＿＿＿＿＿＿＿ 报案人＿＿＿＿＿＿＿＿ 制作人＿＿＿＿＿＿＿＿

制作日期＿＿＿＿＿＿ 年＿＿＿＿＿ 月＿＿＿＿＿ 日＿＿＿＿ 时

发案单位＿＿＿＿＿＿＿＿＿＿＿＿＿＿＿＿＿＿＿＿＿＿＿＿＿＿＿＿

勘查地点＿＿＿＿＿＿＿＿＿＿＿＿＿＿＿＿＿＿＿＿＿＿＿＿＿＿＿＿

报案时间＿＿＿＿＿＿ 年＿＿＿ 月＿＿＿ 日＿＿＿ 时＿＿＿ 分

发案时间＿＿＿＿＿＿ 年＿＿＿ 月＿＿＿ 日＿＿＿ 时＿＿＿ 分

经过勘查＿＿＿＿＿＿＿＿＿＿＿＿＿＿＿＿＿＿＿＿＿＿＿＿＿＿＿＿

＿＿＿＿＿＿＿＿＿＿＿＿＿＿＿＿＿＿＿＿＿＿＿＿＿＿＿＿＿＿＿＿

＿＿＿＿＿＿＿＿＿＿＿＿＿＿＿＿＿＿＿＿＿＿＿＿＿＿＿＿＿＿＿＿

＿＿＿＿＿＿＿＿＿＿＿＿＿＿＿＿＿＿＿＿＿＿＿＿＿＿＿＿＿＿＿＿

＿＿＿＿＿＿＿＿＿＿＿＿＿＿＿＿＿＿＿＿＿＿＿＿＿＿＿＿＿＿＿＿

＿＿＿＿＿＿＿＿＿＿＿＿＿＿＿＿＿＿＿＿＿＿＿＿＿＿＿＿＿＿＿＿

＿＿＿＿＿＿＿＿＿＿＿＿＿＿＿＿＿＿＿＿＿＿＿＿＿＿＿＿＿＿＿＿

＿＿＿＿＿＿＿＿＿＿＿＿＿＿＿＿＿＿＿＿＿＿＿＿＿＿＿＿＿＿＿＿

其他内容参见公安司法笔录中"现场勘查笔录"。

五、检查笔录

检查笔录是人民检察院依法对与案件有关的物品、人身、尸体进行检查并客观记载时使用的法律文书。检查笔录客观地记载了被检查的物品、人身、尸体的特征，是证明案件事实的书面凭据，经查证属实，可以作为定案的根据。其写作依据包括：

《刑事诉讼法》第128条规定，侦查人员对于与犯罪有关的场所、物品、人身、尸体应当进行勘验或者检查。在必要的时候，可以指派或者聘请具有专门知识的人，在侦查人员的主持下进行勘验、检查。第132条规定，为了确定被害人、犯罪嫌疑人的某些特征、伤害情况或者生理状态，可以对人身进行检查……犯罪嫌疑人如果拒绝检查，侦查人员认为必要的时候，可以强制检查。检查妇女的身体，应当由女工作人员或者医师进行。第133条规定，勘验、检查的情况应当写成笔录，由参加勘验、检查的人和见证人签名或者盖章。

其他内容参见公安司法笔录中"检查笔录"。

六、辨认笔录

辨认笔录是人民检察院在侦查中让被害人、犯罪嫌疑人或者证人对与犯罪有关的物品、文件、尸体进行辨认，记载辨认情况和结果时使用的法律文书。辨认笔录是对辨认情况的客观记录，是记载辨认人对辨认对象的感觉的反映，是认定同一或否定同一的书面依据。辨认的肯定结果对确定侦查方向、确认犯罪嫌疑人或认定犯罪，具有一定的意义；辨认的否定结果，则可作为排除嫌疑的根据之一。辨认笔录不能作为独立的证据使用；对不确定的辨认结果，辨认笔录不能作为定案证据使用。

其他内容参见公安司法笔录中"辨认笔录"。

七、侦查实验笔录

参见公安司法笔录中"侦查实验笔录"。

八、搜查笔录

搜查笔录是人民检察院为收集证据、查获犯罪嫌疑人而依照《刑事诉讼法》的规定，在对犯罪嫌疑人以及可能隐藏罪犯或者犯罪证据的人身、物品、住处和其他有关的地方进行搜查，记载搜查情况和结果时使用的法律文书。

其他内容参见公安司法笔录中"搜查笔录"。

第三节　审查起诉、出庭笔录

一、宣布不起诉决定笔录

（一）概念

宣布不起诉决定笔录是人民检察院根据《刑事诉讼法》的规定，在公开宣布对犯罪嫌疑人的不起诉决定时，记载公开宣布决定情况时使用的法律文书。

宣布不起诉决定笔录，是人民检察院依法公开宣布不起诉决定情况的客观的记载，是人民检察院依法公开宣布的书面凭据，也是人民检察院复查不起诉决定的依据之一。人民检察院对案件作出不起诉的决定后，应当同时作出相关的处理。如果在侦查期间，因侦查需要将犯罪嫌疑人的有关财物扣押或者冻结的，在作出不起诉决定后，为保护被不起诉人合法的财产权利，维护正常的社会经济秩序，应当对被扣押、冻结的财物解除扣押、冻结。或者，虽然犯罪嫌疑人因具有《刑事诉讼法》第16条或《刑法》规定的有关情节而不被追究刑事责任或者被免除刑事责任，但是因其违法行为或者给社会造成的危害后果应当受到行政处罚、行政处分或者需要没收其违法所得的，人民检察院在决定不起诉后，应当提出检察意见，移送主管机关处理。为了强化检察机关检察意见的法律效果，加强检察机关法律监督的职能，法律规定有关主管机关应当将处理结果及时通知人民检察院。

不起诉的决定应当由人民检察院公开宣布，并且将不起诉决定书送交被不起诉人及其所在单位或居民委员会、村民委员会。不起诉决定一经宣布，即发生法律效力，非经法定程序并由人民检察院重新作出决定，不得撤销或变更。被不起诉人在押的，应当立即释放。

《刑事诉讼法》第178条规定，不起诉的决定，应当公开宣布，并且将不起诉决定书送达被不起诉人和他的所在单位。如果被不起诉人在押，应当立即释放。

（二）格式

宣布不起诉决定笔录

检察员_____书记员_____

宣布时间_____年____月____日____时____分至____时_____分

地点_____

到场被不起诉人签名_____

其他诉讼参与人_____

被不起诉人所在单位及其代表_____

检察员宣读_____人民检察院［年度］_____检刑不诉字第_____

_____号不起诉决定书，告知有关事项，并且将不起诉决定书送达被不起诉人和他的所在单位。

宣布后，被不起诉人和其他诉讼参与人的表示 _____

_____

_____

_____

_____

_____

_____

_____

_____

_____

_____

_____

（三）写作内容与要求

1. 首部。首部写明文书名称，即"宣布不起诉决定笔录"。

2. 正文。正文依次写明以下事项：

（1）检察员和书记员。分别填写宣布不起诉决定的检察员和书记员的姓名。

（2）宣布时间。填写宣布的日期和起止的具体时间。如"××××年×月×日×时×分至×时×分"。

（3）地点。填写具体地点。

（4）到场被不起诉人的姓名。

（5）其他诉讼参与人，写明除被不起诉人外其他到场的诉讼参与人的姓名。

（6）被不起诉人所在单位及其代表。人数较少的，可逐一填写在场人姓名；人数较多的，列举在场代表人物的单位、职务、姓名，然后记明"总共××人"。如果被不起诉人为未满18周岁的未成年人，其法定代理人到场的，应记明其姓名，并注明与被不起诉人的关系；如果被害人到场的，记明其姓名，并注明"为本案被害人"。

（7）宣布内容。宣布内容为宣布笔录的主体内容，包括查验被不起诉人身

份事项、宣布决定及告知权利事项等。包括以下几部分内容：

第一，查验身份。查验被不起诉人身份事项，按照宣布人提问和被不起诉人回答的先后顺序，用一问一答的形式逐一如实记录。

第二，宣布决定。宣布人宣读决定书，只需记录宣布人的姓名、宣读的决定书名称和文书编号，如"检察员宣读××××人民检察院［年度］×年×月×日检刑不诉第×字号不起诉决定"。决定的具体内容，因另有决定文书在，故不必具体记录。

第三，告知权利事项。宣布不起诉决定时，应向被不起诉人告知申诉权利事项，其内容应当具体记录。

第四，被不起诉人陈述。对于被不起诉人在听取宣布决定后所陈述的内容，应当如实地具体记录，尽可能逐字逐句地记录原话。

3. 尾部。

（1）单列一行，写明"宣布完毕"。

（2）由宣布人签名，具明年月日。

（3）由被不起诉人核对笔录。核对后，由被不起诉人写明"以上笔录我已看过（或已读给我听过），情况属实"，然后由被不起诉人签名，并具明年月日。

4. 附记事项。在宣布不起诉决定后，一般都随即进行法制宣传，由检察人员发表不起诉词，由单位代表发言，被不起诉人作表态发言，亲属代表发言等。有关发言的内容，可以在笔录后概括记明各自主要观点、主要内容。对于同时落实或宣布帮教措施的，也应同时概括载明有关措施的具体内容。

二、阅卷笔录

（一）概念

阅卷笔录，是指人民检察院的案件承办人员，在阅读案卷材料的基础上，为方便办案，根据案件特点和案卷材料情况，分类摘录案卷材料内容后所形成的书面材料。

阅卷笔录属于人民检察院内部使用的工作文书，在刑事诉讼中，本身并不具有法律上的证明效力。但是，阅卷笔录的材料内容来源于原案卷材料，并经办案人员综合归纳分类、组合排列，使案件事实和证据情况以及原卷的材料眉目更加清楚，这对办案人员熟悉、剖析案情和案卷材料情况，汇报案件和集体讨论研究案件，认定和处理案件，出席法庭活动，提高办案质量和效率，检查办案质量和复查案件，以及履行侦查监督和审判监督职责等，具有极为重要的实用价值。因此，人民检察院在审查批捕和审查起诉、出席法庭活动以及复查申诉案件等各个诉讼环节上，都需制作相应的阅卷笔录。

（二）格式

××××人民检察院

阅卷笔录

阅卷人_____ 阅卷时间_____年____月____日至_____年____月____日

送卷单位_____ 原卷案由_____

原承办单位_____ 原卷归档号_____

原办案时间_____年_____月_____日至_____年_____月_____日

申诉人_____性别_____年龄_____民族_____文化程度_____

籍贯_____工作单位_____职业_____

犯罪嫌疑人_____性别_____年龄_____民族_____文化程度_____

籍贯_____工作单位_____职业_____

原处理决定_____

案情摘录_____

_____

_____

_____

_____

_____

_____

_____

_____

_____

（三）写作内容与要求

1. 首部。

（1）制作文书的机关名称，即"××××人民检察院"。

（2）文书名称，即"阅卷笔录"。

2. 正文。

（1）阅卷程序事项。应分别记明阅卷人的姓名、阅卷起止时间和阅卷事由。

（2）移送案卷事项。分别记明原办案单位、主办人姓名和本院或本部门收卷日期及收卷人姓名。

（3）犯罪嫌疑人基本情况。记明犯罪嫌疑人姓名、曾用名、性别、年龄（出生年月日）、民族、籍贯、文化程度、工作单位、职业（职务）、住址、是否曾受过刑事处罚、劳动教养处分、拘留和逮捕日期以及家庭成员、本人简历等基本情况。

复查申诉案件，当事人申请的，记明当事人基本情况。其他人申诉的，首先记明申诉人的姓名、性别、年龄、工作单位、职业（职务）、住址以及与当事人的关系；然后再记明当事人的基本情况。

（4）原案件处理概况。应记明申诉人不服的原处理决定的有关情况。如原作出决定的机关，处理案件的时间、文书编号、对案件的认定和处理的结论性意见或决定。

（5）摘录的原卷材料内容，是阅卷笔录的主体内容。摘录原卷材料内容时，要依照阅卷、分类和摘录的步骤、顺序进行。摘录的方法和形式，要根据案件的特点，要方便办案。

阅卷是制作阅卷笔录的基础。在制作阅卷笔录前，必须首先通读原卷材料，以熟悉基本案情和案件材料的基本情况。

在通读原卷材料，了解基本案情和案件材料基本情况的前提下，进行逻辑归纳，统筹分类。科学的分类，可使摘录的材料内容纲举目张，眉目清楚。分类包括对案件事实的分类和对案件证据材料的分类。

摘录是具体实施阅卷笔录的制作，是在通读案卷材料，对案件事实和案卷材料进行分类后，边仔细阅卷边摘录材料内容的活动。摘录的方法，是根据分类，先摘录认定的案件事实，再分列证据材料内容。如果是审查性的阅卷笔录，如审查批捕、审查起诉、复查申诉等，先摘录原承办案件机关的认定意见；如果是确认性的，如出庭时制作的阅卷笔录，可先列确认的事实，在事实材料内容下，再以事系证。摘录的案卷材料内容，应符合下列要求：

第一，客观、全面。制作阅卷笔录时，阅卷人不能先入为主，不能带倾向性，应当忠实于原卷材料。无论是有利于定案的还是不利于定案的，无论是有利于被告人的还是不利于被告人的，无论是认定有罪的证据还是否定有罪的证据，也无论是犯罪嫌疑人的供述还是辩解，都应当客观地、全面地如实摘录，以便客观地分析、判断案件事实和案卷材料情况。切不可主观认定有罪，便只摘录认定有罪的证据，而不摘录否定有罪的证据；也不能想否定有罪，便只摘录否定有罪的证据，而不摘录认定有罪的证据。

第二，准确、清楚。摘录原卷材料内容，文字一般可以概括、归纳，但内容必须符合原材料内容而不得有出入。在归纳或概括原卷中材料内容时，语义要表述清楚。

第三，重点突出、详略适当。阅卷笔录摘录原卷材料内容时，必须突出重点。以下内容应当详细摘录：关键性情节，如罪与非罪、此罪与彼罪、情节轻重程度及具有法定从重或加重、从轻或减轻、免除处罚等情节；证据与证据、证据与供述或辩解、前后供述、数人供述等有差异或矛盾的；犯罪嫌疑人的第一次和最后一次的供述与辩解；证据不能结成证据链的；原认定中未予认定而从原材料中发现有新的犯罪事实或新的犯罪人的；从原卷材料中发现有疑点的；原卷材料中的证据的收集手段不合法的或侦查人员等有违法行为的。对重点内容应当详细摘录，有的则应原文摘抄，如供证不一、各证人证言不一、前后供述不一等。对下列内容可以概括摘录：一般性情节，供证又一致的；供证一致的，对首次供述应详细具体摘录，其他的证据和供述内容可以概括摘录；犯罪嫌疑人数次供述前后均一致的，可综合归纳，如"据犯罪嫌疑人×月×日、×月×日供述"。在这种情形下，页码仍应一一注明。

（6）阅卷意见。阅卷意见，是阅卷人在阅卷后对案件事实及案卷材料情况作的分析、评论意见。阅卷意见不属于摘录内容，但制作阅卷笔录是为办案服务的，是为了方便办案，因此，阅卷意见又是阅卷笔录不可或缺的重要组成部分。

阅卷意见的内容，因阅卷时所处程序不同即阅卷的具体目的不同而有所不同。但一般都应包括对案件事由的认定情况和分析意见、对证据材料的分析意见和工作意见。

对案件事实认定情况和分析意见，应说明可以确认的事实及根据；应予否定的事实及其理由；尚难确定的事实及其原因；发现何种新的犯罪事实或新的犯罪及其依据；发现何种新的疑点及其情况等。

对证据材料情况的分析意见，主要是对证据间、供证间、供述间有无矛盾、差异、疑点、漏洞、虚假等情况提出的看法。

另外，在审查批捕、审查起诉、复查申诉等环节上，对阅卷中发现的侦查、审判人员有无违法情况，也应提出意见。

工作意见，主要是对尚需进行哪些工作和应作出何种诉讼决定提出建议、意见。

阅卷意见，可以在最后提出综合性的分析意见；也可在摘录材料各部分就各部分的事实和证据材料作具体分析，最后进行综合归纳。

3. 尾部。最后由阅卷人签名，并具明阅卷时间，以示笔录结束。

三、讨论案件笔录

（一）概念

讨论案件笔录是人民检察院根据办案程序制度，由职能部门或检察委员会等集体讨论案件、记载案件讨论情况时使用的法律文书。

讨论案件笔录是人民检察院内部集体讨论案件、集体审查案件的客观反映。通常情况下，讨论案件笔录是人民检察院作出诉讼决定内容的书面依据，是人民检察院复查案件时的根据。

（二）格式

××××人民检察院

讨论案件笔录

时间＿＿＿＿＿＿＿＿＿＿＿＿＿＿＿＿＿＿＿＿＿＿＿＿＿＿＿＿＿＿＿＿

地点＿＿＿＿＿＿＿＿＿＿＿＿＿＿＿＿＿＿＿＿＿＿＿＿＿＿＿＿＿＿＿＿

会议名称＿＿＿＿＿＿＿＿＿＿＿＿＿＿＿＿＿主持人＿＿＿＿＿＿＿＿＿＿

参加人＿＿＿＿＿＿＿＿＿＿＿＿＿＿＿＿＿＿＿＿＿＿＿＿＿＿＿＿＿＿＿

＿＿＿＿＿＿＿＿＿＿＿＿＿＿＿＿＿＿＿＿＿＿＿＿＿＿＿＿＿＿＿＿＿＿

承办人＿＿＿＿＿＿＿＿＿＿＿＿＿＿＿＿记录人＿＿＿＿＿＿＿＿＿＿＿＿

＿＿＿＿＿＿＿＿＿＿＿＿＿＿＿＿＿＿＿＿＿＿＿＿＿＿＿＿＿＿＿＿＿＿

被告人（或犯罪嫌疑人）＿＿＿＿＿＿＿＿＿案由＿＿＿＿＿＿＿＿＿＿＿

讨论情况记录如下＿＿＿＿＿＿＿＿＿＿＿＿＿＿＿＿＿＿＿＿＿＿＿＿＿

＿＿＿＿＿＿＿＿＿＿＿＿＿＿＿＿＿＿＿＿＿＿＿＿＿＿＿＿＿＿＿＿＿＿

＿＿＿＿＿＿＿＿＿＿＿＿＿＿＿＿＿＿＿＿＿＿＿＿＿＿＿＿＿＿＿＿＿＿

_____

_____

_____

_____

_____

_____

_____

（三）写作内容与要求

1. 首部。

（1）标题，制作文书的机关名称，即"××××人民检察院"。

（2）文书名称，即"讨论案件笔录"。

2. 正文。

（1）时间。填写年、月、日及起止时间，如"×时×分至×时×分"。

（2）地点。填写讨论的具体地点。

（3）会议名称。填写会议性质名称，如检察委员会会议、×厅（处、科）务会议等。

（4）依次填写会议主持人、会议参加人、案件主办人、记录人的职务及姓名。

（5）被告人（或犯罪嫌疑人）。填写被告人（或犯罪嫌疑人）的姓名。

（6）案由。填写讨论时原认定的案件性质。

（7）讨论内容记录。讨论内容记录，即会议讨论的实况记录。按照发言次序，分别列段如实记录。一般包括：

第一，主持人提出议题。主持人提出的议题内容，只需概括记录，记明讨论什么问题。如果主持人还介绍有关背景情况以及提出具体的讨论要求或者提出主导意见的，应当概括地如实记录清楚。

第二，承办人汇报案情和审查意见。承办人汇报的案情和提出的审查意见，是会议参加人发表讨论意见的基础和根据，应当如实地具体记录。承办人是否全面、客观地汇报案情，将直接影响到案件的讨论结果和讨论后所作出的诉讼决定的正确与否，如实地作具体记录，便于分清责任。汇报的案件内容（包括案件情节和证据情况）应当记录清楚。对涉及罪与非罪、此罪与彼罪、罪行轻重以及是否具有法定从重或加重、从轻或减轻及免除处罚的情节，特别是否定原认定意见的理由和根据，应作具体记录。汇报的审查意见，应将认定或否定的意见和理由、根据记录清楚；对证据中存在的问题或疑点必须逐一记录；有关的分歧意见及其各自的理由和根据应概括地记录清楚；对提出需要讨论研究的问题要记录明确；对提出的工作意见和如何处理的意见概括记明。

第三，会议参加人的发言。会议参加人的发言内容，是案件讨论笔录的核心内容，是记录的重点。

第四，结论意见。主持人最后作出的讨论结论，应当准确地、明白无误地、具体地记录清楚。有对结论持保留意见或表示不同意见的，应当如实地、具体地记录在案。

3. 尾部。讨论案件笔录，应当交会议主持人核对。在核对无误后，由主持人和记录人分别签名并具明职务和年月日。

四、出庭笔录

（一）概念

出庭笔录是人民检察院在人民法院开庭审理刑事案件时记载、反映法庭审判活动情况和出庭检察人员执行职务活动情况时使用的法律文书。

出庭笔录客观地记载和反映了人民法院法庭审判活动的全过程和主要内容，如实记载了检察人员出庭执行职务活动的情况。出庭笔录是人民检察院总结出庭工作、复查案件的重要的文字依据，也是履行审判监督职能的文字记载和依据。

（二）格式

××××人民检察院

出庭笔录

开庭时间＿＿＿＿＿＿＿＿＿年＿＿＿＿＿月＿＿＿＿＿日＿＿＿＿＿时＿＿＿＿＿分

闭（休）庭时间＿＿＿＿＿年＿＿＿＿月＿＿＿＿日＿＿＿时＿＿＿分

地点＿＿＿＿＿＿＿＿＿＿＿＿＿＿＿旁听人数＿＿＿＿＿＿＿＿＿＿

出庭检察人员＿＿＿＿＿＿＿＿＿＿＿＿＿记录人＿＿＿＿＿＿＿＿＿＿

审判长＿＿＿＿＿＿＿＿＿＿＿＿＿＿审判员＿＿＿＿＿＿＿＿＿＿

人民陪审员＿＿＿＿＿＿＿＿＿＿＿＿书记员＿＿＿＿＿＿＿＿＿＿

案由_____

被告（上诉）人_____   辩护人_____

被害人_____诉讼代理人_____

出庭活动记录如下_____

_____

_____

_____

_____

（三）写作内容与要求

1. 首部。

（1）制作文书的机关名称，即"××××人民检察院"。

（2）文书名称，即"出庭笔录"。

2. 正文。

（1）开庭时间和闭（休）庭时间。分别填明开庭、闭（休）庭的年、月、日、时、分。

（2）开庭地点、旁听人数。小法庭记准确数，大法庭记大概数；不公开审理的填"无"。

（3）庭审实况。庭审实况记录的内容，包括审判的程序事项和审理的实体内容，依审判程序顺序记录。每个人的发言均独自成段，并在段首标明其身份。

第一，开庭时宣告事项。宣告事项包括宣布事项和告知事项。宣布事项的内容，即案由和合议庭组成人员、书记员、公诉人、鉴定人、翻译人员名单等，在笔录相应项目中填写。告知事项的内容，涉及诉讼参与人特别是当事人权利、义务和法庭审判程序的合法性，应当具体记录。

第二，法庭调查。公诉人宣读起诉书，只记程序，起诉书的具体内容，因有起诉书在，不必再具体记录。

法庭调查由审判人员主持，出庭笔录中主要记录调查的程序和调查的主要内容。

调查的具体内容，一般可以概括记录，着重记录起诉书中指控的犯罪事实在庭审调查中的新情况。下列内容应当具体记录清楚：①审判人员认为指控的事实情节不清或有矛盾、有漏洞或证据不充分而进行调查的内容。②被告人在法庭上的供述与指控的犯罪事实不相符合的。③公诉人讯问被告人或询问证人的内容及其回答。④被告人及其辩护人对证人、鉴定人发问内容的回答以及辩护人向被告人的发问及回答。⑤被告人及其辩护人对审判人员出示的物证、书证（包括视听资料）和宣读的证人证言、鉴定意见、勘验笔录等所陈述的意见内容。

第三，法庭辩论。法庭辩论是法庭审判活动的重要阶段，主要由公诉人与被告人及其辩护人就案件事实以及认定依据和对案件的定性处罚等进行辩论。法庭辩论是公诉人支持公诉的关键环节，因此，辩论的内容自然也就是记录的重点。对辩论内容的记录，应当重点把各自的理由、依据记叙清楚，做到真实、客观、全面、具体、准确、清楚。

公诉人发表的公诉词，主要记录实体性内容。有文稿的，可概括记录主要观点和主要内容；但在法庭上因新情况而增加的新内容或随机应变修正了的内容应当具体记录。如果因案情简单而无文稿的，公诉词中的实体内容，应予以具体记录。

辩护人发表的辩护词，其论述的观点均应准确记录。论述的具体内容，凡对起诉书或公诉词中指控的内容予以确认的，可概括摘要记录其观点；凡持异议的，对事实应当具体记录其理由和根据，对定性和处罚持异议的，记明其主要观点和法律依据。

公诉人答辩的内容，因是针对辩护词即席发表的，应当详细记录。

双方辩论内容，除枝节性问题外，其他均应尽可能地逐字逐句记录原话。

被告人的最后陈述的内容，应当逐字逐句记录原话。

第四，宣判。宣判的内容，只需记录判决主文内容和交代上诉权利事项，其他内容可以不记录。

另外，在整个庭审活动中，对于审判人员的警告或制止违反法庭秩序事项和检察人员依法向法庭提出纠正违法意见的情况，均应具体地记录在案。

3. 尾部。庭审活动结束后，记录人将笔录编页码并签名后，应将出庭笔录交出庭的检察人员审核，审核确认记录无误后，出庭检察人员应签署"记录无误"意见，并应在笔录上签名，注明署名日期。记录人也应签名。

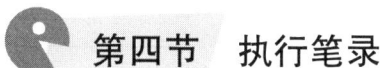 **第四节　执行笔录**

关于执行笔录，本书主要讲死刑临场监督笔录。

一、死刑临场监督笔录的概念

死刑临场监督笔录是人民检察院依照《刑事诉讼法》的规定，临场监督人民法院对被判处死刑的罪犯执行死刑，记载死刑执行情况时使用的法律文书。

执行死刑剥夺罪犯的生命权，是我国刑法中最为严厉的一种刑罚。人民检察院派员临场监督人民法院执行死刑，是保障死刑执行合法性的法定程序。死刑临场监督笔录是记载检察人员临场监督死刑执行情况的文字记录，也是确认死刑执行合法并执行完毕的法定文字凭据。

二、格式

死刑临场监督笔录

执行时间_____年_____月_____日至_____年_____月_____日

执行地点_____

罪犯姓名_____执行死刑罪名_____

第一审法院名称_____

判处死刑判决书及文号_____

核准死刑的法院名称_____

核准死刑的文书名称及文号_____

执行死刑的命令文号_____

死刑执行命令签发单位_____签发人_____

死刑执行命令签发时间_____年_____月_____日

收到执行死刑通知时间_____年_____月_____日

执行死刑法院名称_____指挥执行的审判人员_____

检察院临场监督人员_____职务_____

对罪犯验明正身情况_____

询问有无遗言、信札_____

死刑执行人员_____

执行情况（含何种方法执行、结果、有无停止执行情况）_____

_____

_____

临场监督人（签名）_____

年　　　月　　　日

三、写作内容与要求

（一）首部

首部写明文书名称，即"死刑临场监督笔录"。

（二）正文

依次写明以下事项：

1. 执行时间：具体填明死刑执行的时间（年月日时分）。

2. 执行地点：具体填明"××刑场"。

3. 罪犯姓名：填明死刑执行命令中具明的罪犯姓名。

4. 执行死刑罪名：填明死刑执行命令中认定的罪名。

5. 第一审法院名称：填明作出第一审刑事判决法院的全称。

6. 判处死刑判决书及文号：填明判决罪犯死刑的刑事判决及其文书编号。

7. 核准死刑的法院名称：填明核准死刑的人民法院的全称。

8. 核准死刑的文书名称及文号：填明核准死刑的人民法院作出的核准死刑的文书名称及文书编号。

9. 执行死刑的命令文号：填写人民法院执行死刑命令的文书编号。

10. 死刑执行命令签发单位及签发人：填写签发执行死刑命令单位和院长的姓名。

11. 死刑执行命令签发时间：填写签发死刑执行命令的时间（年月日）。

12. 收到执行死刑通知时间：填写执行法院收到死刑执行命令的时间（年月日）。

13. 执行死刑法院名称：填写死刑命令的执行法院的全称。

14. 指挥执行的审判人员：填写其姓名。

15. 检察院临场监督人员和职务：填写检察院临场监督死刑执行的检察人员的姓名和职务。

16. 验明正身情况：填明人民法院验明正身人员的身份和姓名，如"××××人民法院审判长×××"。

17. 询问有无遗言、信札：由指挥执行的审判人员询问罪犯有无遗言、信札。

18. 死刑执行人员：填写执行死刑人员的姓名。

19. 执行情况：写明执行方法，执行方法应为《刑事诉讼法》第 263 条规定的枪决或注射等方法。

20. 死刑执行结果情况：验尸人，应填明其身份和姓名，如"法医×××"；罪犯姓名和确已死亡的具体时间，如"罪犯×××于当日×时×分确已死亡"。有无停止执行情况，应据实填写。

（三）尾部

尾部由临场监督执行死刑的检察人员签名并具明其职务，制作笔录的书记员应签名并具明书记员职务，然后填写临场监督执行的日期。

思考题与练习

1. 试比较检查笔录和调查笔录的不同。

2. 自首笔录中的自首内容主要包括哪些？

第十章 法院司法笔录

> **内容提要**
>
> 开庭审理笔录主要包括阅卷笔录、调解笔录、法庭笔录、合议庭评议笔录、审判委员会讨论案件笔录；宣判、执行笔录包括宣判笔录，查封、扣押财产笔录，搜查笔录，强制执行财产笔录。
>
> **关键词：** 开庭审理 调解 评议 强制执行 执行

第一节 开庭审理笔录

一、阅卷笔录

（一）概念

阅卷笔录，是刑事、民事、行政案件诉讼代理人为了解案情，在阅读案件卷宗过程中，把整个案件的全部情况，真实、概括、系统地进行摘录所形成的书面材料。

阅卷笔录没有法律效力，但有助于诉讼代理人综观全案，把握案情实质，发现问题，提高办案质量。这对贯彻"以事实为根据，以法律为准绳"的办案原则，正确地理解和执行法律有着积极意义。

《刑事诉讼法》第40条规定，辩护律师自人民检察院对案件审查起诉之日起，可以查阅、摘抄、复制本案的案卷材料。其他辩护人经人民法院、人民检察院许可，也可以查阅、摘抄、复制上述材料。

《民事诉讼法》第61条规定，代理诉讼的律师和其他诉讼代理人有权调查收集证据，可以查阅本案有关材料。查阅本案有关材料的范围和办法由最高人民法院规定。

《行政诉讼法》第32条规定，代理诉讼的律师，有权依照规定查阅、复制本案有关材料，有权向有关组织和公民调查，收集与本案有关的证据。对涉及国家秘密、商业秘密和个人隐私的材料，应当依照法律规定保密。当事人和其他诉讼代理人有权按照规定查阅、复制本案庭审材料，但涉及国家秘密、商业秘密和个人隐私的内容除外。

（二）格式

阅卷笔录

时间_____年_____月_____日_____时_____分至_____时_____分

地点_____

案由_____

阅卷人_____

当事人_____

_____

_____

笔录内容_____

_____

_____

_____

_____

_____

_____

_____

_____

_____

_____

_____

（三）写作内容与要求

1. 首部。标题，写明文书名称"阅卷笔录"。

2. 正文。

（1）写明阅卷的时间、地点。阅卷时间应写明从×年×月×日×时×分起到×年×月×日×时×分止。阅卷地点应写得明确、具体。

（2）写明案由。案由，即案件的性质。

（3）写明阅卷人和当事人的基本情况，包括姓名、性别、年龄、籍贯、民族、工作单位和职务、家庭住址或经常居住地、简历以及其他有关情况。

（4）主文。主文是阅卷人通过阅卷对卷内材料的摘录。在制作阅卷笔录前，最好先通读全卷，要注意对当事人有利和不利的全部材料，特别是证据材料的可靠程度及真假。在"有利"与"不利"、"真"与"假"的对照中，揭示矛盾，把握关键。摘录案卷时，一般是先把整个案件情况分为几个大部分，分门别类地加以归纳，提炼出记录内容来。

第一，案件事实及有关证据。可以把一个法律行为或者法律事件列为一个事实，在每一个事实中，摘录具体情况以及证明这一事实的各种主要的证据。

第二，案件性质及认定根据。要把认定的案件性质及认定性质的理由和根据摘录下来。应特别注意的是，有些案件案情比较复杂，案件承办人员在认识上往往出现分歧，同时反映到案卷中，阅卷人应把这些分歧的内容及其根据摘录下来，以便于综合各方面意见，更全面、准确地得出结论。

第三，案件情节及法律上的规定。要把每一个情节的具体内容以及法律上对此类情节有何规定的有关条款摘录下来。

第四，处理意见及法律根据。对某个案件来说，司法机关可能在某个程序、某个事实上对诉讼当事人或者对某些财物等提出某种处理意见，或者已经作了某种处理，但各司法部门对处理意见有时一致，有时有分歧。阅卷人要把这些处理意见摘录下来，并将有关法律规定摘录下来。这样有利于分析、比较，判断是非。

第五，案卷中存在的问题。通过阅卷，可能发现案卷材料存在某些错误、疑点、矛盾之处。如证据不足、证据可疑、证据间有矛盾、某些事实无证可查、援引法律条文不当、法律文书不全、办案程序上有问题等。阅卷人要将这些问题如实地记录下来，为下一步会见当事人和必要的社会调查做好准备。

（四）注意事项

制作阅卷笔录应当注意以下问题：

1. 应全面地、仔细地阅读案卷，防止以偏概全。案卷是制作阅卷笔录的基础材料，只有仔细无遗地查阅全部卷宗材料，悉心作出分析，才能在笔录中提炼出案件的重点，才能提纲挈领地反映案件全貌。否则，难免顾此失彼，丢三落四。

2. 防止先入为主，应客观全面地摘录。阅卷笔录的制作一定要建立在案卷的基础上，案卷上有的则记，没有的就不能记。应把案件情况全面地反映出来，不能只记一部分，而忽略了另一部分的内容。不能凭自己的主观想象，不顾客观事实地取舍摘录。

3. 摘录要详略得当，防止篇幅冗长。阅卷笔录虽然要求全面地反映案件情况，但并不是说每一部分内容、每一个细节都要写进笔录，不分主次轻重。阅卷笔录是纲要性的材料，阅卷人必须抓住重点，用简练的语言概括、归纳案卷材料，使之成为能够一目了然，能够综观全案的提纲。如果事无巨细，泛泛抄录，等于对案卷的复制，就失去了制作阅卷笔录的意义。

4. 要条理分明，防止零乱繁杂。制作阅卷笔录，是为了解案情、出庭答辩提供参考材料。为此，阅卷人可以先制作阅卷摘录，再根据摘录材料的性质、作用，将其划分为几大部分，并在每一部分里，把有关的材料罗列出来，最后规划整理，统筹安排，制作成篇。否则，如果毫无中心地边看边记，材料就会杂乱无章，不便于区分、对比，也不便于使用。

5. 要注明摘录出处，防止摘引无据。每摘录一份材料，都要在其后用括号注明属于某卷宗第几页第几行。这样做是为了在法庭辩论中，谈到某个事实或证据时，便于援引说明，做到有根有据。

6. 制作笔录时，可以根据案情和需要的不同而采取不同的方式，如采取表格对比的方法、摘录要点的方法等。不论采取什么方法，所摘录的内容都要做到重点突出，简明扼要，条理清楚。

二、调解笔录

（一）概念

调解笔录是人民法院依法对刑事自诉案件和民事案件进行调解时，由书记员记载调解过程的文字记录。

法院调解既可以依当事人的申请而开始，也可以由人民法院依职权而开始。在审判实践中，人民法院依职权主动进行调解的居多数。人民法院受理案件后，应当首先考虑有无调解解决的可能，如果认为有可能调解解决，即在征得当事人同意的前提下，由合议庭或独任审判员进行调解。凡不能调解解决和当事人一方或双方不同意调解的，人民法院不能进行调解。

法院调解，一般要公开进行。除了法律规定不公开审理和当事人申请不公开审理并经法院决定不公开审理的案件之外，都应公开进行调解。同时，为了更好地教育广大群众，扩大法制宣传和方便当事人进行诉讼，法院调解应尽可能就地进行。

法院调解，可以用简便的方式通知当事人、诉讼代理人、证人到庭。当事人不能出庭的，可以由其特别授权的委托代理人参加调解，达成的调解协议，可由委托代理人签名。离婚案件的当事人确因特殊情况不能出庭参加调解的，除因本人不能表达意志的以外，应当出具书面意见。无民事行为能力人的离婚案件，应由其法定代理人进行诉讼。法定代理人与对方达成的协议，要求发给判决书的，人民法院可以根据协议内容制作判决书。

法院调解，可以根据案件的具体情况，由合议庭主持，或者由审判员一人主持。如果案件需要，人民法院可以邀请当事人所在单位、纠纷发生地的基层组织和当事人所信任的亲戚、朋友、邻居等有关人员协助人民法院进行调解。其目的是动员一定的社会力量协助法院进行调解，以便更好地对当事人进行思想教育和说服疏导工作，使纠纷得到圆满解决。被邀请的单位和个人，应当积极协助人民法院进行调解。邀请有关单位和个人协助法院调解，是多年来行之有效的经验，也是法院审判工作走群众路线的体现。

法院调解的进行要坚持开庭审理的方式和步骤。调解开始之前，审判人员告知当事人的诉讼权利和诉讼义务，以及合议庭的组成人员或独任审判员的姓名，询问当事人是否申请回避。调解开始后，首先由双方当事人陈述案件的事实和理由，出示有关的证据，证人可出庭作证，双方当事人可以进行辩论、质证。然后，再由审判人员根据已查明的事实，针对当事人之间争议的焦点，有的放矢地对当事人进行法制宣传教育工作。在进行法制宣传和教育后，即由双方当事人自行协商，当事人协商可在法庭内进行，也可以在法庭外进行，但审判人员和协助调解人员应当参加。调解协议，一般由双方当事人协商提出，必要时，审判人员也可提出意见和方案供当事人参考，但不能强加于当事人。无独立请求权的第三人参加诉讼的案件，人民法院调解时，需要确定无独立请求权的第三人承担义务的，应经该第三人同意。调解协议的内容如有不符合法律规定之处，审判人员可以让当事人重新协商。

法院以调解方式解决的案件一般都应制作调解书，将当事人的调解协议转换成具有国家强制力的法律文书。但对某些特殊案件，制作调解书显无必要，甚至会对解决纠纷产生不良影响的，人民法院可根据实际情况不制作调解书。比如，离婚、收养关系等涉及人身关系的案件，有极浓的感情色彩，若经调解双方重归于好，人民法院就不宜再制作并送达具有强制力的法律文书。况且，即使制作了调解书，对当事人间的感情纠纷也无从强制。法律不应限制当事人在合理时间就此向法院重新起诉的权利。此外，对于一些案情简单、争议金额不大、调解后能即时履行及其他不需要制作调解书的案件，人民法院均可不制作调解书。

《刑事诉讼法》第 212 条规定，人民法院对自诉案件，可以进行调解；自诉人在宣告判决前，可以同被告人自行和解或者撤回自诉。本法第 210 条第 3 项规定的案件不适用调解。人民法院审理自诉案件的期限，被告人被羁押的，适用本法第 208 条第 1 款、第 2 款的规定；未被羁押的，应当在受理后 6 个月以内宣判。

《民事诉讼法》第 93 条规定，人民法院审理民事案件，根据当事人自愿的原则，在事实清楚的基础上，分清是非，进行调解。第 94 条规定，人民法院进行调解，可以由审判员一人主持，也可以由合议庭主持，并尽可能就地进行。人民法院进行调解，可以用简便方式通知当事人、证人到庭。第 95 条规定，人民法院进行调解，可以邀请有关单位和个人协助。被邀请的单位和个人，应当协助人民法院进行调解。第 96 条规定，调解达成协议，必须双方自愿，不得强迫。调解协议的内容不得违反法律规定。第 97 条规定，调解达成协议，人民法院应当制作调解书。调解书应当写明诉讼请求、案件的事实和调解结果。调解书由审判人员、书记员署名，加盖人民法院印章，送达双方当事人。调解书经双方当事人签收后，即具有法律效力。第 98 条规定，下列案件调解达成协议，人民法院可以不制作调解书：①调解和好的离婚案件；②调解维持收养关系的案件；③能够即时履行的案件；④其他不需要制作调解书的案件。对不需要制作调解书的协议，应当记入笔录，由双方当事人、审判人员、书记员签名或者盖章后，即具有法律效力。

调解的经过和结果，审判人员应当制作调解笔录，予以记载。调查笔录是证明调解是否合法的有力证据。

（二）格式

调解笔录

时间_____年_____月_____日_____时_____分至_____时_____分

地点_____

审判人员_____书记员_____

被邀协助调解人员 _____

调解经过和结果 _____

_____

_____

_____

_____

_____

_____

_____

_____

_____

_____

当事人（签名或盖章）_____

_____

审判人员（签名或盖章）_____

书记员（签名或盖章）_____

（三）写作内容与要求

1. 首部，即标题，应当写明文书名称"调解笔录"。

2. 正文。

（1）"时间"栏：写明调解的起止时间，调解的时间应具体到分。

（2）"地点"栏：填写调解的地点。调解的地点可以是人民法院，也可以是当事人的单位。填写清楚即可。

（3）"审判人员"和"书记员"栏：调解，可以根据案件的具体情况，由合议庭主持或者由审判员一人主持。因此，应根据实际情况填写主持调解的审判人员或者合议庭成员和书记员的姓名。

（4）"被邀协助调解人员"栏：填写被邀请协助进行调解的人员，如当事人所在单位、纠纷发生地的基层组织和当事人所信任的亲戚、朋友、邻居等。填写被邀协助调解人员时，应填清他们的姓名和单位名称。没有邀请协助调解人员的，此栏可不写。

（5）"调解经过和结果"栏：首先应核对当事人，宣布案由，告知当事人诉讼权利和诉讼义务、合议庭的组成人员或独任审判员的姓名，询问当事人是否申请回避。然后如实、简要、准确地记明案件的事实、当事人的陈述意见、调解经过和调解结果。对于当事人双方陈述的案件事实和理由、出示的证据、双方的争论焦点、人民法院审判人员进行的法律宣传教育、当事人的协商过程等，均应一一记录在案。

调解达成协议的，要明确、具体地逐条记载协议的内容，以便于执行。如果调解未达成协议，也应将各方意见记录附卷。

3. 尾部。本调解笔录记录完毕后，交当事人审核。经核对无误的，由双方当事人签名或盖章，然后由审判人员、书记员签名或盖章。

三、法庭笔录

（一）概念

法庭笔录是在法庭审理过程中，由书记员制作的反映法庭审判活动全部真实情况的记录，包括当事人、诉讼参与人、审判人员在法庭上陈述的内容及其他活动状况。法庭笔录可以将整个审判活动用书面形式固定下来，成为人民法院审判活动的见证，是人民法院依法作出判决的依据。法庭笔录固定下来的当事人的陈述与辩论、证人证言等，可以起到证据作用，当事人和证人不能随意推翻，应对自己的言行负责。上级人民法院通过阅读法庭笔录，可以了解和监督下级人民法院的审判工作。原审法庭笔录又是上诉审和再审的人民法院审理上诉、再审案件的重要依据。

《刑事诉讼法》第 187 条规定，人民法院决定开庭审判后，应当确定合议庭的组成人员，将人民检察院的起诉书副本至迟在开庭 10 日以前送达被告人及其辩护人。在开庭以前，审判人员可以召集公诉人、当事人和辩护人、诉讼代理人，对回避、出庭证人名单、非法证据排除等与审判相关的问题，了解情况，听取意见。人民法院确定开庭日期后，应当将开庭的时间、地点通知人民检察院，传唤当事人，通知辩护人、诉讼代理人、证人、鉴定人和翻译人员，传票和通知书至迟在开庭 3 日以前送达。公开审判的案件，应当在开庭 3 日以前先期公布案由、被告人姓名、开庭时间和地点。上述活动情形应当写入笔录，由审判人员和书记员签名。

《民事诉讼法》第 134 条规定，人民法院审理民事案件，除涉及国家秘密、个人隐私或者法律另有规定的以外，应当公开进行。离婚案件，涉及商业秘密的案件，当事人申请不公开审理的，可以不公开审理。第135条规定，人民法院审理民事案件，根据需要进行巡回审理，就地办案。第136条规定，人民法院审理民事案件，应当在开庭3日前通知当事人和其他诉讼参与人。公开审理的，应当公告当事人姓名、案由和开庭的时间、地点。第137条规定，开庭审理前，书记员应当查明当事人和其他诉讼参与人是否到庭，宣布法庭纪律。开庭审理时，由审判长核对当事人，宣布案由，宣布审判人员、书记员名单，告知当事人有关的诉讼权利义务，询问当事人是否提出回避申请。

根据审判实践，法庭笔录应记载如下内容：①案由，开庭审理的时间、地点，是否公开审理，审判人员、书记员的姓名。②当事人、第三人、辩护人、诉讼代理人和其他诉讼参与人的姓名、性别、年龄、民族、职业、住所以及上述人员的到庭情况。③审判长告知当事人诉讼权利和义务，询问当事人是否申请审判人员和其他人员回避及如何解决。④法庭调查的全部过程及内容。⑤当事人、第三人、诉讼代理人在法庭辩论中的发言及内容，法庭调查情况。⑥合议庭的评议应另行制作评议笔录。评议结束后，当庭宣判的，法庭笔录中应记明判决全文，并记明当事人对判决的声明。定期宣判的，应另行制作宣判笔录。

法庭笔录应当庭宣读，也可以告知当事人和其他诉讼参与人当庭或者5日内阅读。

当事人及其他诉讼参与人阅读法庭笔录后，如认为确有遗漏或差错的，应向审判人员或书记员提出声明。对符合事实的，书记员应予以补正，并将补正的经过记录在案。如果审判人员和书记员认为申请无理，不予补正的，不能更改原始记录，但应将申请记录在案。

法庭审理完毕，法庭笔录制作结束后，案件的全体审判人员和书记员应在笔录末尾签名，以表明法庭笔录的真实性和严肃性。

法庭笔录除了由审判人员和书记员签名外，还应当由当事人和其他诉讼参与人签名或盖章。在签名时，如果一方或双方当事人人数众多时，应分组签名，以防混杂在一起发生漏签。当事人或其他诉讼参与人拒绝签名的，书记员应将拒签的原因、理由如实记录在卷。

（二）格式

法庭审理笔录

（第　　次）

时间_____年_____月_____日_____时_____分至_____时　_____分

地点_____

是否公开审理_____旁听人数_____

审判人员_____

书记员_____

审判长（员）宣布开庭审理××××一案_____

记录如下_____

_____

_____

_____

_____

_____

_____

_____

_____

_____

_____

_____

_____

（三）写作内容与要求

1. 首部，即标题，写明文书名称"法庭审理笔录"，并应在文书名称后写明本次法庭审理是第几次开庭。

2. 正文。

（1）写明法庭审理的时间、地点。开庭审理的时间应写明×年×月×日×时×分到×时×分。开庭审理的地点一般为某人民法院第×审判庭。

（2）写明是否公开审理。如果是公开审理，应记明旁听的大概人数，以及主持法庭审理的审判长、审判员或人民法院陪审员、书记员等人的姓名。

（3）主文是法庭审理笔录的重点内容。对于法庭审理的全部活动，包括当事人和其他诉讼参与人的诉讼活动，应如实记载。按照诉讼法的规定，应准确、具体记载法庭调查阶段、辩论阶段。最后陈述或最后意见，以及评议后是否当庭宣告判决（民事案件在判决前还可以进行调解）等全部活动都应记入笔录。特别是诉辩双方陈述的关键问题、当事人争议的焦点、当庭作证的证人证言、当庭出示和查对核实的证据，以及双方辩论的观点、理由等，都要如实记载。记录时，应根据不同案情作出详略得当的记录。

开庭审理前，书记员应当查明当事人和其他诉讼参与人是否到庭，向当事人和其他诉讼参与人以及旁听群众宣布法庭纪律。

开庭审理时，审判长应依照法定顺序，进行如下诉讼活动：

第一，核对当事人。主要是对当事人的姓名、性别、年龄、住所和职业加以核对。如果是法定代理人出庭，应核对其与被代理人的关系。如有委托代理人出庭，应审查其授权委托书及其代理权限。如果是法定代表人出庭，应审查其身份证明。

第二，宣布案由。核对当事人之后，宣布案由，即宣布审理什么案件。

第三，宣布审判人员、书记员名单。

第四，告知当事人有关的诉讼权利和义务。这是保障诉讼当事人平等行使诉讼权利原则的具体表现，使当事人在诉讼中充分行使诉讼权利和履行诉讼义务。

第五，询问当事人是否申请回避。如当事人申请回避，应依照诉讼法规定加以解决。

第六，法庭调查阶段，又称实体审理阶段，它是开庭审理的中心阶段，其主要任务是审查核实各种诉讼证据，对案情进行直接的、全面的调查。

第七，审判人员认为案情已经查清的，即可终结法庭调查，转入法庭辩论。

第八，法庭辩论阶段。法庭辩论，就是当事人就如何认定事实和适用法律进行辩论。法庭辩论是开庭审理的又一个重要阶段。在这一阶段中，当事人可以根据法庭调查的材料，对于证据的证明力、事实的认定以及适用什么法律及理由，向法庭提出自己的结论性意见。法庭辩论的目的，是使案件的事实及当事人之间的是非曲直进一步明朗化。

第九，法庭辩论终结，由审判长征询双方的最后意见。

第十，评议宣判阶段。评议宣判阶段是开庭审理的最后阶段。这个阶段的任务是由合议庭进行评议，确定案件事实，分清是非责任，正确适用法律，制作判决并公开宣布判决。

评议宣判阶段的工作主要是合议庭评议。法庭调查结束（民事诉讼再行调解没有达成协议）后，合议庭成员退庭，进行评议。合议庭评议案件，实行少数服从多数的原则。评议应当制作笔录，由合议庭成员签名。评议中的不同意见，必须如实记入笔录。

第十一，宣告判决。合议庭评议完毕，应制作判决书。宣告判决时，必须告知当事人上诉权利、上诉期限和上诉法院。宣告离婚判决，必须告知当事人在判决发生效力前不得另行结婚。法庭审理完毕，由审判长宣布闭庭。

3. 尾部。法庭审理笔录应当交给当事人阅读或者向其宣读，当事人认为记载有遗漏或差错的，可以请求补正。

笔录由当事人和其他诉讼参与人签名或者盖章；拒绝签名盖章的，应记明情况。最后，经审判长（员）审阅后，由合议庭成员或独任审判员和书记员签名。

书记员在记录法庭活动时，字迹要整洁，内容要全面，防止出现字迹潦草、白字、别字、漏字的现象，要注意逻辑、语法等。为记好法庭笔录，书记员应在开庭前阅卷，熟悉案情，尤其对有些专业名词和术语要提前掌握。审判人员应与书记员配合默契，如遇到记录的内容比较多的情况时，应放慢速度，等书记员记好后再进行下面的内容。

四、合议庭评议笔录

（一）概念

合议庭评议笔录，简称评议笔录，是审判长宣布休庭后，合议庭成员对经过法庭审理的案件进行讨论评定，依法作出裁判或提出处理意见的文字记载。在案件审理过程中，需要对某一特定事项进行评议作出决定的，如采取财产保全措施，也可以制作合议庭评议笔录。除重大疑难的案件经院长提交审判委员会讨论外，合议庭评议笔录是制作判决书、裁定书的依据。但评议笔录属于人民法院的内部文件，对外保密，归入副卷存查。

评议宣判阶段是开庭审理的最后阶段。这个阶段的任务是由合议庭对案件进行评议，确定案件事实，分清是非责任，正确适用法律，制作判决，公开宣布

判决。

在法庭调查结束（民事诉讼再行调解没有达成协议）后，合议庭成员退庭进行评议。合议庭评议案件，实行少数服从多数的原则。评议应当制作笔录，由合议庭成员签名。评议中的不同意见，必须如实记入笔录。

《刑事诉讼法》第200条规定，在被告人最后陈述后，审判长宣布休庭，合议庭进行评议，根据已经查明的事实、证据和有关的法律规定，分别作出以下判决：①案件事实清楚，证据确实、充分，依据法律认定被告人有罪的，应当作出有罪判决；②依据法律认定被告人无罪的，应当作出无罪判决；③证据不足，不能认定被告人有罪的，应当作出证据不足、指控的犯罪不能成立的无罪判决。

（二）格式

合议庭评议笔录

时间_____年_____月_____日_____时_____分至_____时_____分

地点_____

合议庭成员_____

_____

案件主审人_____

书记员_____

评议_____一案

记录如下_____

_____

_____

_____

_____

_____

_____

_____

_____

_____

（三）写作内容与要求

1. 首部，即标题，写明文书名称"合议庭评议笔录"。

2. 正文。

（1）时间栏：填写合议庭评议案件的开始和结束时间。应具体到分，即自×××年×月×日×时×分至×时×分。

（2）地点栏：填写合议庭评议案件的具体地点。

（3）合议庭成员栏：依次填写合议庭组成人员的称谓和姓名，如审判长×××。

（4）案件主审人栏：填写案件主审人的姓名。

（5）书记员栏：填写书记员的姓名。

（6）"评议××××一案"的空白处写明评议案件的当事人姓名或名称以及案由。

（7）"记录如下"之后写评议的过程和结果。

评议笔录应如实记载评议过程，特别要抓住案件的事实、证据、定性、处理等重点问题，保持发言原意。评议结果一定要记得明确具体，评议中有不同意见的，必须如实记入笔录。

五、审判委员会讨论案件笔录

（一）概念

审判委员会讨论案件笔录，是指对于由院长提交审判委员会讨论的重大的或者疑难的案件，依法作出处理决定的文字记录。对于审判委员会的决定，合议庭应当执行，它是制作裁判文书的依据。

审判委员会是人民法院集体领导审判工作的组织。根据《人民法院组织法》的规定，各级人民法院设审判委员会。审判委员会成员，由各级人民法院院长提交同级人民代表大会常务委员会任免。审判委员会会议由院长主持，实行民主集中制原则。其任务是总结审判工作经验，讨论重大的或者疑难的案件和其他有关审判工作的问题。

　　审判委员会既不同于独任庭，也不同于合议庭，它不是审理具体案件的审判组织，而是人民法院内部设立的集体领导审判工作的常设机构和最高组织形式。

　　审判委员会是人民法院内部对审判工作实行集体领导的组织，它对人民法院的审判业务予以指导，对人民法院的审判活动进行监督。合议庭是人民法院审理案件的审判组织，其代表人民法院实现审判职能，对人民法院负责，因此，应当接受人民法院的领导和监督。人民法院对合议庭的领导和监督就是通过审判委员会来实现的。所以，审判委员会与合议庭的关系是领导与被领导、监督与被监督的关系。

　　审判委员会讨论案件时，应当制作审判委员会讨论案件笔录。

（二）格式

审判委员会讨论案件笔录

（第×次会议）

时间_____年_____月_____日_____时_____分至_____时_____分

地点_____

会议主持人_____

出席委员_____

_____

_____

列席人员_____

案件主审人_____记录人_____

讨论_____一案

记录如下_____

_____

_____

_____

_____

_____

_____

_____

_____

_____

_____

（三）写作内容与要求

1. 首部。标题：写明文书名称"审判委员会讨论案件笔录"。文书名称下另起一行用括号注明第×次会议。

（1）时间栏：应写明讨论案件的起止时间。表述为×年×月×日×时×分至×时×分。

（2）地址栏：填写审判委员会讨论案件的地址。

（3）主持人栏：写主持审判委员会会议讨论的院长、副院长的姓名。

（4）出席委员栏：填写审判委员会出席会议的委员姓名。

（5）列席人员栏：列席人员是指合议庭成员，应写明其姓名、单位和职务。

（6）案件主审人、记录人栏：写明案件主审人、审判委员会讨论案件笔录的记录人的姓名。

（7）"讨论_____一案"中的空白处写当事人的姓名或名称及案由。

2. 正文。主要记录讨论案件的经过情况、与会人员发言要点、会议最后作出的处理决定等。正文是该笔录的重要组成部分，记录时应注意以下几点：

（1）应如实记录讨论案件的过程和作出的决定。讨论的案件有书面审理报告的，主审人汇报案情时可摘要记录，另将案件审理报告附卷。

（2）对于讨论中有分歧有争议的问题、各种不同意见，均应如实记录；列席人员的发言，也应记录。

（3）有关处理决定，如果意见不一致而进行表决的，应当实行少数服从多数，但是少数人的意见允许保留，亦应如实记录在案。

3. 尾部。

（1）参加讨论的审判委员会成员签名或盖章。

（2）记录人署名。

第二节 宣判、执行程序笔录

一、宣判笔录

（一）概念

宣判笔录是人民法院依法公开宣告判决或裁定时所作的文字记录。适用于各个审判程序的各类案件，是常用的一种文书。

在开庭审理后，经合议庭评议当庭宣告裁判的，可以在法庭审理笔录中记明，不用另行制作宣判笔录。宣判笔录只适用于定期宣判的情况，在笔录中记明宣判的时间、地点，宣判的审判人员、书记员、到庭的当事人和其他诉讼参与人，宣判的判决书的内容以及判决书的法律效力。宣判笔录应当由审判人员、书记员、到庭的当事人和其他诉讼参与人签字或盖章。人民法院在定期宣判时，当事人拒不签收判决书、裁定书的，应视为送达，并在宣判笔录中记明。

《刑事诉讼法》第202条规定，宣告判决，一律公开进行。当庭宣告判决的，应当在5日以内将判决书送达当事人和提起公诉的人民检察院；定期宣告判决的，应当在宣告后立即将判决书送达当事人和提起公诉的人民检察院。判决书应当同时送达辩护人、诉讼代理人。

《民事诉讼法》第148条规定，人民法院对公开审理或者不公开审理的案件，一律公开宣告判决。当庭宣判的，应当在10日内发送判决书；定期宣判的，宣判后立即发给判决书。宣告判决时，必须告知当事人上诉权利、上诉期限和上诉的法院。宣告离婚判决，必须告知当事人在判决发生法律效力前不得另行结婚。

（二）格式

宣判笔录

时间_____年_____月_____日_____时_____分至_____时_____分

地点_____

审判长（员）_____

书记员_____

到庭的当事人和其他诉讼参与人_____

　　宣读＿＿＿＿＿＿人民法院（＿＿＿＿＿）＿＿＿＿字第＿＿＿＿号＿＿＿＿＿书，并告知有关事项和宣判后当事人的表示＿＿＿＿＿＿＿＿＿＿＿＿＿＿＿＿＿＿＿＿＿＿

＿＿

＿＿

＿＿

＿＿

＿＿

＿＿

＿＿

＿＿

＿＿

＿＿

　　（三）写作内容与要求

　　1. 首部。标题写明文书名称"宣判笔录"。

　　（1）时间栏：写明宣告判决或裁定的时间。应写清起止日期，表述为×年×月×日×时×分至×时×分。

　　（2）地点栏：写明宣告判决或裁定的地点。

　　（3）审判长（员）和书记员栏：应当填写宣告判决或裁定的审判长（员）以及书记员的姓名。委托他人代为宣判的，应在审判长一栏中写明代为宣判人员及其姓名、单位和职务。

　　（4）到庭的当事人和其他诉讼参与人栏：应写明宣判时到庭的当事人、其他诉讼参与人的称谓和姓名。

　　2. 正文。写明判决书、裁定书的制作机关名称、文书编号、文书名称。表述为"宣读＿＿＿＿＿＿人民法院（＿＿＿）字第＿＿＿号判决（裁定）书，并告知有关事项和宣判后当事人的表示"。

（1）记明判决或裁定的结果。主要是记录宣告的判决书、裁定书的主文。

（2）宣判后立即发给判决书或裁定书的，应在笔录中记明。

（3）宣告一审离婚判决，必须告知当事人在判决发生法律效力前不得另行结婚并记入笔录。

3. 尾部。

（1）本笔录由当事人签名或者盖章，拒绝签名盖章的，应记明情况。

（2）审判人员、书记员应在笔录上签名或盖章。

二、查封、扣押财产笔录

（一）概念

查封、扣押财产笔录，是人民法院依法查封、扣押财产时所作的文字记录。执行员对执行查封、扣押财产的经过应制作笔录，这是证明查封、扣押合法的依据。

查封、扣押被执行人的财产，是人民法院在执行工作中经常使用的措施。

查封，是指在被执行人的财产上贴上人民法院的封条，予以封存，不准任何人转移和处分。采取这一措施的目的，在于迫使被执行人履行义务，为权利人实现权利提供保证。被查封的财产一般由其所有人保管，如其拒绝保管，法院可以另行指定他人保管，费用由被执行人负担。

扣押，是指把被执行人财产转移至别处加以扣留，由人民法院或法院指定的人员保管，不准被执行人占有、使用、处分该财产，保管费用由被执行人负担。对船舶、航空器等采取扣押措施则可就地进行。

被执行人的财产被查封、扣押后，执行员应当通知被执行人在指定期限内履行法律文书所确定的义务。逾期不履行的，即将查封、扣押的财产予以拍卖或者变卖。查封、扣押易腐烂、变质的物品，应及时交有关部门处理或者拍卖、变卖后保存价款。

对被查封、扣押的财产，为了防止丢失和将来出现争执，执行员必须造具清单。即对被查封、扣押的财产进行清点、编号、加贴封条，并在清单上注明财产的名称、数量、质量和特征。清单应一式两份，一份由被执行人或其成年家属保存，一份由人民法院备案存档。

《民事诉讼法》第 243 条规定，被执行人未按执行通知履行法律文书确定的义务，人民法院有权扣留、提取被执行人应当履行义务部分的收入。但应当保留被执行人及其所扶养家属的生活必需费用。人民法院扣留、提取收入时，应当作出裁定，并发出协助执行通告书，被执行人所在单位、银行、信用合作社和其他有储蓄业务的单位必须办理。第 245 条规定，人民法院查封、扣押财产时，被执行人是公民的，应当通知被执行人或者他的成年家属到场；被执行人是法人或者其他组织的，应当通知其法定代表人或者主要负责人到场。拒不到场的，不影响执行。被执行人是公民的，其工作单位或者财产所在地的基层组织应当派人参加。对被查封、扣押的财产，执行员必须造具清单，由在场人签名或者盖章后，交被执行人一份。被执行人是公民的，也可以交他的成年家属一份。

（二）格式

查封、扣押财产笔录

时间_____年_____月_____日_____时_____分至_____时_____分

地点_____

执行人员_____

书记员_____

被查封、扣押财产人或其成年家属_____

_____

被邀到场人_____

_____

执行人员宣读查封、扣押根据：_____人民法院（_____）_____字第_____号_____裁定书。

查封、扣押情况记载如下_____

_____

_____

_____

_____

_____

_____

附:

查封、扣押财产清单

年　　　月　　　日

编号	财物名称	特征及成色	数量

被查封、扣押财产人或其成年家属：

执行人员：

书记员：

（三）写作内容与要求

1. 首部。标题：写明文书名称"查封、扣押财产笔录"。

2. 正文。

（1）写明查封、扣押财产的时间、地点，时间应详细写明××××年×月×日×时×分至×时×分。

（2）写明执行人员、书记员的姓名。

（3）"被查封、扣押财产人"，是指实际持有该财产的当事人或其他人。该人或其成年家属到场的，应写明其姓名；拒不到场的，应在笔录中记明其情况。被查封、扣押财产人是法人或其他组织的，应通知其法定代表人或者主要负责人到场。拒不到场的，不影响执行。

（4）"被邀到场人"一项，应写明被邀到场人的姓名、工作单位和职务或职业。被执行人是公民的，被邀到场人应是被执行人所在单位或财产所在地基层组织的代表。被执行人是法人或其他组织的，应是其法定代表人或主要负责人。

（5）"执行人员宣读查封、扣押根据"栏内，写明查封、扣押裁定书的名称，即制作机关名称以及裁定书编号、裁定书名称，即"_____人民法院（____）字第__号_____裁定书"。

（6）查封、扣押情况。即查封、扣押财产的经过。

3. 尾部。本笔录结尾处，由被查封、扣押财产人或其成年家属签名，并由执行人员、书记员和在场的有关人员签名或者盖章。

（四）查封、扣押财产清单

查封、扣押财产清单是本笔录的附件。

标题写明查封、扣押财产清单，在标题右下方注明制作日期。

查封、扣押财产清单为表格式，分别包括编号、财物名称、特征及成色、数量等项内容。

尾部由被查封、扣押财产人或其成年家属、执行人员、书记员签署姓名。

三、搜查笔录

（一）概念

搜查笔录，是人民法院依法实施搜查时制作的文字记录。适用于对被执行人及其住所或财产隐匿地进行搜查。

搜查，是指被执行人隐匿财产拒不履行生效法律文书确定的义务时，由人民法院院长签发搜查令，对可能隐匿财产的处所依法搜寻查找的措施。在执行过程中，被执行人如果隐匿财产，必然会给人民法院的执行工作造成障碍，使申请执行人的权利不能得以实现，为了保证执行任务的完成，应当对被执行人隐匿财产、逃避履行义务的行为采取搜查措施。

执行中的搜查措施是一项涉及被执行人人身权、财产权的严厉措施。人民法院在采取这项措施时，必须严格依法进行。只有在符合下列几项条件时，才能采取搜查措施：

1. 被执行人有隐匿财产的行为。即被执行人原有的财产，在执行时由被执行人隐藏或转移。如果本来并不清楚被执行人有哪些财产，而只是猜测、估计他的财产的种类和数量，那么，就无法认定被执行人是否有隐匿财产的行为，因而就不能随意采取搜查措施。

2. 被执行人的上述行为必须是在法律文书生效以后所为的，即法律规定的"被执行人不履行法律文书确定的义务，并隐匿财产"。此处的法律文书包括人民法院作出的关于财产保全和先予执行的裁定。在受理案件后，作出生效的法律文书之前，人民法院不得对被执行人采取搜查措施。因此，人民法院在诉讼中应当及时采取财产保全措施，当事人也应当适时申请财产保全。

3. 必须是被执行人的现有财产不足以履行法律文书确定的义务。尽管被执行人有隐匿财产的行为，且这一行为是在法律文书生效后发生的，但是，如果被执行人还有其他财产可供查封、扣押，并足以履行法律文书所确定的义务的，人民法院就无须去搜查被其隐匿的财产。对这种隐匿财产的行为，如果符合《民事诉讼法》第111条第1款第3项规定的情况的，人民法院可以按妨害民事诉讼行为追究其相应的责任。在执行中，被执行人隐匿财产的，人民法院除可依照《民事诉讼法》第111条规定按妨害民事诉讼的行为对其处理外，还应责令被执行人交出隐匿的财产或折价赔偿。被执行人拒不交出或赔偿的，人民法院可按被执行财产的价值强制执行被执行人的其他财产，也可以采取搜查措施，追回被隐匿的财产。

只有符合以上条件，人民法院才可以进行搜查。但人民法院执行人员进行搜查，必须持有人民法院院长签发的搜查令。否则，一律不得实施搜查。这就不同于刑事诉讼中的搜查。在刑事诉讼中，法律规定，在紧急情况下侦查人员不用搜查证也可以进行搜查。搜查人员必须按规定着装并出示搜查令和身份证件。人民法院搜查时禁止无关人员进入搜查现场；搜查对象是公民的，应通知被执行人或者他的成年家属以及基层组织派员到场；搜查对象是法人或者其他组织的，应通知法定代表人或者主要负责人到场，有上级主管部门的，也应通知主管部门有关人员到场。拒不到场的，不影响搜查。搜查妇女的身体，应当由女工作人员进行。

搜查时发现的被执行人的财产，依法应予以扣押。但对被执行人的其他物品，如生活日用品、有关身份证件等，不得扣押。搜查时应当制作搜查笔录，由搜查人员、被搜查人及其他在场人签名或盖章。拒绝签名、盖章的，应在搜查笔录中说明。

（二）格式

搜查笔录

时间_____年_____月_____日_____时_____分至_____时_____分

地点_____

搜查人_____记录人_____

在场被搜查人及其家属_____

_____

见证人或被邀到场人_____

_____

搜查对象_____

_____

搜查情况和结果_____

_____

_____

_____

_____

_____

_____

_____

_____

_____

（三）写作内容与要求

1. 首部。标题：写明文书名称"搜查笔录"。

2. 正文。

（1）"时间"栏：填写搜查开始和结束的时间。即××××年×月×日×时×分至×时×分。

（2）"地点"栏：填写搜查进行的地点。如被搜查人的住所地、财产隐匿地等，应具体写明。

（3）"搜查人""记录人"栏：应分别填写搜查人、记录人员的姓名。

（4）"在场被搜查人或其家属"栏：应写明在场被搜查人或者其家属的姓名、性别、职业或工作单位、职务等。被搜查人是法人或其他组织的，应通知其法定代表人或者主要负责人到场；有上级主管部门的，应通知主管部门有关人员到场；拒不到场的，不影响搜查。

（5）"见证人或被邀到场人"栏：应写明见证人或被邀到场人的姓名、性别、职业或工作单位和职务等。

（6）"搜查对象"栏：写明是搜查被执行人人身，还是被执行人住所，以及财产隐匿地，详细写明被搜查人的姓名、性别、年龄、民族、籍贯、住所、职业。被执行人住所或财产隐匿地的具体坐落地点。

（7）搜查情况和结果。

3. 尾部。本笔录结尾处由搜查人、记录人、被搜查人或者他的家属、见证人或被邀到场人分别签名或者盖章。如果被搜查人或其家属不在场，或者拒绝签名、盖章的，应当在笔录上记明。

四、强制执行财产笔录

（一）概念

强制执行财产笔录是人民法院依照法定执行程序，依法强制执行被执行人的财产、强制交付财物、强制迁出房屋或退出土地、拆除建筑物等，如实反映强制执行措施的文字记录。

强制执行财产笔录既是人民法院采取执行措施过程的记录，又是保证人民法院依法正确采取执行措施的合法凭据。《民事诉讼法》第 228 条第 2 款规定："采取强制执行措施时，执行员应当出示证件。执行完毕后，应当将执行情况制作笔录，由在场的有关人员签名或者盖章。"

执行措施是人民法院强制实现生效法律文书确定的内容的具体方法。执行措施直接关系到被执行人的利益，而且强制性突出，政策性强，影响较大。因此在适用时必须慎重，应当将执行情况记入执行笔录。

因执行标的和执行程序不同，法律规定了不同的执行措施。主要有：冻结、划拨存款；扣留、提取收入；查封、扣押、拍卖、变卖财产；搜查隐匿财产；强制迁出房屋，强制退出土地和其他指定行为；强制交付法律文书指定的财物或者票证；强制支付迟延履行金或迟延履行期间债务利息等。人民法院在依法采取强制执行措施时，均应当制作强制执行财产笔录。

采取强制执行措施时，人民法院应通知被执行人或者他的成年家属到场。被执行人是法人或其他组织的，应通知其法定代表人或主要负责人到场，拒不到场的，不影响执行。被执行人是公民的，其工作单位或者所在地的基层组织必须派人参加。强制执行的情况，由执行员记入笔录。执行笔录中应当记明执行依据、执行标的和执行情况，执行人员、书记员、通知到场的被执行人或其成年家属、被邀在场人应当在执行笔录上签名或者盖章。

执行依据，是指能够据以执行的法律文书。作为人民法院执行依据的法律文书包括两大类：①人民法院制作的具有执行内容的法律文书，包括民事判决、民事裁定、调解书和支付令；刑事判决、裁定中的财产部分；承认并执行外国法院判决或仲裁机构裁决的裁定书。②其他机关制作的由人民法院执行的法律文书，包括：经过公证机关公证并依法赋予强制执行效力的债权文书；仲裁机关所作的依法由人民法院执行的裁决书；行政机关作出的应当由人民法院执行的行政处罚决定书。

民事执行的标的只能是被执行人的财产和行为，不能以被执行人的人身作为执行标的，即不能以扣押被执行人代替其履行义务，或以扣押为手段来促使其履行义务。如果被执行人或者其成年家属拒不签名或盖章，书记员应如实在笔录中记明。

（二）格式

执行笔录

时间_____年_____月_____日_____时_____分至_____时_____分

地点_____

执行人员_____

书记员_____

通知到场的被执行人或其家属_____

被邀到场人_____

执行依据_____

执行标的_____

执行情况_____

_____

_____

_____

_____

_____

_____

（三）写作内容与要求

1. 首部。标题：写明文书名称"执行笔录"。

2. 正文。

（1）"时间""地点"栏：依次写明执行的时间、地点。时间应详细写明起止，即"××××年×月×日×时×分至×时×分"；地点应当具体清楚。

（2）"执行人员""书记员"栏：写明执行人员的姓名、书记员的姓名。

（3）"通知到场的被执行人或其家属"栏：应写明被通知到场人的姓名。被通知到场人拒不到场的，应在笔录中记明。

（4）"被邀到场人"栏：应写明在场人的姓名、工作单位和职务或职业。

（5）"执行依据"栏：写明已经发生法律效力的人民法院的裁判文书的名称，制作机关名称及文书编号，或者已生效的仲裁裁决和公证债权文书的名称、制作机关及文书编号，如"×××仲裁委员会（××）字第××号仲裁裁决"。

（6）"执行标的"栏：记明执行的具体标的，写明执行财产的位置、名称、数量、面积、价值等。

（7）"执行情况"栏：记明强制执行的过程和执行结果。在执行过程中，如果案外人对执行标的提出异议，或者遇到什么阻力，发生什么问题，均应如实记录。

3. 尾部。笔录结尾处，由执行人员、书记员和在场的有关人员分别签名或者盖章。

思考题与练习

1. 如何理解阅卷笔录的法律效力？
2. 什么是法庭笔录？法庭笔录的意义主要有哪些方面？

第十一章　司法行政笔录

内容提要

公证是公证机构根据自然人、法人或者其他组织的申请，依照法定程序对民事法律行为、有法律意义的事实和文书的真实性、合法性予以证明的活动。本章主要介绍了接谈和调查两种公证笔录。

关键词：司法行政　接谈笔录　调查笔录

一、接谈笔录

（一）概念

接谈笔录是公证机关接待申请公证人并记录其谈话过程的文书。公民、法人或其他组织申请公证，应当向公证机关提出，并填写公证申请表。但在填写申请公证登记表前，应首先接谈。

公证人员通过与申请人的交谈，了解申请人是否符合法定受理条件，并根据申请人的不同情况依据法律、法规作出不同的处理。公证人员与申请人的接谈，围绕以下事项进行：

1. 公民、法人或其他组织申请公证是否提交下列材料：①身份证明，法人资格证明及其法定代表人的身份证明。②代理人代为申请的，委托代理人须提交授权委托书，其他代理人须提交有代理权资格的证明。③需公证的文书。④与公证事项有关的财产所有权证明。⑤与公证事项有关的其他材料。

2. 公证申请是否符合下列条件：①申请人与申请公证的事项有利害关系。②申请公证事项的当事人、利害关系人之间对申请公证的事项无争议。③申请公证的事项属于公证机关的业务范围。④申请公证的事项属于本公证机关管辖。

公证机关接谈人员应当制作接谈笔录，记明接谈时间、申请公证人的姓名、性别、年龄、工作单位及职务、地址以及申请公证事项和要求。

经过接谈，如认为不需要或不能公证的，应告知其理由；如认为需要，也可以公证，但缺乏必要材料的，应告知其补充材料；如认为事实清楚，手续齐全，合乎法律规定的，应由申请公证人填写申请公证登记表，及时办理公证书；如认为手续齐全，也合乎法律规定，但需要对事实进行调查的，可由申请人先行填写申请公证登记表，或者暂时不填，待调查后再登记和办理公证书。

（二）格式

××××公证处
接谈笔录

接谈时间	年　月　日	接谈人员	
申请公证人姓名		性别	年龄
工作单位及职务		（电话）	
住址			
申请公证事项及要求			

（三）写作内容与要求

接谈笔录为填充式文书，分首部、正文和尾部三个部分。

1. 首部。首部即标题，依次写明以下事项：

（1）制作文书的机关名称，即"××××公证处"。

（2）文书名称（另起一行），即"接谈笔录"。

2. 正文。

（1）接谈时间栏：接谈时间应填写申请人与接谈人员的谈话时间（年月日）。

（2）接谈人栏：填写接谈人员的姓名。

（3）申请公证人栏：依次填写申请公证人的基本情况，包括申请公证人的姓名、性别、年龄、工作单位及职务、电话号码、住址。

第一，姓名。应当填写在户籍上注明的常用姓名。有曾用名、绰号、化名的，也可注明。如果申请人系外国籍或少数民族的，应正确写明汉语译名，必要时也可在汉语译名后注明使用的本国或本民族文字的姓名。

第二，年龄。年龄以公历（阳历）周岁为准。计算年龄时，应精确到出生的年月日。对于那些习惯于以农历（阴历）计算年龄的，应一律换算成公历。

第三，工作单位。工作单位是指申请人工作所在的机关、企业、事业单位和社会团体等的名称。

第四，住址。填写申请人的户口登记地，经常居住地与户口登记地不一致的，填写户口登记地。

（4）申请公证事项及要求栏：本栏是申请公证人的陈述，由公证人员详细填写。

3. 尾部。由接谈人员、申请公证人分别签名。

二、调查笔录

（一）概念

调查笔录，是公证人员依照办证程序向当事人或其他人员或单位进行询问或调查时所作的文字记载。《公证程序规则》第 29 条规定，采用询问方式向当事人、公证事项的利害关系人或者有关证人了解、核实公证事项的有关情况以及证明材料的，应当告知被询问人享有的权利、承担的义务及其法律责任。询问的内容应当制作笔录。询问笔录应当载明：询问日期、地点、询问人、记录人，询问事由，被询问人的基本情况，告知内容、询问谈话内容等。询问笔录应当交由被询问人核对后签名或者盖章、捺指印。笔录中修改处应当由被询问人盖章或者捺指印认可。

公证调查是公证机关为确认公证事项的真实性、合法性而进行的核实、查证、取证工作。根据我国《公证法》和《公证程序规则》的规定，公证人应当通过询问证人、调取书证、物证、视听资料、现场勘验、进行鉴定等方式，认真收集证据。

当事人应当如实陈述与公证事项有关的事实，并提供相应的材料。

公证处调查主要查明：①当事人的人数、身份、资格和民事行为能力。②当事人的意思表示和相应的权利。③需公证的行为、事实或文书的内容是否真实、合法。④需公证的文书内容是否完善，文字是否准确，签名、印鉴是否齐全。⑤当事人提供的证明材料是否真实、充分。

公证处认为当事人提供的证据材料不完备或有疑义的，应通知当事人做必要的补充或向有关单位、个人调查索取有关证明材料，并有权到现场作实地调查。同时，公证机关进行调查取证时，有关单位、个人有义务给予协助。

调查是公证审查中的一项重要工作，也是国家赋予公证机关的重要职权。它对于保证公证质量，揭露当事人造假、欺诈等违法行为，正确判明公证的真实性、合法性，具有重要意义。调查也是公证机关收集证据的重要方式之一，调查笔录为公证机关审查提供第一手资料，以便正确认定事实，正确适用法律，减少工作的盲目性，保证公证质量。在当事人举证困难的情况下，公证机关调查取证的重要性就更为突出。

根据有关规定和公证工作的实践，公证调查的方法主要有：①查找和询问证人，提取证人证言。②寻找、查阅、索取、复制书证、视听资料。③寻找、复制、提取或封存有关物证，进行现场勘验。④聘请有关专业部门或人员进行鉴定。⑤委托其他公证处调查。

委托调查是公证调查的一种特殊方式，即在被调查人或单位不在本公证处辖区内，而且本公证处不便于自行调查时，公证处可以委托外地公证处进行调查。委托调查是公证处之间相互配合协作的方式之一。公证处委托调查时，应当提出明确的要求，并办理委托调查的公函。受托的公证处接到委托调查公函后，应当在1个月内完成调查工作，并将调查结果通知委托的公证处。因故不能完成的，应在上述期限内函告委托调查的公证处。受托公证处根据办理需要，可以主动补充调查的内容。

（二）格式

××××公证处

调查笔录

事由_____

调查人姓名_____职务_____

被调查人姓名_____性别_____年龄_____职业_____

工作单位_____住址_____

调查时间_____年_____月_____日

调查地点_____

调查内容_____

问_____

答_____

_____

_____

_____

_____

_____

_____

_____

_____

_____

_____

（三）写作内容与要求

调查笔录分为首部、正文和尾部三部分。

1. 首部。首部，即标题，依次填明以下事项：

（1）制作机关名称，即"××××公证处"。

（2）文书名称，即"调查笔录"。

2. 正文。

（1）事由。即案源——"×××（姓名）申请办理××公证"，写明申请人的姓名或名称以及公证种类。

（2）调查人的姓名、职务。填写办理公证事项公证人员的姓名和职务。

（3）被调查人的基本情况。依次填写被调查人的姓名、性别、年龄、职业、工作单位、住址以及联系方式。工作单位是指被调查人工作所在的机关、企业、事业和社会团体等单位的名称。职业是一个人在某行业从事的具体工作。对某种临时性职业也要在职业栏中如实反映，不能填为无业。对于等待国家统一分配的复员转业军人和其他老弱病残人员，可在职业一栏里填写"非在业"或"不在业"，同时在其后注明属于哪一类情形。被调查人住址是指被调查人经常居住的场所或地方。一般说来，应当填写被调查人户口登记的地址。被调查人的经常居住地与户口登记地不一致的，把其经常性居住的固定处所写在后面，而且应当写得具体、准确。

（4）调查的时间和地点。均应详细具体写清楚，调查时间应具体到日。

（5）调查内容。即调查人的发问和被调查人的陈述。填写时应注意以下问题：①调查前应拟出调查提纲，有重点地提问和记录。②记录要点是，对于重要情节和关键性问题，应当详问详记，一般应记明申请公证的目的、用途、使用地点和使用时间，法律行为或事实发生的时间、地点、人物、情节和后果，以及其他情况。③涉及经济活动和财产移转的事项应当弄清财产所有权、财产所在地以及财产的质量和数量。④有关文字材料及继续调查的线索。⑤其他有关情况。例如：对收养公证的调查，必须详细记录收养人的婚姻状况、有无子女、身体情况、经济来源和收养的真实意图等。对遗嘱公证的调查，必须详细记录遗嘱人的遗产情况、遗嘱继承人、法定继承人以及财产处分情况，并且还须记明遗嘱人的神智和精神状态。要求如实记录原话、原意，或准确地反映中心意思。对方言土语要予以注明，与公证无关的事项不记或略记。如果被调查人提供的情况前后矛盾或吞吞吐吐，应当讲明政策，解除顾虑，使其如实陈述，决不能引诱被调查人作不符合自己意愿的陈述。

3. 尾部。笔录交被调查人核对并签名。不能签名者，可由本人盖章或者捺手印。笔录应念给被调查人听或让其阅读，如有遗漏，当即改正，并予以注明。

（四）注意事项

公证人员制作调查笔录应当注意以下问题：

1. 做好调查的准备工作。要事先明确调查的目的、对象、方向、地点、内容等，拟定调查提纲。

2. 要客观全面地收取证据，防止先入为主、主观武断、偏听偏信，更不能断章取义，诱供骗供。

3. 公证人员外出调查，应由两名公证人员共同进行。特殊情况只能由一名公证人员进行调查的，应有一名见证人在场，见证人应在调查笔录上签名。见证人应当是具有完全民事行为能力、与本公证事项无利害关系、能签署自己姓名的公民。

4. 笔录要力求整洁、全面、准确，调查笔录要交由被调查人核对，并由其在笔录上签名或盖章。

5. 调查时，公证人员从有关单位摘抄的档案或其他书面证据材料，应交由提供材料的单位核对并盖章。

6. 调查中发现当事人或利害关系人有违法行为的，应当进行批评教育制止；发现犯罪行为的应当及时检举。

7. 对调查中收集的证据材料，要及时分析、整理，发现有不充分或遗漏之处的，应当及时补充调查。所收集的材料应当妥善保管，不得遗失。

 思考题与练习

1. 公证人员与申请人的接谈应当着重注意哪些事项？

2. 公证人员制作调查笔录应当注意哪些问题？

第十二章　司法笔录实例

内容提要

　　本章对公安机关、检察机关和法院的部分常用笔录进行直观的实例介绍，其中包括公安机关（刑事案件）讯问笔录等 11 种、检察机关侦查实验笔录等 4 种和人民法院合议庭评议笔录。

　　关键词：公安司法笔录　讯问　询问　盘问　听证笔录

第一节　公安司法笔录实例

一、（刑事案件）讯问笔录

讯问笔录

（第　　次）

时间：××××年 5 月 20 日 8 时 30 分至 ××××年 5 月 20 日 11 时 30 分

地点：×××市公安局看守所

侦查员姓名、单位：孙××　李××，×××市公安局刑警支队

记录员：李××　单位：×××市公安局刑警支队

犯罪嫌疑人：陈××

问：我们是×××市公安局刑警支队的侦查员，今天是问你一些有关案件的情况，听清楚了吗？

答：听清楚了。

问：你叫什么名字？

答：陈××。

问：讲一下你出生日期、民族、文化程度、住址、工作单位等情况。

答：我 1975 年 3 月 26 日生，汉族，高中毕业，现在住××市西区××街 26 号 102 房，在××市××公司工作。

问：你有没有别的名字、绰号？

答：我的同事叫我"马哈鱼"。

问：把你的家庭情况介绍一下。

答：我老婆叫王××，在××市××有限公司工作。有一个小孩叫陈××，2岁。我母亲是家庭妇女，没有工作。

问：谈一下你的主要经历。

答：我1994年从××市第二中学毕业后到了××市水泥厂当工人，2001年3月辞职后到××市××公司工作至今。

问：你以前受过什么处罚没有？

答：2000年12月因跟人打架被××市公安局东区分局治安拘留15天。

问：你是怎么到这地方来的？

答：我因为抢了别人一点钱，被警察抓到后送到这里来的。

问：你到这里来后有什么想法？

答：没有什么想法。就是挺想孩子，可能要好几年见不到他了。

问：你把抢人家钱的情况实事求是地讲一下。

答：好。今年5月15日，我到同事刘××家打牌，就是打麻将，一直打到晚上12点多，我输了2000多块钱，心情很不好。因为我的收入不高，每月只有800多块钱，我老婆只有500多块钱。这次输的2000多块是准备第二天给孩子看病的。输了钱以后我很后悔，我以前曾经因为打牌老婆要和我离婚，要是这次她知道我把给孩子看病的钱输了，肯定会和我大闹的。

问：后来呢？

答：后来，我输得太多了，就不玩了，然后一个人回家。我是骑自行车回家的，那天晚上天很黑，又是夜里12点多，路上没有什么人。当我走到××路一个胡同里的时候，发现前面一个女的穿得挺时髦，还拿着一个挺漂亮的手包，我就想那包里肯定有不少钱。一想到第二天还要带小孩看病，我又没有别的钱了，就想把那女人的包抢了就跑。我骑自行车，她肯定追不上，周围又没有别的人。想到这些，我就加速骑车，追到那女的身边，一把抓过她的包就骑车跑了。

陈××（捺指印）

问：那女的怎么样了？

答：我没有注意，当时挺害怕的，只听到她大叫了一声后就摔倒在地上了。

问：你抢的包里都有什么东西？

答：有一个手机，两个金耳环，两张信用卡，还有3000元钱。

问：这些东西现在都哪儿去了？

答：手机和金耳环藏在家里，信用卡扔了，3000 元钱在第二天给孩子看病时花了 2000 多，还剩 600 多这几天打麻将又输了。

问：你还有没有抢过别的人？

答：没有，这是第一次。

问：你今年 4 月份的时候在什么地方？

答：我到广西出了一趟差，待了半个月，后来一直在单位。

问：陈××，你对 5 月 15 日的事情交代得还算可以，但这是远远不够的，你的态度不够老实。今天先谈到这里，希望你回去后好好想一下，回忆一下最近几个月都干了些什么，要争取有个好态度，自己做的事想瞒是瞒不掉的。

答：我知道的都说了，没有什么隐瞒。

问：你回去后再好好想想。

以上笔录我看过，和我说的相符。

陈××（捺指印）

××××年 5 月 20 日

二、（刑事案件）询问笔录

询问笔录

时间：××××年 4 月 29 日 20 时 13 分至××××年 4 月 29 日 21 时 28 分

地点：×××矿务局××矿招待所 104 号房间

侦查员姓名、单位：任×× 陈××，××市公安局刑警支队

记录员：王×× 单位：××市公安局刑警支队

被询问人：梁× 性别：男 年龄：24 单位：×××矿务局××矿

住址：××市××矿宝山区 20 委 7 组 联系电话：×××××××

问：我们是××市公安局的民警，今天就有关问题想找你了解一下。根据《中华人民共和国刑事诉讼法》的有关规定，你应当如实提供证据和证言，如果有意作伪证或隐匿罪证，要负法律责任。你明白吗？

答：我明白。

问：你认识刘××吗？

答：不认识，也从来没有听说过这个名字。

问：你认识刘×民吗？也就是"二黑"。

答：二黑我认识，知道他姓刘，但不知道叫什么。

问：你是怎么认识他的？与他是什么关系？

答：自从我们从关内来××采石场包工，就住在二黑家东边的那个草房，因为是邻居关系，时间久了也就认识了。

梁×（捺指印）

问：经我们调查了解，刘×民（二黑）和刘××在4月20日前后曾向你的哥哥梁××借过炸药。今天我们找你来就是想了解此事的经过，请你如实讲。

答：我一定如实讲。

问：前几天刘×民和刘××向你哥哥梁××借过炸药吗？

答：是的，有这回事，前几天二黑和一个小子曾向我二哥梁××借过炸药。

问：那是什么时间？在什么地方和梁××说的？

答：让我想想（沉默）。对了，那天是4月20日，那天上午我去商店买了双皮鞋。下午我们在采石场打石头，近5点（即17点），二黑带着一个我不认识的小子来采石场跟我二哥梁××说要借两包炸药。

问：你不认识的那个人长什么样？穿什么衣服？

答：身高约有1.75米，头发很长，宽额头，大眼睛，瓜子脸，高鼻梁，上唇胡子较重，年龄约有24~25岁。上身穿蓝黑色中山装，下穿黑色筒裤，脚穿高跟棕色皮鞋。

问：讲讲他们借炸药的经过。

答：4月20日下午快5点钟时，二黑领着一个小子来到我们东山采石场。我们正在炸石头。二黑找到我二哥梁××说要几包炸药。我二哥问："你要炸药干啥？"二黑见我二哥有些为难，便说："要不借两包也行，我这位朋友（指那陌生人）盖房子想崩石头，明天就要回岭东。"我二哥没吱声。二黑又说："我过两三天就还给你，只是我这朋友急等用。"我二哥梁××看他很着急，也就答应他们了。因炸药放在我们的住房里，没在山上，所以我二哥梁××告诉他们当晚去我们家取。

问：当时在场的还有谁？

答：当时在场的有我三哥梁×明和我大舅哥李××。

问：当时那个陌生人都说了些什么？

答：当时他只站在坑沿前，来回走动，一句话也没说。

问：他们何时离开的？

答：他们只和我二哥梁××谈借炸药的事，有七八分钟的时间，说完就走了。

问：他们何时去你家取的炸药？还是他俩一起去的吗？

答：这回只是那个陌生人自己去的我家，当时大约是晚上8点。

问：说说那个陌生人取炸药的经过。

答：那个陌生小子来我家时，恰好我二哥梁××晚上有点事出去了，我便把他让进屋坐下等我二哥。他就和我扯了些闲话，说什么借的炸药黄不了，过几天他的朋友就能代他还回来等。等了一会儿，我见他很着急，便对他说："我给你拿吧。"而后我就从屋内西墙角处的炸药袋内掏出两包递给了他，他便拿过他带来的一个黄色旅行箱，把炸药装了起来，而后他就走了。

问：他当时带来的黄色提箱是什么样的？里面都装些什么东西？

答：黄色人造革的，长约40厘米，宽约30厘米，厚约10厘米，上面有个提手。只见提箱里面有一个彩色胶卷，因我以前学了点照相，对此很敏感，便顺手拿出来看了看，我记得是日本产富士胶卷，里边还有什么东西我没注意。

问：当时你给取的炸药是什么样的？什么包装？两包有多重？

答：拿的是白色硝氨炸药，每包24管，每管用蜡纸封装，一包3公斤重，共计6公斤。

问：这批炸药是哪个厂子生产的？你们还剩有多少？

答：这批炸药是×××产的，我们还剩20多包。

问：那个陌生人去你家取炸药时还有谁在场？

梁×（捺指印）

答：当时我三哥梁×明、大舅哥李××，还有李×、李×乙兄弟俩，我们共5个人在家。

问：他还向你借雷管了吗？

答：没有，他没提雷管的事。

问：你还有什么需要补充的吗？

答：没有了。

以上记录我看过，和我说的相符。

梁×（捺指印）

××××年4月29日

三、接受报案笔录

接受报案笔录

时间：××××年7月15日16时25分至××××年7月15日16时55分

地点：××公安派出所

接受报案人姓名、单位：王××　××公安派出所

记录人姓名、单位：朱××　××公安派出所

报案（扭送、报告、控告、举报或自首）人姓名：王×　性别：男

年龄：22　文化程度：初中

户籍所在地：新疆××市红星东路 9 号　现住址：新疆××市红星东路 9 号 7 栋 32 号

工作单位：无　联系电话：×××-×××××××

犯罪嫌疑人姓名：　性别：　年龄：　特征：

现住址：　工作单位：

问：你今天为什么来派出所？

答：我来报案。

问：你把当时的情况讲一下，但你要对你所讲的话负法律责任。你知道吗？

答：我知道。

问：请你讲吧。

答：今天早上 10 点左右，我们从新疆拉货送到华中食品城。在我们回去路过中原路口时，有 5 个人拦住我们的车，说有新疆的货，你们拉吗？我们说拉。说好价钱后，他们把我们领到北边 107 国道旁一个"××市多种经营有限公司仓库中转处"。到那里以后他们说，这里只有一车货，另外一车货在南边。于是他们又把我们的其中一辆车领到南边去了。随后，他们拿出合同书，在没让我们看清楚的情况下，就让我们签了。接着他们让我们把手续拿出来，看完后说我们的手续不齐全，说我们违约，要对我们进行 20% 的罚款，还有 500 元的滞纳金，80 元的装卸费。他们让我们交给他们 2080 元钱，我们不愿给，就吵了起来。在争吵过程中，他们又带来一部客货车，这时你们就过来了。

问：当时他们让你们看清合同内容没有？

答：签完合同时，我们正准备仔细看一下合同内容，他们把我手中的合同书要过去，说等一会儿再看。但自始至终就再没有让我们看。

问：你把他们向你们要钱的情况讲一下。

答：当时他们就威胁我们说，现在只有两条路走：一条是让我们交给他们 2080 元钱；另一条是要我们把货装到车上，留在这里，然后乘火车回家把手续拿过来，再交给他们 380 元的保险金就让我们走。他们说完后，就硬把我们拉到车旁边，让把车门打开。这时你们就过来了。

问：你把当时拦你车的几个人的特征讲一下。

答：当时有一个人身材较胖，身高有 1 米 77 左右，上身穿灰黑色上衣，下身穿黑裤子。另外还有两个年轻人，20 岁左右，都穿白色衬衣，下身一个穿蓝裤子，一个穿黑裤子。

问：你把办公室里边的几个人的特征讲一下。

答：一个戴眼镜的上身穿方格汗衫，下身穿灰色裤子，身高有1米68左右。其他人就没有注意了。

问：他们对你们20%的罚款是怎么算的？

答：货物运费是7500元，20%是违约金罚款，应是1500元，滞纳金500元，80元的装卸费，共计是2080元。

问：你们车上有没有税务登记证？

答：我们车上没有，所有的车上都不可能有这个税务登记证。

问：还有没有别的要补充的？

答：没有了。

问：以上讲的是实话吗？

答：是实话。

以上笔录我已看过，和我讲的完全一致。

报案人（签名）：王×

××××年7月15日

四、继续盘问记录

继续盘问记录

（第1次）

时间：××××年12月15日自10时10分开始至10时50分结束

盘问人：王×× 朱×× ××公安派出所

被盘问人姓名：马×× 曾用名：无 性别：男 年龄：25

出生年月日：1975年1月15日 籍贯：××省××县 民族：汉族 文化程度：初中

工作单位：××省××县××乡农民

现住址：××市××区文化路3号6号楼12号

家庭住址：××省××县××乡××村

带至公安机关时间：××××年12月15日9时50分

兹将盘问内容记录如下（包括家庭情况、主要经历、有无前科等情况）：

问：谈谈你的家庭基本情况。

答：我父亲马×，50岁，在家务农；母亲陈×，47岁，在家务农；妹妹马小×，13岁，在老家上中学。

问：说一下个人简历。

答：自幼上学，××××年初中毕业后在家务农，有时外出打零工。

马××（捺指印）

问：以前被公安机关处理过没有？

答：没有。

问：知道这次为什么将你继续留置盘问吗？

答：是因为盗窃摩托车的事。

问：你是什么时候在什么地方盗窃了什么样的摩托车？

答：在××体育馆院内的自行车棚里。今天早晨 9~10 点左右，天比较冷，没有人看车，我撬锁偷了一辆光阳 125 两轮摩托车。

问：你怎么盗窃摩托车的？

答：我自带的螺丝刀和管钳。我转到体育馆内，进去时没有人管，当时院内也没有人，我便走到自行车棚内将那辆比较新的摩托车的锁撬开，将链子锁铰断，用自制的钥匙打开骑上就跑。刚走到鑫永路和中州路交叉口，被两个巡警拦住。他们让我拿出驾驶证和行车证，我拿不出来，就给送到派出所了。

问：你事先到体育馆来过吗？

答：没有。本来也没有目标，走到哪里有合适的就偷。

问：你盗窃摩托车准备干什么呀？

答：准备把它骑到郊区卖给别人，卖了车有了钱，我就准备回家。

问：除今日盗窃的摩托车外，你还偷过什么东西？

答：还偷过 3 辆自行车。上个月 5 号在××商场门口偷了一辆 26 型自行车，什么牌子不知道。本月初，大概是 3 号中午在××厅家属院偷了一辆 28 型阿米尼牌自行车。昨天在××长途汽车站偷了一辆梅花牌自行车。3 辆车都卖掉了，一共卖了 320 元钱，也都花光了，回家没钱，才打算偷辆摩托车多卖几个钱。

问：你来××多长时间了？以前还偷过其他什么东西没有？

答：来××有一个多月了，再没有偷过其他东西。

问：你还有什么要交代的吗？

答：没有了。

问：以上说的都是实话吗？

答：保证是实话。

本记录我已看过，与我讲的一样。

被盘问人签名（或捺指印）：马××（捺指印）

××××年 12 月 15 日

五、现场勘查笔录

现场勘查笔录

发现（报案）时间：××××年7月5日14时50分

现场保护人姓名、单位：吴×× 周××，×××派出所民警；郑××，×××派出所联防队员

现场保护人到达时间：××××年7月5日14时55分

勘查时间：××××年7月5日14时59分至××××年7月5日17时30分

勘查地点：××市西城区孙庄二区9楼4门××号

指挥人姓名：王×× 单位：××市公安局刑警支队 职务：副支队长

其他勘查人姓名、单位、职务：冯××，陈××，诸××，××市公安局刑警支队侦查员；蒋××，卫××，××市公安局刑警支队痕迹技术人员；沈××，××市公安局刑警支队法医

见证人姓名、住址、单位：韩××，住××市西城区孙庄二区9楼4门××号，××市××有限公司职员

现场条件：天气为阴天，气温28~32度，有微风

勘查过程及结果：××××年7月5日14时45分，市刑警支队接住××市西城区孙庄二区9楼4门××号的韩××报案称，其夫在家死亡。接报后，市公安局刑警支队王××副支队长即带领侦查员、法医和刑事技术人员赶赴现场。到现场后，发现现场已经被×××派出所保护起来。现场勘查由王副支队长指挥，蒋××负责提取现场物证、照相，沈××负责对尸体进行初步检查，卫××负责制定现场勘查平面图和现场勘查笔录，冯××、陈××和诸××协助开展勘查工作。

经过勘查，该案发现场位于居民楼内一两居室，使用面积50平方米，死者为一男性，尸体位于卧室内东西向的床上。死者头朝东脚朝西俯卧在床上，头部有明显的钝器伤。头部、脖子、上身、双手均有血迹，下身被一白色床单覆盖，床单上未发现血迹。经过检查，在案发现场的卫生间内提取一沾有血迹的菜刀，上附有毛发若干；在卧室内的茶杯上提取指纹3枚；在卧室的门把手上提取沾有血迹的指纹2枚。

指挥人（签名）：王××

勘查人（签名）：冯××，陈××，诸××，

蒋××，卫××，沈××

见证人（签名）：韩××

记录人（签名）：卫××

六、检查笔录

检查笔录

时间：××××年 7 月 5 日 14 时 59 分至××××年 7 月 5 日 16 时 30 分

地点：××市公安局刑警支队法医室

侦查员姓名、单位：冯××、陈××，××市公安局刑警支队

检查人姓名、单位：卫××、沈××，××市公安局刑警支队法医

被检查人诉讼身份、姓名、性别、年龄、住址：被害人吴××，女，34 岁，住××市西城区孙庄二区 9 楼 4 门××号

见证人姓名、住址、单位：韩××，住××市西城区孙庄二区 9 楼 4 门××号，×× 市××有限公司职员

检查目的：确定被害人身上是否有伤

检查过程及结果：受××市公安局刑警支队指派，在侦查员冯××、陈××的主持下，在见证人韩××的见证下，我们对被害人吴××进行了人身检查。经检查发现，吴××的前胸有 5 处抓痕，共长约 10 厘米；脖子有一处 2 厘米的抓痕；后背有两处面积分别为 5 厘米×5 厘米、6 厘米×7 厘米的擦痕；臀部有一处 9 厘米×11 厘米的擦痕；阴道外侧边缘有 2 处撕裂伤，长度共约 1 厘米。身上其他部位未见异常。

侦查员（签名）：冯××，陈××

检查人（签名）：卫××，沈××

见证人（签名）：韩××

记录人（签名）：沈××

七、（行政案件）讯问笔录

第 1 页共 2 页

讯问笔录

（第 1 次）

时间：××××年 9 月 15 日 7 时 33 分至××××年 9 月 15 日 8 时 15 分

地点：××市公安局××路派出所会议室

讯问人：王××　工作单位：××市公安局××路派出所

记录人：张××　工作单位：××市公安局××路派出所

被讯问人：关×　曾用名：无　性别：女

出生日期：××××年××月×日　文化程度：高中

关×（捺指印）

户籍所在地：××省××市

现住址：××市××区××村

被讯问人身份证件名称及号码：居民身份证　×××××××××××

工作单位：××宾馆美容美发部

联系电话：×××××××

问：我们是××市公安局的民警（出示身份证件），现依法向你讯问，你要如实回答，对与案件无关的问题，你有拒绝回答的权利。你听明白了吗？

答：听明白了。

（讯问基本情况，查验身份证件，并将有关情况填写在前面的栏目中。）

问：知道为什么把你带到派出所吗？

答：知道。因为卖淫的事。

问：你以前受过公安机关的处理吗？

答：没有。

问：把事情的经过讲一下。

答：××××年9月15日零时50分，我所在的美容美发店老板给我打手机，让我速到××宾馆441房间。当时我正在滚石歌厅蹦迪，接到电话后我立即打车到××宾馆441房间。我敲门进去后，问房间里的一个男的："你看我行吗？"他说："还可以。"然后我就去冲澡。洗过澡之后，他问我得多少钱，我说："我老板说最少400元。"他说："你躺下吧。"然后我们就发生了关系。发生关系后，我帮他敲敲腿，他付给我400元钱，我穿上衣服就拿钱走了。

问：同你发生性关系的那名男子有什么特征？

答：那人长脸，平头，身高1米7左右，体型偏瘦，有30多岁，上身穿深蓝花格T恤衫。

问：他付给你的钱有什么特征？

答：是4张100元面额的人民币。

问：你和老板是怎样联系的？

答：老板从来不让我去美容美发店里面，如果有客户，他就打电话告诉我。

问：你和老板是怎样分成的？

答：做成之后，每次我付给老板200元钱。

问：你老板有什么特征？

答：老板姓李，1米75左右，胖胖的，脸有点黑，他的手机是138××××××××。

问：你还有补充的没有？

答：没有了。

问：以上你讲的是实话吗？

答：是实话。

以上笔录我看过，与我说的相符。

被讯问人（签名）：关×

××××年 9 月 15 日

八、（行政案件）询问笔录

第 1 页共 2 页

询问笔录

时间：××××年 1 月 29 日 8 时 30 分至××××年 1 月 29 日 9 时 40 分

地点：××市广福桥煤矿保卫科

询问人：胡×× 工作单位：××县公安局

记录人：蔡×× 工作单位：××县公安局

被询问人：吴×× 性别：男

出生日期：1978 年 2 月 14 日 文化程度：高中

户籍所在地：××市广福桥镇

现住址：××市广福桥镇

工作单位：××市广福桥煤矿汽车队 联系电话：×××××××

吴××（捺指印）

第 2 页

问：我们是××县公安局的工作人员，现依法向你询问侯×清殴打他人造成轻微伤害案的有关问题，请你如实回答。对与本案无关的问题，你有拒绝回答的权利。你听清楚没有？

答：听清楚了。

问：你要如实回答提问，陈述事实，诬告或者作伪证是要负法律责任的，明白吗？

答：明白。

问：你 25 日在蒙泉镇是怎样被打的？

答：1 月 25 日，我和我们汽车队队长文××去蒙泉处理××××年 9 月 23 日邬××驾驶×A—50286 号大货车撞伤侯×举事故的遗留问题。此事故已经××县交警队两次调解处理结案，矿里尚欠侯×举 1000 元钱（赔偿摩托车损失费），这次就是去送钱的。我们驾驶×A—60881号车，在蒙泉桥头下车后到杨××（系侯×举之兄）经营的桥头饮食店找侯×举。进店后文队长问杨："侯×举在这里吗？"杨说不在。侯×清（侯×举之弟）正在店里吃饭。说："文队长，你来了，给我哥送钱的吧？"文队长说："是的，钱你代收一下，给我打个收条，我回去好报账。"侯×清打了一个收款1000元的收条，因打的条子不合格，文队长要他重新写，他就和文队长上楼去打条子。他边走边说："这个事故处理得太偏了，是我哥没用，车子撞烂了，人又受伤，还要负主要责任。如果是我，这么处理就不行。"打好收条后，下楼的时候又说："这事处理得真不合理。"文队长说："处理得不合理，你可以上诉，这不是你我所能改变的。"侯说："依我的脾气，见广福桥煤矿的车就打。"还指着×A—60881号车说："拆这台车的胎，捶这车的玻璃。"我说："肇事的又不是这台车，也不是这位司机。这是国家的车，你拆拆看。"侯便叫饮食店里的另一个人："张××，你把扳手拿来！"又面朝着我说："你这个家伙，还以为我没这个胆。"接着就用右手向我左耳部打来，因我无思想准备，被侯一巴掌打倒在桌子下面。文队长见侯打我就说："有问题讲清楚，何必打人呢？"侯见文队长说他，就打了文队长一耳光。这时杨××说："你打什么，1000元钱还没到手。"这时店里围观的人很多。我就对文队长说："我们走。"便一起到蒙泉交管站去。侯×清则追着说："今天老子要打死你这两个狗×的东西，到老子的地盘上来了，哪个门前没有三尺硬土？你们在这里调查我们一家的名气看看。"我们到了周××站长办公室，刚说了几句话，侯就冲进办公室指着我的脸说："老子硬要捶死你。你不是个好东西，老子要你的命。"这时周站长站起来把侯推走了。我们把情况向周站长汇报后，把1000元钱交给了交管站，就到镇政府去了。

问：你还有什么情况需要说明的？

答：我被打后到交管站，交管站同志见我被打伤，要我马上到医院去治疗，医生鉴定"左侧面部、耳部去伤"。另外在饮食店侯×清打了文队长一耳光，还踢了我一脚。我当时在桌子下面吐了一口血。

问：你上面说的都是事实吗？

答：都是事实。

问：你愿意接受调解吗？

答：我不愿意。

问：请你把笔录看一遍，如记录无误，请签字。

以上笔录我看过，和我说的相符。

被询问人（签名）：吴××

××××年1月29日

九、公安行政处罚告知笔录

××市公安局
公安行政处罚告知笔录

告知单位：××公安分局××派出所　告知人：刘××

被告知人：李××

被告知单位名称：　　　　　　　　法定代表人：

告知内容：

根据《中华人民共和国行政处罚法》第 44 条规定，现将拟作出行政处罚决定的事实、理由、依据告知如下：

公安机关查明你于××××年×月×日在××区××路××茶社与王×、袁××、何××用麻将赌博。以上事实有赌博所用麻将一副，对王×、袁××、何××的讯问笔录和你的供述为证。你的行为已构成赌博，公安机关将根据《中华人民共和国治安管理处罚法》第 70 条的规定对你进行处罚。

对上述告知事项，你（单位）有权进行陈述和申辩。

拟作出的行政处罚：2000 元罚款。

对公安机关拟作出的上述行政处罚，根据《中华人民共和国行政处罚法》第 63 条规定，你（单位）有权要求听证。如果要求听证，你（单位）应在被告知后 5 日内向××公安分局提出，逾期视为放弃听证。

问：对以上告知内容你听清楚了吗？

答：听清楚了。

问：对上述告知事项，你是否提出陈述和申辩？

答：我不提出陈述和申辩。

被告知人（签名）：李××

××××年×月×日

十、听证笔录

第 1 页共 2 页

××公安局
听证笔录

案由：徐××出售淫秽音像制品案

时间：××××年×月×日×时×分至××××年×月×日×时×分

地点：××市公安局听证室

举行方式：公开举行

听证主持人：齐×× ××市公安局法制科科长

听证员：王×× 谢×× ××市公安局法制科民警

记录员：薛×× ××市公安局法制科民警

违法嫌疑人：徐×× 男 26岁 现住××市××区××路××局家属院2号，××市××音箱专卖店经理

法定代表人：

委托代理人：

本案其他利害关系人：

本案其他利害关系人的代理人：

本案办案人员：张×× 叶×× ××市公安局治安科民警

听证内容记录：听证主持人核对听证参加人；宣布案由；宣布听证员和记录员名单；告知当事人的权利和义务；询问当事人是否提出回避申请。

办案人员张××：××××年×月×日，我们接到群众举报，称××市××音箱专卖店出售黄色光盘。我和民警叶××立即赶到现场，在××市××音箱专卖店查获《拿破仑情史》《情未了》《炮弹专家》《本能》等光盘80张，经鉴定为淫秽光盘。另经查其营业执照，该音箱专卖店以经销音箱为主，没有经销音像制品的手续。以上事实有扣押的淫秽光盘80张和对店主徐××、店员杨××的讯问笔录两份为证。同时考虑到××音箱专卖店没有经销音像制品的手续，根据《治安管理处罚法》之规定，拟决定对其处以3000元罚款。（宣读徐××、杨××的陈述）

徐××（捺指印）

第2页共2页

违法嫌疑人徐××：我们店出售光盘是真的，没有经销音像制品的手续也是真的。但是：①进这些光盘时，我并不知道是淫秽光盘。②总共进了100张光盘，只卖出去不到20张，罚3000元我认为处罚过重。③民警来我们店时没有出具工作证件，这与法律要求不符。

办案人员张××：徐××的陈述不符合事实。根据刚才宣读的其店员杨××的陈述，徐××在进货时就知道是淫秽光盘，否则不会卖20元一张，而该店其他光盘，正版光盘最高才卖到15元，盗版光盘卖8~10元；我们去现场时，身着警服，并口头说明我们是××市公安局治安科的民警。

违法嫌疑人徐××：我知道自己出售淫秽光盘是违法的，今后一定吸取教训，再也不卖了，包括其他音像制品也不卖了。

办案人员张××：我们认为对该案的处理事实清楚，证据确凿，程序合法，适用法律正确，量罚适当，建议将拟作出的处罚决定报局领导审批。

（听证主持人宣布听证会结束。）

违法嫌疑人或者代理人（签名）：徐××

证人（签名）：

听证员：王×× 谢××

听证主持人：齐××

记录员：薛××

××××年×月×日

十一、调解笔录

调解笔录

时间：××××年7月20日9时20分至××××年7月20日11时15分

地点：××县交警大队事故股会议室

调解人：徐×× 工作单位及职务：××县交警大队事故股股长

记录人：吴×× 工作单位及职务：××县交警大队事故股民警

被调解人：甲方当事人：梁×× 单位：××县××厂 住址：××路××厂家属院8号楼

甲方代理（监护）人：谷×× ××县××厂工会（与梁××是同事关系）

乙方当事人：冯×× 单位：××县××公司 住址：××路××局家属院1号楼

乙方代理（监护）人：王×× ××县××公司（与冯××是上下级关系）

丙方当事人：周×× 单位：××居委会 住址：××路××号院（死者周×家属）

丙方代理（监护）人：焦×× 单位：××镇政府（与当事人是表兄弟关系）

各方意见及调解结果：

调解人：今天再召集各方当事人、代理人来这里协商7月10日××路××厂门口交通事故的损害赔偿问题。上次，各位都谈了自己的看法，这很好。现在请大家在上次商议的基础上，求同存异，争取依法而又合情合理地解决这次事故的善后问题。不能再拖了，再拖对谁都不好。

甲方代理人：我受甲方当事人梁××委托，再次对丙方周×因这次事故受伤不幸亡故表示深切哀悼，并愿意承担赔偿责任。

乙方当事人：我完全支持交警部门的调解，也愿意承担本人在这次事故中的责任，并愿意赔偿。

丙方代理人：我是丙方当事人的代理人，又是其表兄，我们上次提出的赔偿不够。因其家庭境况不好，考虑适当增加点，而不是不服从调解。

丙方家属代表：我失去了儿子，以后夫妻的生活就少了依靠，加上我家在山区，收入不高，你们应该体恤我的处境，从宽从厚补偿。上次讲的赔偿数额是少了点，当然，儿子都不在了，我还指望什么？又还稀罕什么？不就是求个合理么。

乙方代理人：丙方说的不是都没理由，我方也考虑再三，尽可能满足丙方的要求，但丙方提的数字太高，是否再减一点？

调解人：你们都有松动，这就好，各方都走近一点、迁就一点，合情、合理、合法地把问题解决了。

乙方代理人：对，我认为调解人的讲话是解决问题的方法，还是由调解人说说吧。

调解人：不能我说了算，还是大家自愿为原则好。

甲方当事人：我认为还是和为贵。按责任论，我是50%，与乙方当事人同等，赔偿也是我占一半、他占一半。

丙方代理人：你们甲乙双方都有这么好的态度，我们还是听调解人说好了。

调解人：既然你们大家都这么信任我，我就将我们研究的意见说说，看看各方还有什么意见没有。根据事故责任同等的认定，甲方当事人梁××、乙方当事人冯××共同赔偿丙方当事人周×：

1. 周×受伤抢救医疗费××××元、殡葬费××××元，由梁××负责支付。

2. 周×死亡经济补偿费××××元，家属误工费、车旅费××××元，共××××元，一次性付清，由甲、乙双方各付50%。

3. 由甲、乙双方一次性支付周×死亡后家庭困难补助费××××元，甲、乙方各占一半。

以上意见，请大家考虑，如无异议则签署协议，了结全案。

甲方当事人：我同意签署协议。

乙方当事人：我没有意见。

丙方家属：同意。

甲方当事人（签名）：梁××

甲方代理（监护）人（签名）：谷××

乙方当事人（签名）：冯××

乙方代理（监护）人（签名）：王××

丙方当事人（签名）：周××

丙方代理（监护）人：焦××
调　解　人（签名）：徐××
记　录　人（签名）：吴××
××××年 7 月 20 日

 ## 第二节　检察、法院司法笔录实例

一、侦查实验笔录

侦查实验笔录

时间：××××年 2 月 5 日 13 时 20 分至××××年 2 月 5 日 14 时 40 分

地点：李××寓所平台西北角至二楼

侦查人员姓名、单位、职务：阎××，××刑警队副队长；林××，××刑警队侦查员；许××，××刑警队侦查员；田××，××刑警队侦查员；庞××，武警××总队一中队战士（犯罪嫌疑人单位同事）；刘××，××卫戍区 13 团战士。

侦查实验目的：确定该处是否为入道以印证犯罪嫌疑人口供。

侦查实验过程及结论：2002 年 2 月 2 日，李××（男，63 岁，国家××部干部）在寓所被杀害。据犯罪嫌疑人张××（男，19 岁，原武警××总队一中队战士）供述，2 月 2 日凌晨，他是从李××的寓所阳台西北角爬上二楼作的案。为确定该处是否为入道以印证犯罪嫌疑人口供，我们进行了现场实验。

实验于××××年 2 月 5 日 13 时 20 分至××××年 2 月 5 日 14 时 40 分，选择与犯罪嫌疑人张××身体条件相似的战士刘××在李××寓所进行。

1. 实验人情况：刘××，男，26 岁，××卫戍区战士，身高 1.73 米，体重 70 公斤，未受过攀登训练。

2. 实验情况：刘××在无任何攀登工具的条件下，从李××寓所平台西北角徒手攀至二楼阳台，共攀登两次。第一次，刘××穿武警配发的军用胶鞋攀登，从地面到二楼阳台用 6 秒钟，原路返回用 4 秒钟；第二次，刘××穿武警配发的军用棉鞋攀登，从地面到二楼阳台用 7 秒钟，原路返回用 5 秒钟。

3. 实验结果：实验证明，从李××寓所阳台下徒手攀登至二楼阳台上是可以完成的。

现场实验于当日 14 时 40 分结束。我们对实验过程进行了记录，并录了像。

侦查员：阎×× 林×× 许××

见证人：庞××

记录人：田××

二、搜查笔录

××县人民检察院
搜查笔录

时间：××××年×月×日×时×分至××××年×月×日×时×分

地点：××新村×区×号××室的高××的住宅

侦查人员姓名：倪××、郑××，单位：××县人民检察院

搜查证签发日期：××××年×月×日，签发机关：××县人民检察院，检侦字第×号

见证人姓名：吴××，性别：男，住址：××新村×区××号××室

被搜查人姓名：高××，性别：男，住址：××新村×区×号××室

搜查的简要情况：

对高××家二室一厅住室及厨房、厕所等处进行了搜查。搜查工作从上午10时45分开始，至12时16分结束。

搜查中没有违法行为，搜查出与案件有关的物品登记如附页。

被搜查人对搜查的意见：没有意见。

扣押物品详细内容，详见《扣押物品清单》。《扣押物品清单》已交见证人吴××收执。

搜查人：倪××、郑××

被搜查人：高××

见证人：吴××

记录人：郑××

××××年×月×日

扣押物品清单

编号	物品名称	数量	特征	备注
1	牡丹卡取现单	4 张	ICBC	
2	笔记本	1 本	咖啡色	
3	珍珠项链	2 条	圆形	
4	金戒指	2 只	方形	
5	金手链	2 条	中有圆珠笔	

三、死刑临场监督笔录

××市人民检察院
死刑临场监督笔录

执行时间：××××年×月×日

执行地点：××市西郊刑场

罪犯姓名：王××

执行死刑罪名：抢劫罪

第一审法院名称：××市中级人民法院

判处死刑判决书及文号：（××××）×刑终字第××号

核准死刑的法院名称：最高人民法院

核准死刑的文书名称及文号：（××××）刑核字第×号

执行死刑的命令文号：（××××）刑字第×号

死刑执行命令签发单位及签发人：最高人民法院，院长孙××

死刑执行命令签发时间：××××年×月×日

收到执行死刑通知时间：××××年×月×日

执行死刑法院名称：××××人民法院

指挥执行的审判人员：张××

检察院临场监督人员和职务：刘×× 检察员

验明正身情况：执行前业经审判长张××验明正身

询问有无遗言、信札：无

死刑执行人员：贾××

执行情况：枪决

死刑执行结果情况：验尸人　法医黄××；罪犯王××于当日×时×分确已死亡

临场监督人：刘××　检察员

书记员：亓××

××××年×月×日

四、出庭笔录

××××检察院
出庭笔录

开庭时间：2011年×月×日×时×分

闭（休）庭时间：2011年×月×日×时×分

地点：××高级人民法院第三审判庭

旁听人数：35人

审判长：施××

审判员：刘××，吴××

书记员：梁××

案由：陈××故意杀人案（上诉）

被告（上诉）人姓名：陈××

辩护人：韦××

出庭公诉人：季××，朱××

出庭活动记录如下：

（书记员宣布法庭纪律，略。）

审判长：现在宣布开庭。上诉人你叫什么名字？

上诉人：我叫陈××，42岁，××省××市人。

审判长：现在宣布法庭组成人员名单。施××担任审判长，刘××、吴××担任审判员，依法组成合议庭，对被告人陈××不服一审判决的上诉案进行开庭审理。被告人陈××，依据《刑事诉讼法》的有关规定，认为今天合议庭组成人员对你的案件审理有影响的，你可依法提出回避申请；在法庭辩论阶段，你依法享有辩护权；在法庭辩论结束，你依法享有陈述权。你听清了吗？申请回避吗？

上诉人：我听清了，不申请回避。

审判长：现在开始法庭调查，请审判员宣读一审刑事判决书。

（审判员宣读一审刑事判决书，略。）

上诉人：我不承认我故意杀人。

审判长：请审判员宣读上诉状。

（审判员宣读上诉状，略。）

审判长：4月19日，你与妻子干什么去了？

上诉人：我和妻子种玉米去了。

审判长：带了什么农具？

上诉人：带了一把锄头、两把钩刀、一把尖刀。

审判长：有没有掘地去？

上诉人：我看见毛竹山有人，想去看看竹笋是否被掘，碰见吴××，她告诉我，山上是李××夫妻。我说山上的笋是规定日子掘的，李××说没有掘过我的笋，宋××（系李××之妻子）说笋要掘，人要打，引起争吵。李××讲："打死你。"我说："你不敢打。"我妻子把我拖下去，走了2~3分钟，李××追下来，说是有种的就站牢，这时，我们相距3~4丈路。宋××叫李××开枪打我，李××往山上追，我往山上走，相距6~7米时，他开枪打了我，打中肚子一颗沙子，我倒下后，他带着锄头打了过来，我用钩刀挡了一下，后来就扭打在一起了。王××来劝，我妻子与宋××在扭打，我叫王××去劝女的，宋××不要他劝。他就到村里喊人去了。我们两人对打时，手上已没有凶器了。李××叫宋××把尖刀拿来，我就想起我身上带有尖刀，就拔出朝他胸部刺了。

审判长：这时你有什么想法？

上诉人：我没有想法，他要我死，我也要他死。

审判长：刀要刺死人的，你考虑过吗？

上诉人：不考虑这些了。

审判长：你刺死李××，宋××与你妻子怎么样？

上诉人：我老婆倒在地上，她们没有再打。

审判长：你刺了几刀？

上诉人：不知道。

审判长：此时你有什么想法？

上诉人：没想过。

审判长：吴××，王××你看到过否？

上诉人：看到过。

（审判员宣读吴××证言。）

审判员：她的证言是否属实？

上诉人：没有意见，属实的。

（审判员宣读王××证言。）

上诉人：他看到没有尖刀，可能距离太远。

（审判员宣读朱××证言。）

上诉人：没有意见。

（审判员宣读现场勘查笔录。）

上诉人：我不知道。

（审判员宣读尸体检验报告。）

审判员：还有什么意见吗？

上诉人：没有意见。

审判长：你刺李××的尖刀是哪里来的？

上诉人：去年冬天自制的。

审判长：你为啥要制这把尖刀？

上诉人：我带着防身的。

审判长：你杀人后，尖刀放哪里去了？

上诉人：我也不知道了。

（审判员宣读曹××证言。）

上诉人：没有意见。

审判长：你能否辨认出凶器？

上诉人：能的。

（法警出示尖刀。）

上诉人：是这把尖刀。

（法警出示土枪。）

上诉人：是李××的土枪。

审判长：你是否被李××打伤？

上诉人：肯定受伤了。

（审判员宣读陈××伤情评定报告。）

上诉人：轻伤、重伤我不懂的。

［审判员宣读曹××（系陈××妻子）伤情评定报告。］

上诉人：我不晓得的。

审判员：你与李××以前有何积怨？

上诉人：几年前，李××与朱××打架我讲过他；第二次为的是晒谷场地；第三次是吵架，后来看到李××到山上砍树，这样引起的矛盾。

辩护人：李××开枪时，你是否在逃跑？

上诉人：在逃的。

辩护人：你带刀是干什么的？

上诉人：去掘玉米地的。

辩护人：你刺死李××后，有否想到死？

上诉人：我是想要死的。

辩护人：你如果不这样做，你是否会被他们杀死？

上诉人：那是的。

公诉人：你为何随身携带凶器？

上诉人：防身的，主要防李××。

公诉人：李××是在什么情况下开枪的？

上诉人：我们发生了争吵，我说他偷笋。

公诉人：李××开枪以后，你为什么要冲向李××？

上诉人：我没有冲，是扑过去的。

公诉人：你与李××是怎样扭打的？

上诉人：我们都侧身，他左手抓我阴囊，我右手叉他头颈。

公诉人：你用刀刺向李××时，李××有何反应？

上诉人：没有反应。

公诉人：你用刀刺宋××以前，有过什么行为？

上诉人：把她扳倒在地的。

公诉人：你双手力量情况如何？

上诉人：左手没有什么力气，右手力气大。

公诉人：你从刺死宋××一直到进公安局，有否同他人谈起过案件情况？

上诉人：没有谈过。

公诉人：你用刀刺李××时，他手上是否有凶器？你是什么时候停止的？

上诉人：他手上没有凶器，我是在他倒下不动，手软下来的时候停止的。

审判长：法庭调查结束。现在开始法庭辩论。先请辩护人发表辩护意见。

辩护人：本辩护人认为上诉人是偶遇死者夫妻掘过界毛笋，蛮不讲理，说偷笋是小事，还要打人。一审判决认定"用语言挑衅"不符合事实。陈××妻子拉他离开，李××就说："是父母生的就站牢。"上诉人认为李××不敢开枪，幸好逃得快，否则将会伤及胸脯，必然致上诉人死亡。在这种情况下，李××还要赶上来，与上诉人扭倒在地，显然是欲置上诉人于死地，如果上诉人没有尖刀，死的就是陈××夫妇了，这样的反抗行为是防卫行为，不应负刑事责任。宋××指使丈夫开枪，与曹××对打，致曹××受伤，陈××上前解围，致宋××死亡，属于防卫过当，应负刑事责任，一审认定故意杀人而判处死刑，量刑畸重，特提出申辩。

公诉人：刚才通过法庭的调查，讯问了被告人，陈××在没有受到不法侵害时，拔刀刺死李××，并不符合刑法规定的正当防卫的要求，是一种故意杀人犯罪行为；陈刺死宋××也是一种故意杀人行为，不是防卫过当，一审判决定性正确，量刑适当。

辩护人：曹××拉陈××，陈××已走开，而李××仍抓住不放，要置陈××于死地。如果李××也就此离开，事情可以避免，旁人受到不法侵害，尚可进行防卫，何况是他本人和妻子。

公诉人：辩护人大量引用了上诉人的供述，来说明死者一方蛮不讲理，但这些供述都没有证据来证明。辩护人忽视了上诉人的不法侵害，正当防卫的成立不仅仅是对方具有不法侵害。上诉人的行为目的不在于制止不法侵害，而是故意伤害对方，其行为性质是故意杀人。

辩护人：本案两个证人吴××、朱××尚年幼，其证言应当考虑其效力。

公诉人：我国《刑事诉讼法》规定，凡是知道案件情况的人都有作证的义务。不能辨别是非、不能正确表达的人不能作为证人。本案中，吴××、朱××是现场目击者，虽然年幼，但他们已把目击情况作了正确的表述，其证言是有效的。

审判长：法庭辩论到此结束，合议庭进行评议。休庭10分钟。

（10分钟后）

审判长：现在继续开庭。经合议庭合议，上诉人陈××用尖刀刺死李××有防卫性质，刺死宋××不具有防卫性质，是直接的故意杀人。鉴于案情重大，报请院审判委员会决定。现在休庭。

五、合议庭评议笔录

合议庭评议笔录

时间：××××年11月2日11时5分至11时20分

地点：审判庭会议室

合议庭成员：审判长沈×× ，审判员鲁×× 武××

案件主审人：鲁××

书记员：王××

评议陈××强奸一案。

审判长：现在我们对陈××强奸案评议一下。先请案件主审人鲁××说说。

鲁××：先把案件简要汇报一下。被告人陈××，男，作案时未满18周岁。2002年8月12日，被告人陈××到本组村民王××家，见王×甲的孙女王××（1994年12月25日生）一人在玩，即起奸淫邪念，将王××带到王家猪棚内，脱下王××的短裤，对其实施奸淫。当场被王×甲发现并加以斥责后，被告人遂逃离现场。刚才的法庭调查审理也得以证实。我认为，陈××的奸淫行为成立，但考虑到被告人犯罪时不满18岁，应适用《刑法》第17条的规定，减轻处罚，倾向处以3年有期徒刑。

武××：我同意承办人所认定的犯罪事实和量刑的法律依据，考虑到该被告人案发后认罪态度较好，从教育、挽救出发，同意承办人的量刑处理意见。

沈××：我同意承办人的意见。陈××行为已构成强奸罪，适用《刑法》第236条第2款，陈××犯罪时未满18岁，应同时适用《刑法》第17条规定，具有法定的减轻情节，处以3年有期徒刑。

思考题与练习

结合以下案例，4位同学一组，1人为审判长，2人为审判员，1人为书记员。合议庭成员（审判长、审判员）就陈×的行为是否构成诈骗罪进行评议，由书记员制作合议庭评议笔录。

案例：××××年8月10日，陈×到服装市场闲逛时，看见一位女顾客将提包交给服装店主代为保管，店主将女顾客的提包挎在左肩上。陈×假装要在店内看衣服，也把自己的提包（空包）交给店主让其代为保管，店主随即将陈×的提包挎在右肩上。当陈×见那位女顾客到试衣间试穿衣服时，就指着店主左肩上那位女顾客的包对店主说：把包给我。店主因生意忙而疏忽，就顺手把左肩上的提包交给了陈×。陈×拿着包回家后，发现内有现金6000多元、手机1部、银行卡1张，总价值15 000余元。

参考文献

1. 邵燕祥："赠周怡"，载《北京晚报》1983 年 10 月 2 日。

2. 王洁：《演讲与论辩的艺术》，湖南文艺出版社 1992 年版。

3. 最高人民检察院一厅编写：《刑事答辩案例选评》，中国政法大学出版社 1987 年版。

4. 曹剑芬："《言语链》简介"，载《国外语言学》1982 年第 3 期。

5. 崔敏主编：《刑事证据百例评析》，中国人民公安大学出版社 1991 年版。

6. 西南政法大学内部印刷发行：《刑事案例选编》。

7. 郑志林、袁之余主编：《司法口才学》，安徽人民出版社 1991 年版。

8. 刘树孝主编：《法律工作口才学》，西安交通大学出版社 1989 年版。

9. 刘愫贞主编：《法律语言：立法与司法的艺术》，陕西人民出版社 1990 年版。

10. 管曙光：《问话笔录的写作技巧》，群众出版社 2004 年版。

11. 党禹等：《书法与司法笔录训练》，中国政法大学出版社 1999 年版。

12. 艾方白主编：《公安文书写作与训练》，中国人民公安大学出版社 1995 年版。

13. 崔欣：《公安机关新版刑事法律文书制作精解》，法律出版社 2003 年版。

14. 段钢编著：《怎样制作办案笔录》，中国人民公安大学出版社 2003 年版。

15. 陈国庆主编：《检察法律文书格式与实例》，警官教育出版社 1999 年版。

16. 严文贤主编：《刑事检察文书手册》，中国检察出版社 1997 年版。

17. 中国法律文书式样与制作编纂委员会编著：《检察法律文书样式与制作》，人民法院出版社 1998 年版。

18. 中国法律文书式样与制作编纂委员会编著：《法院诉讼文书样式与制作》，人民法院出版社 1998 年版。

19. 中国法律文书式样与制作编纂委员会编著：《司法行政法律文书样式与制作》，人民法院出版社 1998 年版。